全国教育科学规划国家一般项目"中小学 STEM 教育基本理论与本土实践问题研究"（BHA180126）成果

江苏高校优势学科建设工程（四期）项目南京师范大学教育学建设成果

科技人文
融合创新教育论

何善亮　等◎著

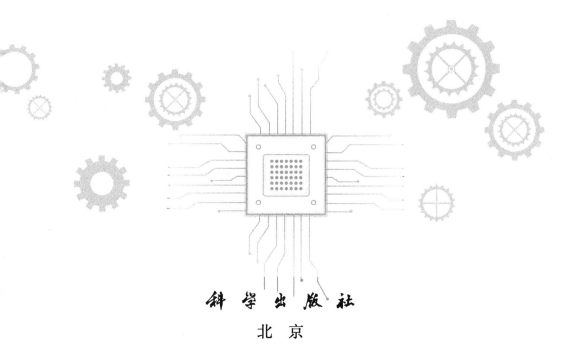

科学出版社

北　京

内 容 简 介

创新对于民族复兴、国家兴旺与个体发展具有重要的意义。创新教育以培养人的创新精神和创新能力为基本价值取向,是各级各类教育的共同要求。面对纷繁复杂、快速变化的世界,科技人文融合创新教育更加凸显出了实践生命力。

本书主要探讨科技人文融合创新教育的相关概念、价值追求、内在学理、实践路径、课程建设和教学实践等问题,分析科技人文融合创新教育的内容选择和载体形式,检验科技人文融合创新教育的实践效果,并进一步思考科技人文融合创新教育的现实迷思与未来可能。

本书适合关心跨学科教育、创新教育、科技人文融合创新教育、STEM教育的广大中小学教师、教研员、教育管理者、研究生和相关研究者阅读。

图书在版编目(CIP)数据

科技人文融合创新教育论/何善亮等著.-- 北京 : 科学出版社,2024.
6. -- ISBN 978-7-03-078973-0

Ⅰ. G633.932

中国国家版本馆 CIP 数据核字第 2024F0T806 号

责任编辑:朱丽娜 高丽丽 / 责任校对:张亚丹
责任印制:徐晓晨 / 封面设计:润一文化

科学出版社 出版
北京东黄城根北街 16 号
邮政编码:100717
http://www.sciencep.com
北京建宏印刷有限公司印刷
科学出版社发行 各地新华书店经销

*

2024 年 6 月第 一 版 开本:720×1000 1/16
2024 年 6 月第一次印刷 印张:14 1/2
字数:250 000
定价:99.00 元
(如有印装质量问题,我社负责调换)

目　　录

绪　　论

　　创新是民族复兴的重要途径，也是国家兴旺发达的不竭动力。人类社会从低级到高级、从简单到复杂、从原始到现代的进化历程，就是一个不断创新的过程。近代以来，人类文明所取得的丰硕成果，主要得益于科学发现、技术创新和工程技术的持续创新，以及科学技术应用于生产实践中形成的先进生产力。同时，这些成果也深受近代启蒙运动所带来的人们思想观念的巨大解放的影响。创新终究是人的创新，无论是个体的创新还是合作的创新，创新都需要依靠人来完成，于是以培养人们的创新精神和创新能力为基本价值取向的创新教育也就成了教育变革的根本追求。创新教育需要教育创新，需要对人才观念、教育目标、教学方式、评价方式进行系统变革，以科技人文融合为特征的 STEAM［STEM 的拓展，即科学（science）、技术（technology）、工程（engineering）、艺术（arts）、数学（mathematics）］教育就是一种这样的教育创新，并且成为教育改革的一个热点。因此，科技人文融合何以发展学生的创新实践能力，便成为一个亟须从理论到实践不断追问的教育问题。

一、科技人文融合创新教育研究的相关概念

　　科技人文融合创新教育研究，首先涉及"科技人文融合创新教育"这一概念的内涵界定。"科技人文融合创新教育"是以"科技人文融合"为限定，主要聚焦于"科技"领域（也包括少量的人文艺术领域等）、着眼于"创新"的"教育"。因此"创新"是一个最重要也是最基本的概念。

　　提及"创新"一词，人们往往会论及"创造"，这两个词语有不同之处[1]，在目

---

①　吴红，杜严勇. 创造与创新辨析——兼论创造学与创新学［J］. 科学管理研究，2007（3）：31-33，41.

的、过程、程度、范畴等方面存在一定的差异[①]，但也有一定的相同点[②]，如二者都强调在过程和/或结果维度上的"新颖性"，以至于我们可以对二者不加区分。[③]在本书研究中，创新是指人类为了满足自身的需要，不断拓展对客观世界及其自身的认知，并将这种认知转化为实际行为的过程，以及由此产生的新思想、新发明、新方法等成果的活动。或者说创新是指人为了达到一定的目的，遵循事物发展的规律，对事物的整体或其中的某些部分进行变革，从而使其得以更新与发展的活动。也正是因为"创新"与"创造"难以区分，创新能力、创造（能）力、创造性等可以被视为同义语。

"科技人文融合创新教育"还涉及对"融合"一词的理解，只有明确了"融合"，才能进一步思考融合什么及怎样实现融合等问题。从历史的维度来看，科技（狭义上专指"科学"）与人文的关系是不断变化的，科技、人文原本一体，后来二者逐渐走向分离，然后是寻求彼此的联系、交融（融通）与/或融合。在本书研究中，"融合"是一个比较宽泛的概念，包括科技与人文的相互联系、彼此交融，是一个包括不同"融合水平"的科技人文融合"连续谱"（这实际上与 STEM 教育的各种融合水平问题有相似性或者说一致性）。对于科技与人文融合的理解，当然不仅仅涉及历史发展的视角，也涉及"融合什么""如何融合"等问题，因为相互融合的前提或基础是必须承认科技与人文自身的相对独立性，也正是科技与人文的这一相对独立性的存在，使得科技与人文的融合不可能都是在同一种水平上的"融合"，比如"纯粹水平"上。

在融合的具体内容上，科技人文融合涵盖科技知识与人文知识的融合、科技教育与人文教育的融合、科学精神与人文精神的融合三个层面，两种精神的深度融合并达到相当的境界，是融合的最高目标，也是科技知识与人文知识融合、科技教育与人文教育融合的目的所在。[④]在融合的具体方式与途径上，则可以将人文精神纳入科学（科技）课程和科普指导纲要的理念与目标之中，在科学技术教育中贯穿STS[科学（science）、技术（technology）、社会（society）]教育新构想（以及开展社会性科学议题教学），在科技课程与主题活动中加强科学和技术史教育，在科学

---

① 周苏. 创新思维与 TRIZ 创新方法[M]. 2 版. 北京：清华大学出版社，2018：4.
② 刘惠琴，白永毅，林功实. 创新与创造的若干概念辨析[J]. 清华大学教育研究，2000（3）：14-16.
③ 林崇德. 创新人才与教育创新研究[M]. 北京：经济科学出版社，2009：2.
④ 凌均卫，王莉芬. 人文与科技融合内涵解读及融合契点的思考[J]. 高等教育研究学报，2002（3）：5-7.

探究过程中注重对科学价值、科学精神、科学态度的引导，促进科学技术教育与艺术教育的结合①，以及在工程实践中实现科技与人文的融合。②

"科技人文融合创新教育"最终必须落实到"教育"上来，落实到科技人文融合创新的人才培养上来。科技人文融合创新人才的培养，实质上就是要培养学生的科技人文融合创新能力，因此需要探寻培养学生科技人文融合创新能力的教育目标、内容、途径、环境等诸多问题。事实上，这与"科技人文融合创新教育"的融合方式与途径等问题有着紧密的联系，或者说它们就是同一件事情的不同侧面与不同话语。当然，从教育的层面来看，对于"科技人文融合创新教育"，可以展开更为具体的讨论。

需要说明的是，"科技人文融合创新教育"与 STEM 教育，特别是增加了"A"（arts）元素后的 STEAM 教育有着内在的一致性。如果说 STEM 教育仅仅关注项目本身——做什么与怎么做，那么增加了"A"元素后，STEAM 教育还要关注人本身及项目的背景——谁来做及为什么做，从而增加了知识的广度和增强了"做项目"的趣味性与艺术性。这里的"艺术"是一个相对宽泛的概念，指人文学科及人文科学的全部范畴，包括历史、哲学和艺术（包括文学）等。③对此，我们可以通过图 0.1 看出其间的关系。④也正是因为如此，本书研究原计划中还有一个副标题——中小学 STEM 教育基本理论与本土实践问题研究，并且将其作为"中小学 STEM 教育基本理论与本土实践问题研究"课题的研究材料，只是为了书名更简洁，才省略了副标题。

事实上，在图 0.1 中，越靠近上端，学科融合的水平越高，在最顶端，就是一个整体性的人，亦即整体性贯穿于人的一生。那么，何谓一个整体性的人呢？或者表达为更根本的问题是："人是谁？"或"人是什么？"这一问题并不容易回答。从生物学角度说，人是有机体；从自然角度说，人是哺乳动物；从社会学角度说，人是环境的产物。种种学科提供的答案不能说不对，它们都是对人的认识和理解，只不过这些看似角度丰富的答案都不足以使我们真正理解人为何物，因为其都没

① 赵学漱. 科技教育与人文精神融合（一）[J]. 中国科技教育，2003（5）：6-8.
② 邓波，徐惠茹. 让科技与人文在工程中融合[J]. 自然辩证法研究，2005（12）：48-52.
③ 朱青生. 艺术：是个问题[M]//理查德·加纳罗，特尔玛·阿特休勒. 艺术：让人成为人（人文学通识）. 8 版. 舒予，吴珊，译. 北京：北京大学出版社，2012：4.
④ 赵慧臣，陆晓婷. 开展 STEAM 教育，提高学生创新能力——访美国 STEAM 教育知名学者格雷特·亚克门教授[J]. 开放教育研究，2016（5）：4-10.

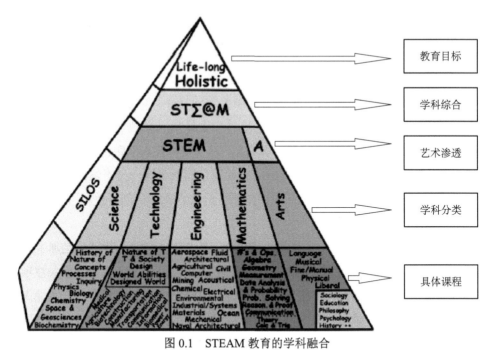

图 0.1   STEAM 教育的学科融合

资料来源：赵慧臣，陆晓婷. 开展 STEAM 教育，提高学生创新能力——访美国 STEAM 教育
知名学者格雷特·亚克门教授[J]. 开放教育研究，2016（5）：4-10

有论及人的存在。只要人活着，人就存在着。但这又是一种怎样的存在呢？人与世界上的其他物种不一样，人存在于这个世界，更存在于他的思想之中。人如何看待世界取决于人的内心，人的本质取决于人对自我的认知，而人对自我的认知是随着其人生经验的变化而不断更新的。人只要活着，就永远不会被完成，人始终处在未决的、不确定的与终极的两端之间，人的存在意味着他每时每刻都在做出选择和行动，因而也有所改变，也意味着他每时每刻都在不断地否定和超越自己，因而也创造着自己。

人的存在指向"人的存在如何可能"这一问题，亦即人的超越与人的创造。超越的普遍性就在于人始终在不断超越着自身，人作为主体不是静止不变的，而是处在不断更新之中。人并不是带着一种被先天规定或者创造出的本质来到这个世界的，并没有这样的本质限制着人的行为和活动，恰恰相反，人首先是存在这个世界上，再去通过自己的活动创造自己的本质，人实际上永远在超越过去的自己，为自己的生活带来新的内容。换言之，人不仅具有把握"在场"生活的能力，还可能对

"尚未到场"的生活做出反应。①人和人的生活，是由他自己创造的。创造性关涉人之为人的根本，是成就为人必不可少的德性。②赫舍尔（Heschel）指出，人的存在不是一种纯粹的存在，而是具体的、活生生的生存。③"人是谁"实际上隐含着一个意图，即"人怎么样"，与其说"人的存在"，不如说人如何生存、人如何创造。也正是在这一层意义上，STEM教育的最高境界乃是创造——科技人文融合创造（创新），虽然还不是人学范畴意义上的创造——在对美好生活的追寻中不断赋予生活新的价值和意义。于是，把"中小学STEM教育基本理论与本土实践问题研究"转换为"科技人文融合创新教育论"，也就更为顺理成章了。

对于上述STEM素养结构的把握，以及对于STEM教育目标指向的追问，我们还可以从人类社会发展历史进程以及个体人生追求的框架做进一步思考。无论是就复数概念的"人类"而言，还是就人类社会中的每一个"个体"而言，求真、求实、求善、求美、求新（作为整体的、创造性的人）总是伴随其左右，甚至也可以说就是其孜孜追求的人类目标与人生目标。这里的"求真"、"求实"（务实）、"求善"（择善）、"求美"（审美）虽然不能完全与STEAM教育的科学、技术、工程、数学、艺术等元素一一对应，但是科学、技术、工程、数学、艺术的"求真""求实""求善""求美"的教育追求，最终都需要指向"求新"（开新、创新）这一目标。特别是在这个追求"短、平、快"的时代，"求真""求实""求善""求美""求新"显得尤为重要和可贵。④

对于求真、求实、求善、求美、求新，也可以用一个四棱锥模型图来进行形象化的表述（图0.2）。从底面的视角看，如果以A点代表"求真"（例如，科学及数学），随着其研究领域（以A为中心）的扩大，就会与以B点（例如，代表"求美"）为中心的研究领域相交相融，同理也会与以C点（例如，代表"求善"）及D点（例如，代表"求实"）为中心的研究领域相交相融，这样一来，求真、求实、求善、求美既保持独立，又彼此渗透与融合。如果向上方看去，亦即看四棱锥的四个棱，分别代表着求真求新、求实求新、求善求新、求美求新的道路，那么攀爬的顶点就

① 鲁洁.超越性的存在——兼析病态适应的教育[J].华东师范大学学报（教育科学版），2007（4）：6-11，29.
② 鲁洁.创造性是人的一种基本德性[J].教育研究与实验，2007（5）：1-3，39.
③ A.J.赫舍尔.人是谁[M].隗仁莲，安希孟，译.贵阳：贵州人民出版社，2019：66.
④ 这部分的论述，以及关于真、善、美、实（或者可以省去"实"）之间相互关系的论述等，都还可以进一步展开，此处从略。特此说明。

是"求新"——求真需要求新，求实需要求新，求善与求美也需要求新，人类就是这样一个"喜新厌旧"的物种。因此，力争做一个整体的、具有创造性的人，便成为中小学STE（A）M教育乃至整个基础教育（以及高等教育）所追求的目标。认识到这一点，我们也就不难理解，我国的素质教育及发展学生的核心素养，都特别强调培养学生的创新实践能力。于是，中小学STE（A）M教育在考虑其所涉及的学科知识类型的多样性特征，以及实现创新需要不同类型知识的综合应用的特点，实际上就是指向了科技人文融合创新的一种跨学科教育。当然，在这种跨学科的科技人文融合创新教育中，"跨"的水平是各不相同的。

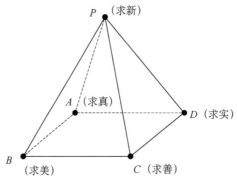

图0.2　人类求真、求实、求善、求美与求新的"五求"模型示意图

上述"五求"模型也可以进一步简化为"四求"模型，即删去"求实"，相应的四棱锥便成为三棱锥模型。这一修改或许更符合人们的认知习惯，毕竟对真、善、美的追求是人类永恒的主题。在马克思主义看来，人类的社会实践活动既是人们认识、把握和运用客观规律的过程，又是人们追求个体及人类价值实现的过程，还是人们按照美的规律进行技术性构想与能动性创造的过程。真、善、美之间不仅彼此相互联系[1]，而且在"求新"上也有着共同的追求，即求真需要伴随着求新，求善与求美也需要不断求新，正是在这样一个不断求新（追求创新）的实践过程中，真、善、美才得以统一。

在论及"科技人文融合创新教育"这一问题时，还经常涉及与"跨学科教育""综合实践活动"相联系的"跨学科""交叉学科""综合学科"等概念。[2]很显然，"跨学科教育"强调的是不同学科之间的跨越，亦即基于某一学科并在该学科的基

---

① 王朝闻. 美学概论[M]. 北京：人民出版社，1981：34-35.
② 李春密，赵芸赫. STEM相关学科课程整合模式国际比较研究[J]. 比较教育研究，2017（5）：11-18.

础上寻求不同学科之间的联系及整合（因此也涉及"跨"的幅度及"跨"的目的与结果等问题），它以相关"学科"的存在为前提和基础，而"跨学科""交叉学科""综合学科"等则是从学科融合的水平及结果来考虑的。当然，无论是"跨学科教育"还是"交叉学科""综合学科"教育，学科之间的相互"跨""交叉""综合"都不是目的，通过学科的"跨""交叉""综合"来解决问题才是王道，或者更进一步说，是通过学科的"跨""交叉""综合"来创造性地解决问题。这或许正是"科技人文融合创新教育"以"科技人文融合"为限定、主要聚焦于"科技"领域、着眼于培养学生"创新"能力的研究旨趣所在，以及教育实践追求。

二、科技人文融合创新教育研究的内容架构

本书研究主要探讨科技人文融合创新教育的理论与实践问题。二者之间的区分只有相对的意义，因为在对科技人文融合创新教育实践问题的研究中，必然会涉及相关的理论基础与理论升华问题，同样在对科技人文融合创新教育理论问题的研究中，也需要有实践的观照与落地的追求。

"绪论"注重探讨科技人文融合创新教育研究的相关概念，明确科技人文融合创新教育研究的内容架构，以此为全书写作提供一个整体性视角。特别是论述了"创新"与"创造"的不加区分，将创新能力、创造（能）力、创造性等概念统一起来（可以视为同义语），避免了术语不同可能带来的概念混淆。

第一部分首先从时代、社会、个体、学科发展等维度对科技人文融合创新教育的价值进行追问（第一章），然后从科技与人文相关学科性质的分析中，探究科技人文融合创新教育的基本前提（第二章），以及科技人文融合创新教育的内在学理（第三章），进而讨论科技人文融合创新教育的可能途径（第四章）。这部分研究为科技人文融合创新教育走向实践奠定了基础。

第二部分从讨论科技人文融合创新教育的项目课程开发问题入手（第五章），然后聚焦于科技人文融合创新教育的发现和提出问题教学这一主题（第六章）。科技人文融合创新教育的课程形式是多种多样的，但是项目化的科技人文融合创新教育课程更需要得到强调，其课程开发价值、理论基础、开发模式及具体案例是我们不得不关注的内容。相对于课程建设内容，科技人文融合创新教育的发现和提出

问题教学更是把这一理念引向了实践，因为"问题"是人类思维结构的第一要素，也是创新思维的触发点，因此发现和提出问题的教学便成为科技人文融合创新教育绕不过去的环节。

科技人文融合创新教育要真正落地，还需要在教育内容及教育载体上进一步拓宽思路。为此，将本身就具有科技人文融合特色的科技史元素融入科学教育中（第七章），发掘科技史的科技内涵、人文意蕴及认识论思想的教育价值，无疑对促进学生科技人文融合创新能力发展具有重要的意义。科技人文融合创新教育的载体形式也是多种多样的，例如，基于科幻画教学、科学摄影教学和科学微视频教学（第八章），有助于实现科技教育与艺术教育的"双赢"，进而促进学生科技人文融合创新能力的发展。

科技人文融合创新教育需要接受实践的检验。以项目化学习方式，或者是直接跨学科教学，或者是跨学科实验教学等，分别在小学、初中和高中开展科技人文融合创新教育实践，有助于深化人们对项目化学习、跨学科教学及跨学科实验教学等科技人文融合创新教育对于发展学生创新实践能力作用的认识和理解。这些工作不仅是复杂的，也是艰巨的，限于个人的时间与经历，这部分仅仅就跨学科实验教学对学生科技创新能力发展的影响进行了初步探究（第九章）。

在全书的"结语"部分，笔者对本书研究进行了整体性反思，并进一步思考了科技人文融合创新教育未来发展的可能性。这样做的目的是对科技人文融合创新教育本质进行进一步追问，以打破人们对于创造概念的某些迷思性认识或者说模糊性认识，同时分析科技人文融合创新教育的不足，在反思中获得继续前行的力量。

在"附录"中，笔者提供了关于中小学工程教育问题的一些个人思考，以及部分研究工具。目前，中小学工程教育还是相对薄弱的，而许多工程问题及其解决本身就属于科技人文融合创新教育的研究主题。与对工程教育的重视不同，在健康视域下审思科学技术教育，实质上反映了科技教育的一种人文追求，而这些思考本身也是笔者基于科技人文融合所进行的一种微不足道的创新，或者也是源于敝帚自珍吧！

最初的研究和写作计划中还考虑过开展"科技人文融合创新教育的支持性研究"，例如，科技人文融合创新教育的实验室建设、教师专业发展等问题，因时间和精力等原因，这一计划没有开展，所有这些只能留给有兴趣的后来者。

科技人文融合创新教育的根本在于科技人文融合创新，再往前溯源，则是科技

（与）人文（的）融合。这一点可以借用图 0.3 来表达，即科学与艺术（更一般的情况是"科技与人文"）的相互交集可以产生创造的奇迹。

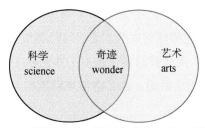

图 0.3　科学与艺术（科技与人文）的相互交融

科技无处不在，与我们的生活息息相关，让我们的生活变得更加丰富多彩。实践证明，要解决诸如气候变化和人口膨胀等全球性问题，必须依靠"更多和更好的科学"，但是目前科学发展面临一个现实的威胁，那就是它被视为一种奢侈品，在这种认识下，经济状况和社会地位成了一些人通往科学家之路的"拦路虎"。然而，事实上，科学不是一件奢侈品，它已经不再如早期的天文学家、哲学家、医生、炼金术士和工程师等科学先驱那样将伟大的成就、发现、发明作为礼物送给有权势的资助人，或者是将其作为献给王权的礼物。同样，今天的艺术也不像许多人认为的那样是一种奢侈品，而是日常生活的组成部分。无论我们意识到与否，它都是影响我们生活的主要因素之一。当我们置身于充实且激动人心的视觉环境时，会对自身感觉更好。更重要的是，艺术激发我们思考，即便是它在挑衅我们的时候，也通过让我们追问自己的心态、价值观和世界观，拓展了我们的体验。①

科学（技术）与艺术（人文）是人类认识世界与表达世界的不同道路，这两条道路并不是楚河汉界，也不是泾渭分明的，更不是永不相交的平行线。恰恰相反，这两条道路通向了一个共同的高峰，那就是对真、善、美的追求，也就是科学和艺术的融合与创新。事实上，科学（技术）和艺术（人文）是自然这块奖章的正面与反面，它的一面是以感情来表达事物的永恒秩序，另一面则是以思想表达事物的永恒秩序。然而，这里的"两面"并非孤立的，而是相互包含且相互依存的，如阴阳一样，万物负阴而抱阳，冲气以为和。我们不仅要看到事物（对象）的"一体两面"，亦即以"分析"这种思维形式认识科学（技术）和艺术（人文），更需要以整体的

① 　H. W. 詹森. 詹森艺术史（插图第 7 版）[M]. 艺术史组合翻译实验小组，译. 北京：世界图书出版公司，2013：33.

视角把握事物（对象），亦即以"综合"这种思维方式把握科学（技术）和艺术（人文）。一旦我们的思维从"一体两面"走向"合二为一"，看到的风景将完全不同，恰如现实生活中的男女合房，使精子和卵子得以结合，便产生了质的变化——出现了受精卵，这正是新生命体的源头形态。与此类似，从将科学（技术）和艺术（人文）视为"一体两面"走向使科学（技术）和艺术（人文）"合二为一"，亦即科学（技术）与艺术（人文）融通，也必将带来新质的诞生。对此，我们当然是欢欣鼓舞，同时也是翘首以待的。

第一章

科技人文融合创新教育的价值追问

价值实质上是一种"客体"（相对于一定"主体"的"客体"或"他者"等）对"主体"的效用关系。①科技人文融合创新教育的价值，实质上也是科技人文融合创新教育——实质上是科技人文融合创新人才的培养活动——对一定"主体"的效用关系，归根到底还是源于科技人文融合创新，亦即以"科技人文融合"为限定、主要聚焦于"科技"领域的"创新"之于一定"主体"的实际效用。这里的"主体"既可以是整个人类、生活在一定地域和具有相同价值观念及文化传统的人类群体和具体个人（个体），也可以是"科技与人文类学科"——其背后是从事该学科工作的专业共同体成员，这些不同的"主体"角色具有相通性，丰富了人们对科技人文融合创新教育价值的理解。

① 李德顺. 价值论：一种主体性的研究[M]. 3 版. 北京：中国人民大学出版社，2020：100.

一、科技人文融合创新教育的时代价值

科技人文融合创新教育的时代价值，源于科技人文融合创新人才的培养，亦即源于通过人才培养实现科技人文融合创新促进人类发展。鉴于科技人文融合创新是以"科技人文融合"为限定、主要聚焦于"科技"领域的"创新"，我们也可以将"科技人文融合创新"看作"科技创新"的子集（其实也可以看作同一），从科技创新引领人类社会发展这一层面来思考科技人文融合创新教育的时代价值。

回顾人类发展历史，人类的生存与社会生产力发展水平密切相关，而社会生产力发展的一个重要源头就是科学技术。科技造福人类，科技创造未来，科技是改变世界的重要力量，它源于人类生产和生活的需要，又归于人类生产和生活之中（因而彰显了人文性）。历史的发展证明，科技（人文融合）创新驱动着人类历史的车轮飞速旋转，为人类文明进步提供了不竭的动力源泉，推动人类社会从蒙昧走向文明，从游牧文明走向农业文明、工业文明，进而走向信息化时代。[①]

近代以来，科学技术同产业发展的联系更为紧密，已经成为经济社会发展的主要驱动力，每一次产业革命都同科学技术革命（特别是技术）密不可分。18世纪中叶，欧洲发生了以蒸汽机的发明和广泛应用为标志的第一次技术革命，从而突破了自然力的局限，实现了大生产和机械化。在技术革命的推动下，第一次工业革命从英国逐渐波及欧洲大陆和美国等国家，并且彻底打破了旧的生产关系，开启了人类工业文明的时代。19世纪30年代，以电力技术为标志的技术革命，推动人类社会从蒸汽时代进入电气时代，提高了社会生产力，也形成了列强竞争的世界格局以及对自然资源的占有和市场的掠夺。20世纪40年代以来，以电子技术、航空航天技术、核技术等为标志的第三次技术革命，使人类从电气时代进入了电子时代，大大提升了工业生产率。20世纪70年代以来，信息技术、数字网络的广泛应用，促进了现代服务业的快速发展，使社会生产和消费从工业化向自动化、智能化转变，也加快了全球化的进程，推动人类社会进入信息时代。[②]科学技术的每一次重大突

---

① 尤瓦尔·赫拉利. 人类简史：从动物到上帝[M]. 2版. 林俊宏，译. 北京：中信出版社，2017：1.
② 中国科学院. 科技革命与中国的现代化：关于中国面向2050年科技发展战略的思考[M]. 北京：科学出版社，2009：8-9.

破（也可以说是），都会催发社会生产力的深刻变革，并推动人类文明迈向新的、更高的台阶。

从人类现实生活来看，科学技术正不断地渗透到社会生活的各个领域，科技创新也不断催生出新的人类发展需求，同时改变着人类的生产手段、生活方式、思维方式。首先，科学技术的发展为人类提供了新的生产手段，而新的生产手段又提高了劳动生产力和生活质量，从而使得人类对先进生产手段的追求没有止境；其次，科学技术的发展，特别是过去300年来的机械化、电气化和信息化的发展，彻底改变了人类的生活方式，这些生活方式的改变又呼唤新的科技发展；最后，科学技术的发展破除了人们的封建迷信观念，提供了科学理性和关注人的当下生活的新的思维方式，而思维方式的进步是人类发展的一个重要标志。

科技创新在不断改善人类的生活环境，同时也改变着人类自身。从微观的角度来看，由于材料、建筑、电力、交通等科学技术的发展，我们的生存环境获得了极大的改善，虽然科学技术发展对人类宏观生存环境有一定的影响，但是人们已经认识到如何平衡发展与环境的关系，以及如何恢复自然的活力，变一味索取为索取与给予并行。科技创新对人类的发展繁衍产生了重要的影响。作为一个智能物种，人类的梦想就是要生生不息地繁衍下去，并且要走出地球，在广阔的宇宙中扩展生存空间（人类在迈向宇宙太空等领域取得了辉煌的成就）。当然，要实现这一目标，除了要看宇宙的发展是否给我们机会，还要依赖科学技术创新，以及人类是否能够正确地使用这些科技创新成果。

二、科技人文融合创新教育的社会价值

科技创新始终是引领国家发展和人类进步的关键动力。相对于人类文明的进步，科技人文融合创新教育之于一个国家或地区的发展，也有着特别重要的意义。

在人类历史发展的进程中，科技创新一直以缓慢的步伐前行，直到英国工业革命，科技力量才真正成为对国家崛起具有重要作用的因素，并迅速带动和发展了一批对大国崛起有决定性意义的新的产业和新的生产力，成为近代英国打造"日不落帝国"得心应手的工具。随后，欧洲大陆的一些国家纷纷加快了科技创新步伐，鼓励科学技术创新及其在电气、化工、冶金、汽车等方面实现转化，先后崛起了法国

和德国两个强国。在 20 世纪大国崛起的过程中，美国、苏联、日本、新加坡、韩国等依靠科技创新能力的提高，跻身先进国家之列。反观我们自己，作为四大文明古国之一的中国，是世界上唯一一个古老而且历史从未中断过的国家，中华文明源远流长，科学技术更是取得了令世界震惊的累累硕果，在历史上很长的时间处于世界领先地位。但是到了近代，中国的发展慢了下来，其直接原因是错过了两次工业革命，亦即没有能够在以蒸汽机的发明和应用为主要标志和以发电机和电动机的发明与应用为主要标志的科学技术革命中抢占先机。中华民族五千年，从民族辉煌到民族衰败再到民族复兴，民族命运与科技创新息息相关。

民族的复兴，国家的强盛，一个最为基本的前提与表征是国家安全。作为一个系统性的概念，国家安全以人民安全为宗旨，以政治安全为根本，以经济安全为基础，以军事、科技、文化、社会安全为保障，具体包括政治、国土、军事、经济、文化、社会、科技、信息、生态、资源、核等重点领域的安全，以及太空、深海、极地、生物等新兴领域的安全。其中，科技安全是国家安全的重要组成部分，也是支撑和保障其他领域安全的力量源泉与逻辑起点，是塑造中国特色国家安全的物质技术基础。科技安全直接取决于一个国家的科技实力与科技创新水平。例如，国防安全是国家安全的根本保证，直接表现在一个国家的军事战斗力上。鉴于战斗力生成模式和体系作战样式已经从"材料主导式武器+体能型军人+基于人力系统的体系作战""能量主导式武器+技能型军人+基于电信系统的体系作战"逐渐发展到"信息主导式武器+智能型军人+基于信息系统的体系作战"，武器装备变得越来越网络化、无人化和智能化，信息化武器装备已成为主要的作战装备。在这一情况下，唯有依托科技创新，积极利用信息技术，才能实现武器装备的精确释能，才能实现作战人员的智能提升，才能实现作战指挥的体系对抗，全方位地提高基于信息系统的体系作战能力。

民族的复兴，国家的安全，必须以经济发展和人民富裕为基础，而发展经济和走向富裕又必须依靠科技创新来推动，这一点已得到世界各国的认同。随着社会经济的不断进步和快速更迭，传统的经济发展模式——通过初级生产资料投入、靠铺新摊子、劳动密集型的产业经济，必须转换到加强科技创新推进上来，这也是提高生产效率、促进社会经济发展的必由之路；传统的经济发展重视速度，忽视了发展质量，带来了很多弊端和负面影响，不仅使经济发展质量大打折扣，人民群众的生活水平提高缓慢，最重要的是生活环境日益受到破坏和影响。因此，在科技快速发展的今天，建立现代化的社会经济体系，统筹部署创新链与产业链，加快解决关键核心技术受制于人的问题，使经济技术链条多向扩展，促进产业扩张和升级；推动农业农村科技创新，加快农业高端装备研制；围绕实施健康中国战略，加快重大疾病和传染病防治研究；加强多学科、多领域交叉融合研究，促进信息技术、生物技术等新兴技术快速发展，系统整合各类资源，重塑经济发展方式，改变人类社会的生产和生活方式，必须发挥科学技术特别是技术创新在支撑经济可持续发展方面的重要作用。

民族的复兴，国家的安全，经济的发展，最终是为了人民过上幸福生活。当人类社会发展到一定阶段时，社会发展的主要矛盾转化为人民日益增长的美好生活需要和不平衡不充分的发展之间的矛盾，人民群众对清新空气、安全食品、优美环境、健康生活的需求越来越强烈，科技创新越来越能彰显其特别的意义。我们从现实生活的观察中容易发现，越来越多的科技创新成果被广泛应用于民生领域，惠及人民群众。高铁网络、电子商务、移动支付、"互联网+"、共享经济等这些科技创新催生的新技术、新经济、新业态，正在深刻改变着人们的生产和生活方式。在资源环境（例如，雾霾治理等）、生态保护、交通建筑、食品安全、人口健康（例如，癌症等重大疾病防治）、公共卫生等与民生改善密切相关的领域，科技造福人民和创新成果共享的作用更大，人们对其的需求也更为迫切。①事实上，也只有坚持以人民为中心的发展思想，科技创新才会始终沿着满足人民对美好生活向往的正确方向与道路不断前进，造福全世界人民，造福子孙后代。

三、科技人文融合创新教育的个体价值

人是万物的尺度，是存在的事物存在的尺度，也是不存在的事物不存在的尺度。这是公元前 5 世纪古希腊智者普罗泰戈拉（Protagoras）的著名哲学命题，意味着人是这个世界上最重要的因素。这里的"人"既可以理解为"抽象的人"，或者作为"类"的存在的"抽象群体"概念，也可以理解为"具体个人"，而从"抽象的人"或者"抽象群体"向"具体个人"的转变，标志着人类社会发展的真正进

---

① 北京市习近平新时代中国特色社会主义思想研究中心. 科技创新要坚持以人民为中心[N]. 经济日报，2019-05-28（16）.

步。①事实上，无论是在抽象的层面还是在具体的层面，科技人文融合创新教育都具有重要的价值。

科技人文融合创新教育借助科技人文融合创新人才培养，以实现更多的科技人文融合创新，进而满足每一个"具体个人"的现实需要。我们知道，每一个具体的个体，无论是成人还是儿童，都有一些最为基本的需要。例如，美国心理学家马斯洛（Maslow）认为，人的需要主要包括生理需要、安全需要、社会需要、自尊需要和自我实现的需要；人的需要是有层次的，按照其重要程度和发生顺序，呈梯形状态由低级向高级发展；每当低一级的需要获得满足以后，接着高一级的需要就要求满足；当需要发展到高层次之后，低层次的需要仍将继续存在，有时甚至还是十分强烈的。②所有这些人的需要的满足，都可以借助科技人文融合创新教育及科技人文融合创新活动来实现（或者是一定程度的实现）。

我们也可以从更为具体的层面来思考人的需要问题。其一，作为一种生命的存在形式，每一个体都具有健康长寿的需求。新冠、禽流感、H1N1甲型流感等各类突发全球性流行病，艾滋病，心脑血管、癌症、糖尿病等慢性病和精神类等疾病对人类健康的威胁，使人们的忧患意识日益增强，对依靠科技创新战胜各种疾病、提高人类的健康水平的期待日益强烈。其二，与健康长寿需求相联系，作为生命的基本条件，安全保障等也是人的基本需求。如前文所述，国家安全更大程度上依赖于科技创新实力，当今信息化战争需要军事高科技的不断创新，也是当今科技发展最为前沿和活跃的领域。如何提高交通、生产、社会安全的保障度，提高对地震、飓风、海啸、洪水等自然灾害的预测、预防和抵御能力进而减少损失，都对加速科技创新提出了迫切需求。其三，对于工作高效舒适的需求。改善工作条件，提高工作效率，更加节省人的体力和脑力，是人类文明进步永恒的主题，也是科技创新的重要方向之一。随着工业、农业、办公、交通及其他服务业的自动化、信息化、智能化的程度进一步提高，安全性进一步增强，机械和信息设备对体力和简单脑力劳动的替代更多、更加广泛，以及家庭信息化、自动化的程度更高，生活更加方便、舒适。其四，拓展活动空间的需求。在科技进步带给人们的希望不断增大、地球资源

---

① 叶澜先生指出，教育学科的发展需要寻求学科内核心问题认识的突破。教育学科发展的内在核心问题是对"人"的认识。

② 亚伯拉罕·马斯洛. 人性能达到的境界[M]. 2版. 曹晓慧，张向军，译. 北京：世界图书出版公司，2019：99-100.

日益紧张的今天，人类拓展活动空间的欲望更加强烈。随着各种运载工具性能的不断提升，以及新的手段和工具的不断发明使用，人类在地球活动的空间将更加广阔，并向远空、远海、深海、其他星球逐步扩展。其五，持续发展的需求。在物质生活水平不断提高的同时，人类对生存环境和生活质量提出更高、更为迫切的需求，清洁能源特别是新能源技术、低碳经济关键技术、自然资源的替代和节约利用技术、应对气候变化及改善生态环境的技术等在科技创新中的地位更加突出，而相关技术的创新必须依赖于科学的重大突破。这些需求的满足，同样离不开科技人文融合创新活动及科技人文融合创新教育。

从教育的视角看，科技人文融合创新教育不仅体现在对学生创新能力的培养上，也体现在学生素质的全面发展上。如前所述，科技人文融合创新教育是以"科技人文融合"为限定、主要聚焦于"科技"领域并着眼于"创新"的"教育"，因此"科技"是科技人文融合创新的基本底色，科学技术（及工程）学科核心概念、科学技术（及工程等）思维方法、科学（及工程）探究（实践）技能、科技（及工程）创新能力等构成了学生发展的重要维度。当然，科技人文融合创新还具有重要的"人文"元素，因此涉及艺术、文学、历史等人文科学和经济学、社会学等社会科学，因为说到底，科技人文融合创新是"属于"人的，更是"为了"人的。用这样一种分析性思维来解读科技人文融合创新，似乎"科技"与"人文"是彼此分离的，但实际上无论是在科技人文融合创新的源头上（"创造性解决问题"之"问题"的来源），还是在科技人文融合创新的"过程"及"结果"上，它们都是彼此联系、相互融合的，体现为人文属性与科技属性的有机结合。[①]这种相互"融合"在一定程度上反映或者说满足了人的发展的多元智能特点及要求（尽管每一个体的智能类别的强项各不相同），同时也更集中地体现了其在实现培养全面发展的人这一教育目标上的重要作用。毕竟，科技人文融合创新及经济与社会的全面进步本身并不是最终目的，最终目的还是服务于人，特别是使人获得全面而自由的发展。

四、科技人文融合创新教育的学科价值

相较于科技人文融合创新之于人类文明、民族复兴及具体个人的重要价值，科

---

① 事实上，科技属性中内在地含有人文维度。特此说明。

技人文融合创新借助于科技人文融合创新人才的培养，在反哺科技与人文学科上的作用往往被人们所忽视。无论是科学技术学科的发展，还是人文艺术学科的发展，科技人文融合创新都发挥了重要的作用。

在科学技术发展历史上，科技人文融合创新促进科技发展的例子可以说非常多。科学技术不可能在真空中成长，它需要一个能促进其发展的良好的人文文化背景。科学在本质上也是一种文化活动，也需要有包括理想、精神、境界、信念、意志、兴趣和激情等在内的人文动力。科学技术创造过程本身并非纯粹"科学"或"技术"的，它需要各种人文因素的积极参与，科技工作者的灵感、直觉与想象等直接参与科学技术的创造活动。特别是艺术给科学研究插上了想象的翅膀，从而推动科学技术的创新发展。这种推动作用主要表现为科学对美的追求是科学技术发展的创造性源泉；艺术思维有助于扩展科学思维的领域、营造自由和谐的创造性思维情境、促进科学思维中的形象重组形成概念、进行类比和联想建立科学理论模型等。[①]例如，科学摄影师马汀·奥格里（M. Oeggerli）使用扫描电子显微镜拍摄了花粉、细菌、昆虫和真菌等放大率达到 50 万倍以上的显微照片，能够让更多的人知晓世界上最微小的生物体具有完美的身体结构[②]；德国物理学家海森堡（Heisenberg）受音乐理论中泛音振动的频率是基音振动的整倍数的启发，做出了原子跃迁的基频与次频的实验[③]；英国化学家纽兰兹（Newlands）受音阶的启示而发现了原子递增的规律，从而创造了"八音律"表[④]。

事实上，在科学技术发展历史上，那些具有科技人文融合创新素养的科学家所做出的杰出科技贡献，为科技人文融合创新促进科技发展提供了另一种证据。古代一些杰出的人才几乎都是精通科学与艺术的"通才"，如原子论的创始人德谟克利特（Demokritos）被马克思称为"实验自然科学家和第一个博学多才的希腊人"，同时他又是一位杰出的哲学家和美学家，写出了《论诗的美》《论音乐》《论绘画》等著作。欧洲文艺复兴时期更是人类历史上科学与艺术结合的伟大时代，意大利的达·芬奇（da Vinci）不但是大画家，又是大数学家、力学家、地质学家和工程师，

①　陈大柔. 美的张力——科学与艺术的审美创造[M]. 北京：商务印书馆，2009：432.

②　robotying. 科学和艺术完美结合的十大范例[EB/OL]. http://www.360doc.com/content/15/0121/09/3176515_442480142.shtml.（2015-01-21）[2023-10-20].

③　王玉文，王洪鹏. 漫谈物理学家的音乐爱好[J]. 物理通报，2008（8）：52-53.

④　张养年. 奥妙无穷的周期美——五谈科学与艺术的共同美[J]. 陕西教育学院学报，2000（3）：78-80.

他在许多领域都做出了举世瞩目的贡献。也正因为如此,著名科学家李政道先生就特别关注科学与艺术的相互交融问题,用非凡的视角展现给世人一个美丽的世界。1987 年 5 月,李政道先生为当时召开的"用并行机的格点规范理论国际学术研讨会"创作了主题画《格》,1996 年 5 月,吴作人先生为"复杂性对简单性国际学术研讨会"创作了《流光》,这些画作无不彰显了科学与艺术的相互交融。在以"时间反演"为主题的 2018 李政道科学与艺术作品展活动的致辞中,李政道写道:"时间之河的流动是不可逆转的,但是在想象的空间中,我们可以令时间之河倒流,并进一步研究微观环境下物理规律的时间反演对称性。"①他还期望这次科学与艺术作品展能帮助公众更好地理解"时间反演"这一科学主题。

与科技人文融合创新对科学技术发展的促进作用类似,科技人文融合创新对人文艺术发展也产生了重要的促进作用。人文学科的发展,特别是艺术的发展,在很大程度上取决于材料、工艺和技术的进步,因而在很大程度上依赖于科学技术的进步。现代艺术之所以取得迅猛发展,各种作品、各种流派、各种风格层出不穷,缤纷缭乱,交相辉映,很大程度上应归功于现代科学突飞猛进的发展。②科学技术不仅带来了新思想、新观念和新视角,而且带来了新材料、新工艺和新技术,这一切都为艺术的发展开辟了无限广阔的天地。人文创造过程本身也并非纯粹"人文"的,它需要各种科学技术因素的积极参与。例如,被誉为上海世博会中国馆"镇馆之宝"的数字版动态《清明上河图》,在超 200 平方米的高清巨幕上,以长 128 米、高 6.5 米,比原版放大 100 倍的震撼效果展现于世人,揭秘了人们不甚了解的宋代人文景象;高科技互动艺术展演《清明上河图 3.0》通过动态高清投影、互动装置、3D(3-dimension,三维)影像、沉浸式体验形式、全息投影等高科技手段,呈现了传统文化与古老工艺,从各种维度营造了观展的沉浸感和互动性③,彰显了科学技术之于艺术表达形式创新的作用。

在某种意义上说,新文科建设也是强调科技人文融合创新对于人文艺术发展具有重要促进作用的一个例证。与科学技术相比,人文学科的态度相对保守:科学技术始终面向未来,人文学科则更留恋传统;科学技术直接面对经验,人文学科则

---

① 袁婧. 多重演绎"时间反演",走进 2018 李政道科艺大奖赛的时间长河[EB/OL]. https://wenhui.whb.cn/third/baidu/201811/24/226448.html.(2018-11-24)[2023-10-20].

② 赵静荣. 科学和人文的融合[N]. 中华读书报,2017-05-03(8).

③ 刘小青. 聚焦文化与科技的融合[N]. 中国社会科学报,2020-11-03(2039).

更重视经典;科学技术关心客观世界,人文学科则更关注社会价值。在人类社会发展的这一剧烈变化时代,科学技术相对于人文学科的存在感更加明显,因此人文学科应该以更积极的态度面对被科学技术改变的世界,关心变化的中国与世界,掌握科技革命对人文社会科学产生的影响,学会运用现代科技手段进行人文社会科学研究,推进人文社会科学研究范式革命,以新科技发展激活思想力,开创人文社会科学发展的新局面。

第二章

科技人文融合创新教育的基本前提

　　学科是跨学科研究的基础，也是学科融合创新的基础。科技人文融合创新教育以"科技人文融合"为限定，或者说以"科技人文融合"为特色，自然涉及人们对"科技"与"人文"等具体学科的理解问题。学生如果对科技人文融合创新的相关学科没有一个基本的认识，就不能从学科视角识别问题所在，也很难提出相应的学科问题解决思路，更不可能有后来的学科"融合"创新的可能。因此，明确"学科"这一更为基本的概念内涵，探究科技人文融合创新教育相关学科的基本属性及其融入问题，并且注意到"科技人文融合"可能存在的一些融合限度等问题，则构成了科技人文融合创新教育的基本前提。

一、科技人文融合创新教育的学科视野

科技人文融合创新教育是科学学科（包括物理学、化学、生物学、天文学、地理学、医学等具体科学学科）、技术学科（包括传统技术、现代技术、工程学等）与艺术、文学以及历史、经济等人文学科（包括社会科学学科）融合的创新教育。那么，何谓学科？为什么要基于学科？为什么又要进行学科融合？科学学科、技术学科、艺术学科、人文学科究竟意味着什么？这是探讨科技人文融合创新教育不得不回答的问题。

"学科"这一概念，在不同的语境下有着不同的含义。作为与知识相联系的一个学术概念，"学科"是依据学问的性质、学术的性质而划分的科学门类，例如，自然科学中的物理学、化学，社会科学中的历史学、语言学等。"学科"也指义务教育、高中教育、中等职业教育、高等教育阶段学校教学的科目或是课程科目，例如，语文、数学、英语是中小学校、学位授予单位等教育部门对教师教学、人才培养、学位授予的科目分类与界定，并用于学科建设和教育统计分类等工作。可以说，第二种理解建立在第一种理解的基础之上，是第一种理解在教育场景中的应用。一种更为狭义的理解是，学科专指"理论知识"，亦即在军事、体育等体能训练中的各种知识的科目，不同于技术性的"术科"。

科技人文融合创新教育强调要基于学科视野，特别是要基于学科视野的相互交融，与上述"学科"概念的理解是紧密联系在一起的。因为生活经验和已有研究都表明，没有一定的理论、一定的方法、一定的经验，头脑就像一块白板，是无法观察事物、分析问题的。一定的理论、一定的方法、一定的经验构成了一个人的专业背景和学科视野。[①]也正是基于这一层意义，基于学科或者基于学科融合的创新才成为可能。

一门学科的产生、发展与独立，或者说一门学科之所以能够成为学科，是与共同体内外的承认密不可分的，这些承认具体包括学科共同体内部的同行承认、学科共同体之间的局外人承认及学科共同体外部的社会承认。[②]一门学科之所以能够得

---

① 李志昌. 问题研究的多学科视野[N]. 光明日报，2012-05-29（11）.
② 王建华. 学科的境况与大学的遭遇[M]. 北京：教育科学出版社，2014：22-23.

到广泛承认，并进而有可能通过学科融合实现创新的功能，也一定有着学科的存在特质，并且在学科融合创新过程中表现出一定的学科视野（学科的世界观）。事实上，每一学科都具有其独特的研究领域、对象（事实现象等）、问题、认识论、假说、概念、理论、方法、思维方式、伦理观、意识形态等，并且这是一个学科不同于另一个学科的主要方面。学科的世界观（学科视野）其实就是一个"镜头"（或者说是"探照灯"），透过这个"镜头"观察现实，从而过滤掉某些现象，实现聚焦于某些感兴趣现象的作用。也正是因为不同学科有着不同的"镜头"，加之不同的学科也可以拥有共同的现象世界（但是有不同的认识论、假说、概念、方法等），学科之间的融合创新才具有了可能性。

学科实际上也是一个层级系统，包括学科类别、具体学科、子学科、跨学科等。传统学科（不包括应用领域和职业）通常分为三大类，即自然科学、社会科学、人文学科①，每一类别又包括一些具体的学科，这些具体学科具有不同的学科视野（有些学科视野比较相似，有些则大相径庭），构成了人类认识世界的总体画面。学科类别及其学科视野的大致样貌可以参见表 2.1。

表 2.1 自然科学、社会科学、人文学科的总体视野

学科类别	学科	学科视野
自然科学	生物学	研究生命物质世界的行为，寻找对行为的自然规律、决定论的解释
	化学	关注单个元素或化合物中元素的独特属性及其相互作用
	地球科学	关注行星地球的大型自然进程
	数学	关注用假设、假说、公理和前提创造的抽象数量世界等
	物理学	研究物体运动、物质结构、物体相互作用及宇宙学等
社会科学	人类学	包括文化人类学及体质人类学等，关注符号、仪式、信仰等问题
	经济学	研究市场的相互作用，以及其中的个体、群体行为等
	政治科学	把世界视为政治竞技场，研究个体及群体在追求权力、行使权力中面临的问题
	心理学	研究人类行为的心理活动规律

① 在这里不把"人文学科"称为"人文科学"，一方面是因为人们的习惯与约定，另一方面则是因为"人文学科"与"人文科学"之间还是存在着一些差异，"人文学科"与自然科学或科学的距离实在是太大了，差异太明显了。我们说"人文学科"是非科学（严格地讲，大多数社会科学学科也属于非科学的范畴），这并不是在贬低它，而仅仅是说它不是自然科学而已。事实上，它与自然科学同样有意义，也许在某些方面比自然科学更有价值。如果说科学是一种纯粹的知识体系，人文学科则是建立在一定知识基础上的价值体系。参见李醒民. 知识的三大部类：自然科学、社会科学和人文学科[J]. 学术界，2012（8）：5-33，286. 特此说明。

续表

学科类别	学科	学科视野
社会科学	社会学	研究特定社会中人与人之间的关系，以及亚群体的文化等
人文学科	艺术与艺术史	观察文化的窗口，提升审美品位
	文学	关注文学的文化育人
	历史学	历史事件是社会力量和个人决策的共同结果；历史趋势与未来发展
	音乐与音乐教育	认识古往今来音乐的重要性；音乐是文化的重要组成部分
	哲学	承认人类知觉能力和认识能力的局限性
	宗教研究	信仰和信仰传统对人类理解现实的重要性

资料来源：艾伦·雷普克. 如何进行跨学科研究[M]. 傅存良，译. 北京：北京大学出版社，2016：104-105

人文学科这一名称本身就是科学所界定的，是 20 世纪对那些被排拒在自然科学和社会科学之外的学科的简便总称。现代哲学是由科学形成时清除出来的东西界定的，其他现代人文学科则首先以古典语文学的形式出现，其后衍生出历史、现代语言甚至艺术史。人文学科的主干可以用人们常说的"文（文学）、史（历史）、哲（哲学）"来指称，或者再加上艺术。较广义的人文学科还可以包括诸如现代语言和古典语言、语言学、考古学乃至含有人文主义内容并运用人文主义的方法进行研究的社会科学。①

一般而言，关注学科类别及其学科视野等问题的探讨，主要是为跨学科研究做准备和服务的。科技人文融合创新教育注重科技人文融合，相应的科技人文融合创新（教育）研究也应该属于跨学科研究的范畴，或者说是跨学科研究的一个子领域，只是涉及的具体学科数量相对少而且集中，并主要指向"科技"领域创新。从这一层关系来说，我们可以基于跨学科研究开展科技人文融合创新研究，进而基于科技人文融合创新过程开展科技人文融合创新教育的实践。

科技人文融合创新教育是基于自然科学（包括技术学、工程学等应用类学科）与人文学科（及社会科学）融合创新教育，深入探讨科学、技术、工程、数学、艺术、心理学等具体学科的学科视野（主要是具体学科性质等），对于科技人文融合创新教育走向实践，无疑具有重要的理论意义和实践意义。考虑到科技人文融合创新教育主要聚焦于"科技"领域（也包括少量的人文艺术领域等）这一专门要求，明确科学、技术、工程的学科地位及其相互关系，探究数学学科之于科技人文融合

① 杰罗姆·凯根. 三种文化：21 世纪的自然科学、社会科学和人文学科[M]. 王加丰，宋严萍，译. 上海：格致出版社，上海人民出版社，2011：191.

创新教育的独特作用，则更为必要和迫切。

二、科技人文融合创新教育中的科学、技术与工程

科技人文融合创新教育（也可以说是 STEAM 教育）将科学、技术、工程、数学、艺术（人文社会科学）等学科相互联系形成一个有机整体，因而必然涉及这些学科的地位与相互关系问题。

（一）坚持科学、技术与工程的三元论立场

在人们的日常观念中，科学与技术不分，技术与工程往往被认为是一回事，似乎科学就是技术，技术就是工程。事实上，科学与技术有原则性的不同，工程与技术也有不可忽视的区别。我们知道，与日常认识活动不同，科学认识活动是人们探求特定对象本质和规律的专门认识活动。科学是一种社会建制，是现代化社会不可缺少的社会化事业。科学也是一项智能探险，更易于被青年接受。科学还是一种研究方法，是一种解决问题的工具，是一种时代的精神。可见，科学具有"多面性"的属性。当然，由于现代科学技术的发展，科学与技术之间的界限趋于模糊，科学知识可以在一个广泛的、迅速发展的范围内应用，其进一步发展又在很大程度上依赖于技术水平的提高和需要的发展，技术知识更多地来源于提炼科学知识和把科学知识用于解决实际问题中，这两种现象分别被视为"科学技术化""技术科学化"。尽管现代科学与技术是互为条件、相互作用的关系，但二者仍具有相对的独立性。

技术与工程也是难以划界的。在传统观点中，技术既指人类能动地改造自然的知识方法、实物手段及活动过程的总和，也指其活动的结果，亦即包括活动所创造出满足人类需要的人工物品。换言之，工程知识、工艺方法、程序知识、诀窍、技能等知识的集合，发明、研究与开发、操作、实施、生产等活动的集合，以及工具、复杂的装备系统、人工物产品等人造物的集合，构成了技术概念的三个维度。按照这种界定，除了基础研究属于科学活动之外，应用研究、技术开发等都属于技术活动，而作为造物实践活动的工程活动被看成技术实施的环节，已经包含在技术的"活动集合"与"人造物集合"之中了，工程与技术的划界也就根本不可能。事实上，技术与工程是人类不同的社会实践活动。首先，技术与工程的差异表现在不同

的词源上。在英语中,"工程"(engineering)这个动名词衍生于动词 engineer(建造、设计),因此含有行动(action)、做(doing)之本意;而"技术"(technology)一词由希腊语 techno(艺术、技巧)和 logos(言辞、说话)结合而成,意味着关于技艺的完美与实用的演讲。技术与工程的不同更多还是表现在技术活动与工程活动上,即技术活动是为了实现人类的某种目的,导向实践的、"应当怎样造物"程序性知识的认知活动,而不是以造物为目的的实践活动本身。①现代技术的科学化、知识化特征,使人们越来越倾向于从知识创造的角度去解释和界定技术活动。表 2.2 就是从研究取向和价值观念、研究目的和任务、研究活动的内容和性质、研究过程和方法等维度对科学、技术与工程的比较,从中可以看出它们的差异。

表 2.2　科学、技术与工程的比较

维度	科学	技术	工程
研究取向和价值观念	好奇取向,但在联系社会现实上相对薄弱;价值中立	任务取向,关注社会现实;富于价值关怀	用好与坏和善与恶的标准评价,在各方利益间进行权衡
研究目的和任务	认识世界,揭示自然界的客观规律;解决自然界"是什么""为什么"的问题	改造世界,实现对自然物和自然力的利用;解决变革自然界"做什么""怎么做"的问题	头脑中的观念形态的东西转化为现实,并以物的形式呈现给人们
研究活动的内容和性质	科学活动是以发现为核心的活动(探索、发现)	技术活动是以发明为核心的活动(发明、创新)	工程活动是以建造为核心的活动(集成、构建)
研究过程和方法	追求精确的数据和完备的理论,从认识的经验水平上升到理论水平;主要运用实验推理、归纳、演绎等方法	追求比较确定的应用目标,利用科学理论解决实际问题,认识由理论向实践转化;多用调查、设计、实验、修正等方法	工程目标的确定、工程方案的设计和工程项目的决策等,其实现要考虑方方面面的因素
成果性质和评价标准	知识形态的理论或知识体系,具有公共性或共享性;评价是非正误,以真理为准绳	科学知识和生产经验的物化形态,某种程序或人工器物,具有商品性;评价利弊得失,以功利为尺度	遵循"计划—实施—观测—反馈—修正"路线评价成败,工程达不到预期目标,就意味着失败
标志产品	理论、概念;带有普遍性的"普遍规律";具有可重复性	工具性手段;带有一定普遍性的"特殊方法";具有"可重复性"	新的存在物(集成体);"一次性"或"唯一性"的
研究规范	普遍性、公有性、无私性、创造性和有条理的怀疑主义	以获取经济和物质利益为目的;保密和专利	团结、协作,团队精神
研究活动的主体	科学活动的主角是科学家;科学共同体是一个学术共同体	技术活动的主角是发明家;技术共同体是一个学术和利益共同体	工程活动的主角是企业家、工程师、投资人、工人;工程共同体是一个利益和价值共同体
文化学与传播学意义	公众理解科学	公众理解技术	公众理解工程

① 邓波. 朝向工程事实本身——再论工程的划界、本质与特征[J]. 自然辩证法研究,2007(3):62-66.

续表

维度	科学	技术	工程
成果的力量体现方式	科学知识力量体现为人类的认知力	技术知识力量体现为人类的创新力	工程知识力量体现为人类的生产力

资料来源：李伯聪. 工程哲学和工程研究之路[M]. 北京：科学出版社，2013：18-32；殷瑞钰. "知识就是力量"的新解读[J]. 工程研究——跨学科视野中的工程，2008（4）：1-5

科学、技术和工程是三种不同的社会实践活动，科学知识、技术知识和工程知识也是三种不同类型的知识。科学知识的目标与意图就在于理解世界、描述世界的存在方式，因而可以看作描述性知识。技术知识的目标与意图则主要在于解决实践过程中"做什么"（What to do）和"怎样做"（How to do）的问题，它追求满足主体的需求，也正因为技术本身就是一个不断解决"做什么""怎么做"等问题的实践过程，因而可以认为技术知识就是行动的程序性和规范性知识。与科学知识和技术知识不同，工程知识作为伴随工程活动展开的境域化知识，较之科学知识与技术知识有不同的特征和属性。工程知识的独特性与复杂性、高度综合性、境域发生性（即当下发生性）、境域约束性、主体间性、随机变异性、人工物在境域中的建构性等特征，都是工程知识作为一种境域化知识所特有的知识属性。

（二）注重科学、技术与工程的双向互动关系

在坚持科学、技术、工程三元论立场的前提下，我们也必须看到，科学、技术和工程之间是相互关联的，而这种关联的程度及彼此关系又是随着时代的发展和社会生产力的进步而不断变化的。

从人类发展的历史角度来看，工程、技术的出现先于科学，工程、技术的发展并不完全取决于科学知识。事实上，现代科学只有几百年的历史，而人类的工程活动却有200万—300万年的历史，表明了工程与技术的发展往往在先。例如，正是人们通过不断加工和改造石料使其成为更能满足人类需要的器皿或武器，人类社会才实现了从旧石器时代到新石器时代的跨越，并进而发展到基于人工合成材料使用的青铜器时代。即使我国古代的四大发明，在我们自豪于它对世界历史发展的巨大贡献时，依然要归功于工程和技术的范畴。这些工程和技术促进了人类的进步，使人类变得更加聪明，社会文明的发展越来越快。[1]事实上，理论知识的发展赶不上实用技术的进步，已是人类科技发展的常见现象，新知识产生于针对新工程

[1] 师昌绪. 科学、技术与工程[J]. 工程研究——跨科学视野中的工程，2009（1）：5-6.

及新技术进行的不断实验之中。历史上，尼古拉·莱昂纳尔·萨迪·卡诺（N. L. S. Carnot）正是通过对蒸汽机的研究创立了热力学理论；设计师克劳德-路易·纳维尔（Claude-Louis Navier）不断尝试和总结吊桥的建造过程，成为著名的纳维尔-斯托克斯方程（Navier-Stokes Equations）的创立者。在半导体技术发展的 100 年间，在基础物理、应用物理等领域产生了多项诺贝尔奖，这些成果的获取却无一不是在相应关键技术的突破和关键装置的保证下完成的。2014 年诺贝尔化学奖授予了三位科学家，以表彰他们在超分辨率荧光显微成像技术领域的杰出贡献。这一技术的突破使得人类医学和生命科学的研究能够实现多色、三维的高速成像，其带来的技术进步和创新手段必将推动物理学、化学和医学领域的进一步发展。[①]这样的例子在人类科学发展历史上比比皆是。

从认知过程的理论逻辑来看，科学、技术与工程的双向互动关系则又常常表现为"探索、发现科学知识→发明、创新技术知识→集成、构建工程知识"的过程。总结人类文明发展的历程可以看出，科学发展的历史十分悠久，特别是 16—20 世纪的科学发展取得了特别重大的突破，并促进了 20 世纪的技术和工程的发展，形成了现代的科技文明。例如，电磁理论对电的技术应用、激光理论对信息技术的作用、X 射线理论对物质结构和材料技术的深入研究，以及 DNA 双螺旋结构理论对生命科学的推动等，都产生了十分深远的社会影响。在科学发展的早期阶段，科学发现往往是个人的行为，有时甚至是源于个人业余的兴趣，其中个体的智慧和努力、灵感和好奇心在科学发现中发挥着重要的作用。但是，随着时间的不断推移，科学发现更需要大型设备装置和现代化测量仪器的帮助，这就是人们所说的"大科学工程"。例如，大功率对撞机或加速器已经成为粒子研究的基本实验配置，而结构复杂、精度要求很高的天文望远镜成为进一步探究宇宙现象的基本观察仪器。这时，科学、技术与工程的双向互动关系则又往往表现为"工程构建的知识→技术发明的知识→科学发现的知识"这样一个过程。换言之，是人类文明与进步的需求不断激发着人类的探索欲和创造力。在这种探索和创新的过程中，人类不断发明和使用新的工具，这些工具的发明和使用又进一步促进了人类对理性的思索和规律的探讨。最终，这些思索和探讨催生出了相应的技术和理论，推动了人类文明的持续进步（图 2.1）。

① 栾恩杰. 国家重大工程是科技进步的牵引力——再论工程技术科学的关系[J]. 工程研究——跨学科视野中的工程，2015（4）：317-322.

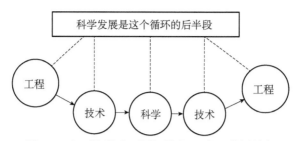

图 2.1 "工程-技术-科学-技术-工程"发展链条

资料来源：栾恩杰. 国家重大工程是科技进步的牵引力——再论工程技术科学的关系[J].
工程研究——跨学科视野中的工程，2015（4）：317-322

　　现代工程的科技带动作用则更为突出。纵观近现代国内外的海洋开发工程、陆地资源开发工程、太空资源开发工程，更显示出了现代工程对科学、技术发展的牵引性。19世纪以前，科学是个人的事业，科学研究乃至技术发明以个体小规模研究为基本特征。但到了20世纪，特别是第二次世界大战以后，受曼哈顿工程的影响，技术研究和科学研究呈现出规模化的工程特征。当代科学与技术，即使是基础研究都不再是个人的事业，科学已成为一种建制，是一种集体的事业、社会的事业。[1]特别是现代科学问题具有一定的隐秘性，人类只有利用技术的手段才能认识自然物质结构，科学只能存在于技术与工程中。由于大科学研究的规模空前，而且各分支科学、具体技术，以及科学与技术等问题的混合缠绕，不同具体科学共同体、技术共同体与社会管理机构之间的协调和沟通，必然要求把科学、技术乃至经济资本、政府权力、个体及群体利益融合在一起，而且要把不同的人才融合在一起。如果说科学是技术的基础、技术是工程的保证，即"科学-技术-工程-产业"这一链条的建构是准确的，那么在大科学研究的趋势下，"工程-技术-科学"这一链条就更是准确的。[2]换言之，在现代社会中，科学、技术要转化为大规模的、直接的生产力，技术化、工程化仍然是一个十分关键的环节。

三、科技人文融合创新教育中的数学学科

　　数学学科因其关注数量、结构、变化、空间及信息等概念和关系问题，决定了

　　① 陈家琪. 当代科学与技术发展的工程化特点与发展中国家的后发劣势[J]. 工程研究——跨学科视野中的工程，2005（0）：207-212.
　　② 栾恩杰. 国家重大工程是科技进步的牵引力——再论工程技术科学的关系[J]. 工程研究——跨学科视野中的工程，2015（4）：317-322.

这一学科的基础性地位，也表现出一定的形式性、较高的抽象性和普适的工具性，并成为学习和研究现代科学、技术和工程必不可少的基本工具，渗透于科学、技术、工程活动过程之中。①为此，如何在科技人文融合创新教育中融入数学的模型、内容与路径，是我们不得不思考的问题。在 STE（A）M 教育已经成为国际科学教育改革热点的背景下，科技人文融合创新教育中为什么要融入数学、融入哪些数学内容、如何融入数学等问题②，更需要人们给予明确的回答。

（一）科学教育中融入数学的基本模型

在科学教育中融入数学思想、方法和知识，看上去似乎是一个基本的教育常识问题。因为无论是从科学发展的历史来看，还是从科学研究的实践来看，科学与数学都有着紧密的联系。但是，如何理解在科学教育中融入数学这一教育常识，如何超越"日用而不觉"可能带来的思维盲区，并不是一件那么容易的事情，它需要人们对这一问题进行深入而具体的研究。

1. 科学教育中融入数学的前提分析

科学教育中融入数学，归根到底源于数学之于科学的独特价值。作为一门理论学科，数学是一门研究数量关系与空间形式（即"数"与"形"）的学科，对科学技术（尤其是高新科技）水平的提高、科技人才的培育、经济建设的繁荣、全体人民的科学思维与文化素质的哺育有着至关重要的作用。数学探索抽象概念之间的关系，这些抽象概念包括代数式、数列、几何图形、方程、概率、微分、积分、矩阵、张量运算等。数学的抽象性使它具有其他人类思维活动所不具备的通用性，同时又可以在工业、农业、商业、历史、政治、医学工程及科学（自然科学和社会科学）中得到非常广泛而且直接（现实）的应用。根据其与现实世界的关系，数学大致可以分为理论数学和应用数学。理论数学注重确定具体学科领域中的基本概念和规则，然后以此为基础推演出其他一切有意义的概念与规则，或者注重发现不同具体领域之间的联系。与理论数学相反，应用数学则将注意力聚焦于解决现实世界的真实问题上。例如，关于质数的研究，理论数学可能关注寻找质数的新模式，应

---

① 正是这一原因，本书研究虽然讨论的是 STEM 学科地位及其相互关系问题，但重点关注的是 STE 学科地位及其相互关系问题。特此说明。

② Bybee R W. The Case for STEM Education：Challenges and Opportunities[M]. Arlington：NSTA Press，2013：79. 严格来说，数学融入科学也存在着各种水平，如同 STEM 教育中 S、T、E、M 等也有不同的融合水平一样——从相互联系到彼此合一。特此说明。

用数学则关注基于它开发出一个新的数字信号系统。理论数学与应用数学也常常相互影响，共同促进人们对这个世界的理解。

科学和数学有许多共性，这为科学教育中融入数学提供了基础和保障。科学与数学学科虽然在价值体现上彼此不同，例如，科学（主要指自然科学）的价值主要体现在是否有了重大发现、是否合理地解释了重要现象、是否准确地预言了未来状态，数学价值则主要体现在它对人类认识和改造世界（自然世界、社会世界、思维世界）的效能起到的重大推动、促进、改进作用等方面，但是二者之间不仅相互成就[1]，还存在着许多相同或相似及互补的地方，例如，它们都具有对可以理解的规则的坚信（基于某些公理、基本规则、基本定律的推演性质）；想象力和严格逻辑的互动；诚实和公开的学术伦理；对首创思想的尊重等。科学和数学有着悠久的结盟历史，科学为数学提出了值得研究的有趣问题，数学则为科学提供了有力的分析工具，特别是为科学概念、科学规律的准确表达提供了准确同时也是严谨的科学术语。[2]例如，加速度概念——作为速度变化快慢的描述（$a=\Delta v/\Delta t$），以及加速度 a 与物体受力成正比、与物体质量成反比的数学表达式（$a=F/m$），更准确地表达了物理概念和物理规律。另外，数学也是科技创新的一种资源，是一种普遍适用并赋予人能力的技术，数学中的逻辑推理和因果关系研究等，对科学技术创新、科学实验及技术与工程设计都做出了并将继续做出特有的贡献，所有这些也都为科学教育中融入数学提供了基本前提和有力保证。

2. 科学教育中融入数学的方式选择

如果说科学教育中融入数学的前提分析是在探讨这一做法的可能性（也包括一定的必要性）的话，那么科学教育中融入数学的方式选择则是对可能性的进一步探究，旨在回答科学教育中融入数学的现实性与操作性问题。从科学及科学教育发展的历史维度来看，可以说这是一个由内隐阶段（状态）逐步发展到外显阶段（状态）并最终走向二者有机融合的过程，也是科学工作者及科学教育者由不自觉到自觉再到超越自觉的过程。

科学及科学教育中融入数学首先是一个内隐的阶段（状态）。在这一阶段，要么科学本身的数学味道不足，要么科学与数学还不能截然分清，当然更有可能是科

① Buijsman S. The role of mathematics in science[J]. Metascience，2017，（3）：507-509.
② 美国科学促进协会. 面向全体美国人的科学[M]. 中国科学技术协会，译. 北京：科学普及出版社，2001：15.

学工作者和科学教育者缺乏融入数学的专业自觉。事实上，人类对世界的认识经历了一个数学化的过程，数学是人们理解世界和控制自然的一种适当工具。历史上有许多科学家（尽管当时可能还没有"科学家"这一明确的概念）同时也是数学家，例如，伟大的天文学家开普勒（Kepler）不仅出版了关于光学的研究著作，也出版了关于葡萄酒酒桶的容积（与行星轨道是椭圆的有关）的数学分析的著作，以及如何最佳地堆叠炮弹的著作。[①]在科学及科学教育的实践中，融入数学的内隐阶段更多地体现在世界数学化之后，即科学中自然而然地包含了数学思想、方法、知识与技能。这种现象的根本原因在于部分科学工作者和科学教育者尚未形成将数学融入其工作领域的专业自觉。就目前而言，在大学及中小学的课程计划中，科学与数学课程多是分别设置的，致使人们逐渐形成了科学与数学彼此分隔的印象，或者认为数学思想、方法与知识潜隐于科学的背后[②]，对科学中蕴含着的数学及数学中蕴含着的科学日用而不知。

随着科学中数学思想、方法和知识应用的不断增多，科学及科学教育中融入数学逐渐发展到一个外显的阶段。在高校物理学等相关专业开设"高等数学""线性代数"等课程，特别是专门开设"数学物理方法（数学物理方程）"等课程，凸显了科学及科学教育中显性化融入数学的意识与做法；在中小学科学（包括物理、化学、生物等）课程中显性化地融入数学相对来说比较滞后，但是随着 STEM 教育改革的不断推进，人们越来越重视科学及科学教育中数学思想、方法与知识的应用，因而也越来越在意科学及科学教育中数学融入的显性化问题，体现出了科学工作者及科学教育者的一种专业自觉。这种自觉也反映在中小学科学教材中，例如，在美国科学教材《科学的维度》（Science Dimensions）的课后习题中，一些问题明确标识"做数学"（让学生计算并记录每分钟呼吸的次数等[③]）；在美国物理教材的绪论及正文中，明确阐述了数学作为物理的语言，以及标识物理知识所连接的数学课程内容。[④]当然，从事物发展的否定之否定的辩证法来看，科学及科学教育中融

---

① 戴维·伍顿. 科学的诞生：科学革命新史[M]. 刘国伟，译. 北京：中信出版社，2018：163.

② Fried E，Jerome K B，Johnson R L. 科学背后的数学[M]. 吉劲秋，王佳如，译. 北京：外语教学与研究出版社，2005：5.

③ DiSpezio M A. Science Dimensions（G4）[M]. Orlando: Houghton Mifflin Harcourt Publishing Company，2018：308.

④ Serway R A，Faughn J S. The Science of Physics[M]. New York：Holt，Rinehart and Winston，2009：21.

入数学的理想情况更应该是科学与数学的有机融合，它超越了科学与数学的彼此分离，体现了科学工作者及科学教育者的自我否定和不断超越的精神追求。

3. 科学教育中融入数学的模型建构

相对于上述的前提分析与方式选择，对科学教育中融入数学的核心主题及其相互关系的确立与把握更为重要。科学教育中融入数学归根到底是因为科学需要数学——数学的融入使科学更有价值和意义，也更有力量与活力。为此，我们可以从科学发展的历史回顾中去思考科学教育中融入数学的核心主题及其相互关系问题，更应该结合科学作为一种探究和实践活动，或者说科学知识的生产、理解和应用过程来进行回应（表 2.3）。美国的《K-12 科学教育框架：实践、跨学科概念和核心概念》（A Framework for K-12 Science Education：Practices，Crosscutting Concepts，and Core Ideas）及《新一代科学教育标准》（Next Generation Science Standards）中关于科学与工程实践中的分析和解释数据，以及使用数学和计算思维、跨学科概念中的比例和数量等内容都特别强调了与数学的联系，并且与《州共同核心数学标准》（Common Core State Standards for Mathematics）中的数学实践有着内在的一致性。

表 2.3 科学与工程实践和相应的数学实践

科学与工程实践	数学实践
提出问题（科学）和定义问题（工程）	理解问题并坚持解决问题
开发和使用模型	数学建模
使用数学和计算思维	抽象和定量推理
参与基于证据的论证	构建可行的论点并批判别人的推理

资料来源：Contant T L，Bass J L，Tweed A A，et al. Teaching Science through Inquiry-Based Instruction[M]. 13th ed. New York：Pearson Education，Inc.，2017：196

科学是一门实证的、定量的、注重逻辑的学科，它不仅涉及提出问题、做出假设、科学推理、理论检验等科学实践活动，而且涉及科学证据获得的科学观察、科学实验、技术与工程设计等相关活动，还涉及量化真实世界、整理科学数据、探寻科学规律、解决科学问题中的具体数学思想、方法和知识的应用。它们之间的关系可以用图 2.2 来描述。

从上述基本模型中可以看出，量化真实世界（比较、分类、测量）、整理科学数据（审核、列表、画图）、探寻科学规律（理解、解释、预测）、解决科学问题（建

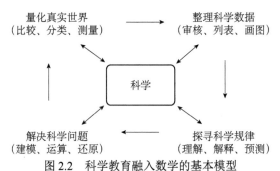

图 2.2　科学教育融入数学的基本模型

资料来源：Bass J E，Contant T L，Carin A A. Teaching Science as Inquiry[M]. 11th ed.
New York：Pearson Education，Inc.，2009：233. 内容有改动

模、运算、还原）不仅与科学（实践，以及科学知识生产、理解与应用）有着直接联系，而且彼此之间也构成了具有内在逻辑的链条（虽然这一逻辑的链条不是必然的，是可以跳跃的），共同形成了科学教育融入数学的基本模型的横向结构。科学教育融入数学的基本模型当然还需要考虑其纵向结构，亦即随着学生身心发展水平的不断变化，科学教育中的数学思想、方法和知识应用必须呈现出进阶式发展与螺旋式上升（图中没有绘出相关维度，读者可以想象）。[①]

（二）科学教育中融入数学的具体内容

科学教育中融入数学究竟需要融入什么？或者说需要融入哪些具体数学内容？这一问题至为关键，它不仅会直接影响科学教材编写、科学课程实施、科学教学评价，也会对科学实验室建设和科学教师专业发展产生一定的影响。下面就科学教育中融入数学的核心主题进行具体分析。

1. 量化真实世界的比较、分类与测量

对真实世界进行数字化的表达和思考，是将科学和数学建立联系的第一步，也是科学探究（科学实践）的第一任务。儿童学习理论研究表明，5—7 个月的婴儿在建立秩序和记忆重复出现的事件时运用了数字概念。儿童在观察、比较、分类、测量等摆弄物体的过程中，发展出了科学概念和数学概念，进而也量化了真实世界。例如，观察物体的颜色、大小、形状、长短，比较事物的多少、轻重、时间长短、温度高低，估测物体的沉浮、运动的快慢等。特别是测量使真实世界更加数学

---

① 美国科学促进协会. 科学素养的基准[M]. 中国科学技术协会，译. 北京：科学普及出版社，2001：17.

化了，是科学教育中融入数学的最为基础性的工作。

测量技能一般在观察和比较的过程中应用与发展（分类也是源于观察和比较）。学生很自然要做比较，如背对背站着比谁的个子高，把脚排齐比谁的脚长。比较的需要导致了对测量单位的认识的发展，因为有了测量单位，就可以对没有并排放在一起的物体进行比较。起初，学生可能会选用非标准化的单位进行比较，如用自己的胳膊作为长度单位，这样做虽然比较方便，但也有非常明显的缺陷，后来便慢慢地在探究中开始使用标准度量单位（及国际单位制等），并对不同单位进行换算。

当然，关于测量，学生还需要了解是通过观察相同与不同进行比较、将事物与单位标准相互匹配、比较需要建立在公平的基础上、测量的准确程度取决于测量仪器的精度、测量不可避免地会有误差等，并且需要掌握一些基本的测量技能，例如，直线长度测量、曲线长度测量（植物根茎长度的测量）、容积测量、时间测量、质量测量、温度测量等，以完成量化真实世界的任务。

2. 整理科学数据的审核、列表与画图

量化真实世界的结果往往是多个测量数据，这些测量数据是否符合实际情况？如何组织和整理这些测量数据？这是科学教育中融入数学思想、方法和知识研究必须回答的问题，也是科学探究（科学实践）的另一个关键步骤和任务。事实上，整理科学数据有助于学生把数据与其测量过程联系起来，进行数据之间的相互比较，看到数据之间的联系和规律，同其他人交流测量数据。换言之，整理科学数据会直接影响前期量化真实世界的测量工作，同时也会直接影响随后的科学规律的探寻与发现。

整理科学数据的首要工作是审核测量数据，以判断测量数据的科学性、合理性与可信性。测量本质上是将事物与选定的度量单位进行比较，因此测量数据与度量单位的选择有关系，并且要符合真实世界的实际。测量数据还与测量仪器的最小刻度值（仪器精度等）有关。随着学生认知水平的提升，估读数据应成为测量的一个基本要求，相应的数据有效位数和科学记数法等，也应该要求学生逐渐加以理解和掌握。

整理科学数据的核心工作是要组织测量数据，使其便于人们的理解、加工和记忆。为此，人们经常用到的是列表与画图等数学加工方法。表格是以行、列的形式展示了数据信息；条形图能够生动地表明收集的数据之间的差异；柱状图展示了在

一个连续背景下各种事件发生的次数;曲线图则表示因变量如何随自变量的变化而变化。在应用图表(绘图)进行数据整理的过程中,一些数据并不能按照条形图、柱状图、曲线图的方式加以组织,但是这些数据又确实有其内在的规律性,并能够被组织成为特殊类型的图表(图示、图表、三维模型①),例如,元素周期表就描述了元素的原子序数、核电荷数及质量数的变化规律,闭合电路的路端电压随外电阻的变化而变化等,对这些内容的理解,都需要人们释放自己创造性的潜能。

3. 探寻科学规律的理解、解释和预测

科学教育融入数学的最精彩部分还是应用数学思想、方法和知识探寻科学规律。说它最精彩,不仅源于它将科学探究从测量数据和整理数据带进高潮——揭示自然世界的因果规律,并以此解释科学现象和预测未知世界,还源于探寻科学规律中所彰显的人的创造性力量,以及"问题—假设—检验—证伪或者暂时接受"等不断迭代的科学发展思想精髓。

探寻科学规律具体表现为基于测量并整理后的科学数据发现各种变量之间的相关性和因果联系(或者发展趋势、科学假设等),根据数据得出科学规律,进而解释科学现象和做出推测。在这一科学探究和实践过程中,基于数据及图像的科学推理特别重要,并且体现了人们的科学直觉和洞察力。科学推理包括归纳逻辑推理、演绎逻辑推理和类比逻辑推理等,其中根据实例(此处主要是指量化真实世界的科学测量数据)进行概括或者根据实例借助类比得出一般性的假设,然后基于一般性的假设(或者说是科学观念)通过演绎对科学现象或者事件做出解释和推断,构成了科学推理的核心内容。当然,仅此还是不够的,科学推理还需要关注推理的前提与条件、推理的步骤与衔接、推理的术语与表达、推理的辩护与检验、推理的限度与反例等一系列问题。

科学发展的历史表明,变量之间的关系可能是确定的因果关系,也可能是不确定的概率关系。在这样一个真实而又复杂、变化如此迅速的世界中,不确定关系越来越成为人们必须直面的问题。在人们的传统观念里,变量总是与某种因果关系相联系的,误以为在两个变量 A 与 B 之间,要么 A 是 B 的致因,要么 B 是 A 的致因,不太愿意相信 A 与 B 之间完全没有致因关系而是同时受到第三者的影响,或者 A 与 B 之间只是由于机遇偶尔出现存在相关联系。因此,探寻科学规律还需要给予

① Duschl R A, Schweingruber H A, Shouse A W. Taking Science to School: Learning and Teaching Science in Grade K-8[M]. Washington: The National Academies Press, 2007: 130.

不确定性问题适当的位置,例如,需要关注来自医学领域、自然灾害、气候模式中的科学概率问题等。

4. 解决科学问题的建模、运算与还原

科学教育融入数学的最高境界是应用数学思想、方法和知识解决科学问题(包括技术与工程问题等)。如果说量化真实世界、整理科学数据、探究科学规律旨在帮助人们认识世界的话,那么在一定意义上可以说,解决科学问题则是为了更好地改造世界,同时也能帮助人们更好地认识世界。这不仅体现了科学认识与科学实践的有机统一,也凸显了科学认识、科学教育以及在科学教育中融入数学的最高目的——科学认识不仅在于解释世界,更重要的是在于改造世界。

在实践层面,解决科学问题包括科学建模、数学运算、科学还原等具体内涵。面对真实世界的科学问题,如何表征这一问题并将其转化为数学问题,往往是解决科学问题的第一步,需要完成明确问题所在与已有条件、进行科学抽象与过程简化,实现模型建构与数学转化的任务。我们应该清楚,建立模型,一方面是为了利用模型解释现实世界中的某种现象;另一方面,是为了利用模型对被研究的未来做预测。一旦科学问题转化为数学问题,数学运算就成为解决科学问题的核心任务,其中可能涉及加、减、乘、除,使用分数、小数和百分数,计算平均数、乘积与比率,认识等式和非等式,并进而应用乘方、开方、指数、对数、概率、三角函数、数列、极限与微分、积分等数学思想、方法和知识(随着学生认识水平的提升,内容不断丰富)。随后的作业便是将数学运算结果还原到科学问题和真实世界中去,以评判数学运算结果的科学性与合理性。这一解决科学问题的过程超越了传统科学教育的纸笔做题训练,对于科学教育融合数学来说,也是一种真刀实枪的训练。

解决科学问题当然还包括解决技术问题与工程问题,亦即开展技术设计与工程设计,完成技术实验与工程建造等,它同样离不开对数学思想、方法和知识的应用。例如,在技术与工程设计中,经常需要应用运筹学、数学计算、风险评估、可视化等数学思想、方法和知识,在技术实验和工程建造中,经常需要应用最优化方案选择、工程预决算、施工进度控制、劳动力合理调配、函数与极限、非线性迭代、产品生命周期与成本等数学思想、方法和知识。另外,与解决科学问题紧密相关的科学思想交流与表达也涉及大量的数学思想、方法和知识,这些共同(共通)的数学语言赋予科学内容简洁明了的形式,提升了科学思想交流的准确性、规范性、有

效性和便捷性。

（三）科学教育中融入数学的实践路径

融入数学基本模型的分析以及融入数学具体内容的探讨，旨在为科学教育中融入数学做好坚实的理论准备，而融入数学的实践路径探究则为科学教育中融入数学创造了更多的现实机会。鉴于科学探究（实践）教学、科学知识（观念）教学及科学本质（史哲）教学在提升学生科学素养方面的重要作用，科学教育融入数学的实践路径也可以依照这三个维度来具体分析。当然，也可以从相关课标、教材、评价、教师等科学教育要素维度和科学文化维度①等深入探讨。

1. 在科学探究（实践）教学中融入数学

在科学探究（实践）教学中融入数学，发挥数学之于科学探究（实践）的积极作用，是科学教育融入数学的最为有效同时也是最富有生命力的一条实践途径。科学教育实践和国际科学教育改革的经验表明，科学探究不仅是科学教学的方式与手段，也是科学教学的重要目标与内容。无论是作为目标与内容，抑或作为教学方式与手段，科学探究（实践）教学都为数学融入提供了宽广的舞台，也凸显了科学教育融入数学的巨大教育价值。

科学探究（实践）活动需要量化真实世界、整理科学数据、探究变量关系，需要观察、比较、测量、制表、画图、计算、估算数量级、运用基本几何关系、应用电子传感器及计算机软件处理数据，有时也需要转换问题与等效替代。例如，提供天平仪器、A4 纸若干张、半透明纸、适当尺寸的地图、刻度尺、剪刀、细线等材料，如何测量某地区一个湖泊的面积与周长？很明显，这是一个涉及长度（直线及曲线长度）测量、质量测量和数学比例（纸张质量与纸张面积近似正比）运算的科学探究问题，具体包括地图识图（地图上的比例尺）、问题转化（将测量不规则图形纸张的面积转化为测量不规则图形纸张的质量、将曲线长度测量转化为直线长度测量）、将微小量放大（将测量一张不规则图形纸张的质量转化为测量多张不规则图形纸张的质量）等测量处理和计算加工。

---

① 莫里斯·克莱因. 西方文化中的数学[M]. 张祖贵, 译. 北京：商务印书馆, 2020：2.

技术设计和工程设计与科学探究（实践）一样，也为科学教育融入数学创造了大量的机会与空间。无论是技术设计还是工程设计，都关乎比例计算、几何图形、空间透视、代数运算、曲线拟合，以及其他数学思想、方法与知识，即便是网页设计、LOGO 图形设计、景观设计等也都不再是随便画个圆圈或矩形，而是学着用对称、分形等数学表达来绘制图形，在有限空间内最大化地传递信息和品牌价值，或者是解决人与环境的协调问题，充满了理性、美感与数学感。例如，蜜蜂蜂房是严格的六角柱状体（尖底），它不仅形状优美、结构稳定，而且是蜜蜂采用最少量的蜂蜡建造成的，是自然界中最为有效和经济的建筑代表，也是自然界（蜜蜂）应用数学思想、方法和知识求解极大值与极小值及含约束条件数学问题最优解的艺术的体现。

2. 在科学知识（观念）教学中融入数学

科学知识（观念）是科学世界观的重要组成部分，是人们认识世界和理解世界的经验总结与文化积淀，是科学教育的重要内容和载体。科学知识表现为各种科学概念及科学定律、科学定理、科学原理等科学规律，有时也表现为科学方法（一种特殊的科学知识）。它不仅有其（科学知识）产生的过程维度，也有其内涵的理解问题及广泛的迁移应用维度。在科学知识教学中——无论是科学知识生产（科学规律发现，前文已涉及）的教学还是科学知识理解和应用（解决科学问题）的教学，都包含着丰富的数学思想、方法和知识，从而也构成了科学教育中融入数学的第二条实践途径。

科学知识蕴含着丰富的数学思想、方法与知识，使得科学知识理解本身包含着许多数学教育的元素，并因而成为科学教育融入数学的一个主战场和主阵地。无论是科学概念还是科学规律，都因为数学的应用而变得更加精确和准确，也都因为数学的应用对教师教学和学生学习提出了科学理解的新要求。例如，关于加速度概念 a，如果不能区分何为（瞬时）速度、何为速度变化与何为速度变化快慢，也就不能理解速度变化率（数学表达式为 $\Delta v/\Delta t$，单位是 m/s²）这一加速度概念的本质内涵。与科学概念相比较，科学规律蕴含的数学思想、方法和知识更为丰富。例如，天文学中的哈勃定律（1929 年），指出较远的星系似乎比较近的星系远离我们的速度（v）更快，以及星系远离地球的速度与星系（与地球上观察者）的距离（D）成正比，揭示了宇宙不断膨胀及其起源（宇宙的爆炸性开端），数学表达式为 $v=HD$，其中 H 是比例系数（即哈勃常数），据此能大致推算出宇宙的年龄。与上述科学概念和科学规律涉及物理量及其单位（制）的选择不同，量纲分析①则有助于我们抛去冗杂的具体运算信息，进而借助无量纲量来深刻把握科学知识的意义及其所描述的世界。

与科学知识理解相比，科学知识应用又前进了一步，也可以说是对科学知识的更深刻的理解。它不仅涉及新的科学知识应用情境或场景，更涉及科学知识的选择、变形、组织与创新，并体现在科学问题如何表征及其数学问题转化（数学建模）、数学问题解决（数学运算）、数学运算结果评价及其科学意义还原（数学还原）等具体环节，它们无不涉及数学思想、方法和知识，因而也成为科学教育融入数学的又一主战场和主阵地。

3. 在科学本质（史哲）教学中融入数学

科学的本质是什么是科学教育领域中的一个重要问题。科学本质涉及人们对科学本身的理解，或者说是一门关于科学的科学，具体包括科学知识的本质、科学探究的本质、科学事业的本质等维度。相对于科学探究与科学知识，科学本质教育还没有受到应有的重视，致使学生在学了若干年科学后头脑中还是没有清晰的"科学"的概念，不能正确回答科学是什么与不是什么、科学能做什么与不能做什么等问题，现代科学素养的关键部分缺失。随着科学大概念教学及国际学生评价项目（programme for international student assessment，PISA）等科学教育实践的深入推进，人们已开始逐渐重视科学本质教育，关注科学认识论（科学中的认识论知识）、科学史、科学技术与社会之于科学教育的价值，重视其中所蕴含的大量数学思想、方法与知识，并因此构成了科学教育中融入数学的第三条实践路径。

科学本质教育的载体多种多样，除了前述科学探究与科学知识教学可以开展相应的科学本质教学外，科学史教学也是一种进行科学本质教育的有效方式，其中数学思想、方法与知识为科学教育中融入数学提供了良好的契机。例如，地球半径的测量问题包含许多数学思想、方法与知识。早在公元前 3 世纪，厄拉多塞内斯（Eratosthenes）就发现，在夏至的这一天，当太阳直射到赛伊城（今埃及阿斯旺）的水井 S 时，与其在同一条子午线上相距 5000 古希腊里（1 古希腊里约为 158.5 米）的亚历山大城 A 点的天顶与太阳的夹角为 7.2°，由此利用圆心角和周长关系

---

① 桑乔伊·马哈詹. 科学与工程中的洞察力：如何把握复杂性[M]. 徐建军，潘子欣，译. 上海：上海科学技术出版社，2017：142.

算出了地球的半径约为 40 000 古希腊里（合 6340 千米）。[①]当然也可以根据地球的形状及毕达哥拉斯定理估算地球的半径。考虑到地球的自转现象，以及地球赤道半径与极半径的不相等（不是理想的正球体），探究地球半径的测量历史，更能让学生感受到科学教育中融入数学的教育意义。

科学是一种社会建制，科学技术与社会的互动是科学本质教育的重要方面，其中不仅包括由科学、技术、工程创新推进产业革命的发展方式，也有产业发展引领工程、技术、科学进步的发展方式，它们都蕴含着大量的数学思想、方法与知识，因而也为科学教育中融入数学提供了平台。例如，在食物和空间条件充裕、气候适宜、没有敌害等条件下，种群的数量每年以一定的倍数增长，第二年数量是第一年数量的 λ 倍，数学模型为 $N_t = N_0 \lambda^t$，其中 N_0 为该种群的起始数量，t 为时间，N_t 表示 t 年（或 t 代）后该种群的数量，λ 表示该种群数量相对于一年前种群数量的倍数。与此相应的是种群的"J"形增长的数学模型。现实生活中，环境与资源的制约使得种群数量增长更符合"S"形增长的数学模型。明乎此，也就不难理解科学教育中融入数学之于学生理解环境、生态、可持续发展、人口变化、生活质量等问题的作用了。

需要特别说明的是，上述分析只是一种思想层面的认识与把握——应用分析思维，以便更深入地认识事物，或者说源于大脑认识能力的局限，在教学实践中，这三种途径是不能截然分隔的，它们彼此联系，共同实现科学教育融入数学的教学目标和完成相关任务。另外，如何基于学生的身心发展水平和已有认知结构，为学生的科学课程学习融入数学思想、方法和知识搭建认知支架？例如，在不同年级开展杠杆平衡规律教学，其数学融入的要求是不同的，整理数据的柱状图画法从幼儿园到高中也可以有不同的抽象水平等[②]，都需要人们更为深入地进行研究。事实上，上述举例说明并没有限制在小学科学课程范围之内，目的在于我们对这一问题的认识需要有一个更广阔的视域，致力于小学科学教育研究且对这方面有兴趣的读者，完全可以结合具体课程标准和内容，在查阅相关材料（如美国的《科学》教材[③]等）的基础上进行更为具体的思考和探索。

---

① Hewitt P G. Conceptual Physics[M]. 12th ed. New York：Pearson Education，Inc.，2014：4.

② Bass J E，Contant T L，Carin A A. Teaching Science as Inquiry[M]. 11th ed. New York：Pearson Education，Inc.，2009：240-241.

③ 蒂莫西·库尼，等. 美国科学：太空与技术（第四级）[M]. 钟明国，李秀琳，译. 福州：福建教育出版社，2018：20.

四、科技人文融合创新教育中的人文学科

　　科技人文融合创新教育不仅涉及科学、技术、工程和数学等自然科学学科（及技术学科），还涉及经济学、历史学、艺术、文学等人文学科（及社会科学等）等。与科学、技术、工程和数学等自然科学或技术科学等在科技人文融合创新教育中的基础性作用不同，艺术、文学、历史学等人文学科以及经济学、法学等社会科学等在科技人文融合创新过程中也有着特别的作用。

　　总体来说，人文学科更为关注人类的价值与精神表现问题。《简明不列颠百科全书（第 6 卷）》对人文学科是这样解释的：人文学科是那些既非自然科学也非社会科学的学科总和。一般认为人文学科构成一种独特的知识，即关于人类价值和精神表现的人文主义的学科。① 人们对"人文学科"这一概念的理解虽然一直存在分歧，但是没有人会轻视人文在社会进步发展和人类成长中的价值与意义。无论是历史上的古典人文主义者的认识与实践，还是行动哲学主张从个体行动入手讨论人生、生活相关的话题，以及近代以来的理性主义的思想方法对人文学科研究的演进和发展产生的影响（例如，主体性的发现和主体性的觉醒等），无不彰显了人文学科在崇尚人性、积极生活、强调实践、从生活的观点或者是从生活出发诠释其有关人类的价值和精神表现的主张，并且强调对人文现象的研究要以事实为基础、有证据支持、进行逻辑化表达、倡导反思与实践等。② 也正是源于对人的重视，特别是关注人类的价值与精神表现，人文学科成为科技人文融合创新教育的纲领指导与最终检验标准。

　　如果深入到人文学科（及社会科学）类别中的具体学科，如艺术学、心理学，也许能发现它们并不只是停留在价值层面和检验标准层面，容易发现它们对于促进科技人文融合创新教育在发展学生科技人文融合创新能力上有着更为直接的作用。与此同时，这也有助于我们进一步思考在科技人文融合创新教育中，科学、技术、工程、数学，以及人文学科（及社会科学等）的具体学科之间存在着怎样的关

---

　　① 中国大百科全书出版社《简明不列颠百科全书》编辑部. 简明不列颠百科全书（第 6 卷）[M]. 北京：中国大百科全书出版社，1986：760.

　　② 刘旭东. 教育的学术品格与教育理论创新[M]. 北京：中国社会科学出版社，2017：104-105.

系问题。事实上，这些学科并非处于完全平等或者说完全相同的地位，一些学科发挥了更为基础性的作用，一些学科发挥着关联性作用，一些学科则发挥着价值导向与最终效果检验的作用，不一而足。例如，艺术中的线条、形状、对比、体积、体块、质感、明度、空间、透视、色彩、比例，以及变化与统一、节奏与图式等[①]，大都具有科学、技术、工程、数学的色彩，反过来说，这些也是科学、技术、工程、数学必须考虑的元素；而视觉传达（艺术）中的"设计"与科学、技术及工程中的"设计"也不仅仅是概念的语言表达相同，虽然在设计的侧重点上可能有所不同，但其设计过程也遵守着大致相似的思考流程。单就"设计"本身而言，也需要进行多学科的透视，如哲学、艺术、社会学、语言学、图像学、逻辑学、心理学视角，亦即需要融合的视角，因为单一的思维模式难以应对复杂的设计问题，综合的思维才能满足各种设计要求。[②]这或者从另外一个层面体现了科技人文融合之于创新及创新教育的意义。

在深入人文科学（及社会科学）的具体学科对于科技人文融合创新教育作用的分析中，有必要专门提及心理学学科的特别作用。在心理学研究的众多分支学科中，创造心理学是比较有前途的一个研究领域。创造心理学研究的是一般创造活动，特别是科学创造活动中的人的心理活动规律，以及创造群体的心理现象。其中，创造性问题解决（creative problem solving，CPS）模型是有效激发与培养个体和组织创造性潜能的一种系统化、结构化的方法，包括发现困惑、发现事实、发现问题、产生想法、寻求解决方法、寻求接受等或者构建机会、探索资料、构架问题、产生观念、制定解决方案、确立可行性[③]，它不仅有助于读者挖掘自身及其所在组织的创造性潜能，提出解决创造性问题的技巧，在不断变革的世界中创造性地解决问题，更与科学探究和工程实践活动过程具有内在的一致性。可以说，创造性问题解决模型（图2.3）为科技人文融合创新教育奠定了坚实的心理学基础，而科技人文融合创新教育赋予了创造性问题解决模型新的生命活力。

① 黛布拉·德维特，拉尔夫·拉蒙，凯瑟琳·希尔兹. 艺术的真相：通往艺术之路[M]. 张璞，译. 北京：北京美术摄影出版社，2017：45.
② 周至禹. 思维与设计[M]. 2版. 北京：北京大学出版社，2016：2.
③ 斯科特·G. 艾萨克森，K. 布莱恩·多瓦尔，唐纳德·J. 特雷芬格. 创造性问题解决之道：改革与创新的框架[M]. 孙汉银，译. 北京：北京师范大学出版社，2017：31.

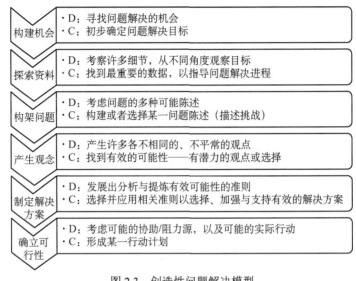

图 2.3　创造性问题解决模型

注：字母 D 即 diverge，发散；字母 C 即 convergence，会聚、收敛

　　科技人文融合对创新具有重要的作用，但是这种源于学科融合的创新也有其自身的局限。我们从前文的分析可以知道，每一具体学科的视野并不相同，特别是在认识论及其基本假说层面，不同学科不仅表现不同，有时候还处于相互对立与矛盾之中，而这些对立与矛盾使得科技人文融合创新存在着一定的（同时也是必然的）罅隙。毕竟，自然科学有自然科学的基本假说（例如，科学至少有 5 个基本假说：自然界是有秩序的；我们可以了解自然界；所有自然现象都有自然原因；知识基于经验；知识优于无知①），社会科学有社会科学的基本假说，人文学科有人文学科的基本假说，要实现科技人文融合创新，就必须确定哪些假说能够被其他理论共享，然后修正假说，以使它们共享一个基础假说或共同假说，但这并不是那么容易做到的。当我们把目光聚焦于中小学阶段的科技人文融合创新教育时，由于学生的学科视野还不是那么专业，源于融合的局限也就不那么明显，但是依然需要有这样的意识和警觉。

---

① 艾伦·雷普克. 如何进行跨学科研究[M]. 傅存良，译. 北京：北京大学出版社，2016：121.

第三章

科技人文融合创新教育的内在学理

　　科技人文融合创新教育之所以能引起人们的广泛关注，当然是因为它有助于培养更多的（科技人文融合）创新人才，但是在源头上，人们重视科技人文融合创新教育，不仅源于科学文化与人文文化在文化精神上具有一致性（二者各有其在文化上的鲜明的独特性），以及二者具有的人文意义和人文价值①，更源于科技人文融合能够带来不同于某一具体（单一）学科内的、同时也具有更多可能结果的创新。这里有几个问题需要进一步思考与澄清：其一，科技人文融合创新教育何以能培养科技人文融合创新人才？或者说科技人文融合创新教育何以能培养学生的科技人文融合创新能力？其二，科技人文融合为何能带来不一样的及更多可能的创新？其三，如何实现从科技人文融合创新到科技人文融合创新教育的转变？

---

① 孟建伟. 论科学的人文价值[M]. 北京：中国社会科学出版社，2000：25.

一、科技人文融合创新教育的心理学根据

开展科技人文融合创新教育，首先源于学生发展与学生学习活动（及学习实践）的对应关系，亦即唯有实施科技人文融合创新教育，才能培养出更多的（科技人文融合）创新人才。毕竟，能力与素养不能给予人或传播给人，要享有能力与拥有素养，必须通过自己内部的活动和努力来获得，必须亲自而且主动参加相应的学习活动。

关于学习活动与学生身心发展之间的关系，国内外已有很多相关研究成果，其中比较著名的有苏联的维列鲁学派和皮亚杰（Piaget）、杜威（Dewey）等的研究。维列鲁学派强调，社会历史文化是促进个体心理发展的主要源泉，个体学习社会历史文化的方式是参与活动，包括从"心理间的技能"到个体"内部心理机能"的交往活动（维果斯基）[1]，从"外部感性的实践活动"到智慧和意识方面的"内部形式的活动"（列昂捷夫）[2]，从"类活动"的再现和重演到"类能力"的掌握（达维多夫）等多种活动形式。

人的发展是一种建构的过程，个体与环境之间不断相互作用。当代著名认知心理学家皮亚杰在多年的观察与研究的基础上，提出了独特的儿童思维发展阶段理论，认为儿童的思维发展分为四个阶段：感觉运动阶段（出生—2 岁）、前运算阶段（2—7 岁）、具体运算阶段（7—11 岁）和形式运算阶段（11 岁以后）。皮亚杰认为，认知起源于主体最早进行的主客体交互的动作，即先天的图式，此后主体不断与环境交互作用，不断将外物"同化"到已有的图式中，并建立新的图式或改变已有的图式来"顺应"不断变化的环境，始终使图式与外在环境达成某种"平衡"。[3]在这一过程中，"同化"与"顺应"既相互对立，又彼此联系，它们是相互依存的两个独立过程，共同完成个体的适应（图 3.1）。认识永远是外物同化于内部图式及内部图式顺应于外物这两个对立统一过程的产物。

---

① R. 默里·托马斯. 儿童发展理论：比较的视角[M]. 6 版. 郭本禹，王云强，陈友庆，等，译. 上海：上海教育出版社，2009：175-176.

② 阿·尼·列昂捷夫. 活动 意识 个性[M]. 李沂，冀刚，徐世京，等，译. 上海：上海译文出版社，1980：62-64.

③ M. P. 德里斯科尔. 学习心理学——面向教学的取向[M]. 3 版. 王小明，等，译. 上海：华东师范大学出版社，2008：166-169.

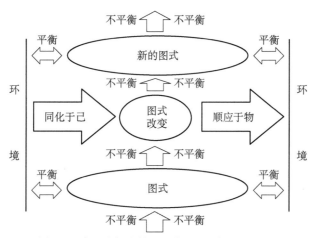

图 3.1　皮亚杰提出的"同化""顺应""平衡"

资料来源：根据皮亚杰的《发生认识论原理》（北京：商务印书馆，1981：8-9）、《皮亚杰教育论著选》
（北京：人民教育出版社，2015：45），于珺的《重读先哲皮亚杰》（长春：长春出版社，2013：90-91），
并参考相关研究成果整理而成。翻译中，一些概念名称的译法略有差异，例如，"调节"或者译为"顺应"，
"平衡"或者译为"适应"等。特此说明

　　杜威认为，儿童的发展是在他与环境相互作用的经验（活动）过程中实现的，能动的（基于儿童的本能和内在需要）、有理智参与的（即反省的经验）、具有探究性的实际活动（如金工、木工、缝纫等活动），以及与对象性活动相伴随的交往活动，促进了儿童身心的发展。[1]皮亚杰创立的发生认识论，进一步揭示了以主体自身活动为中介的主客体之间的相互作用是主体认识发生、发展的基本原因和机制。

　　学生学习活动的形式是多种多样的，学生身心发展的内容也包含着不同方面，因此需要在活动-发展观的基础上进一步探讨学生身心发展和学生学习活动的对应关系。事实上，特定的活动对应特定内容的需要、价值取向、智能、创造力、情感体验、审美感受等身心素质，因而具有特定的发展功能，并能产生特定的发展效果；反过来说也一样，一个人从事某种活动所需要的特定状态的素质结构，主要应在对应形态的活动中塑造和培养，并在对应形态的活动中去表现。[2]正是源于学生身心发展和学生学习活动的相互对应关系，我们容易得出融合创新能力主要应在融合创新活动中塑造和培养的结论。

---

　　① 这是一个综合的整体性认识。可以参见约翰·杜威. 民主主义与教育[M]. 王承绪，译. 北京：人民教育出版社，2001：119，159.

　　② 陈佑清. 学习中心教学论[M]. 北京：教育科学出版社，2019：150.

学生发展与学生学习活动的对应关系，在教育教学实践中有很多应用，例如，活动教学法（理论）在各门学科教学中的广泛应用。活动教学理论认为，学生的认知、情感、行为的发展都是在主体与客体（以及主体与主体）的相互作用过程中实现的，而主-客（及主-主）体相互作用的中介正是学生参与的各种类型的活动。此时，教师可以根据教学要求和学生获取知识的过程为学生提供适当的教学情境，并根据学生身心发展的程度和特点，采用让学生参与阅读、讨论、游戏、学具操作等活动学习知识的课堂教学方法或过程，学生通过听觉、视觉、空间知觉、触觉等的协同活动获取知识。

学生发展与学生学习活动的对应关系，也可以换成另一种表述来加以表达，即学生发展与学生学习实践（及学科学习实践）的对应关系。相对于传统的"活动"话语表达，"属"概念依然是"活动"的"实践"话语，似乎更为聚焦于人的"实行（自己的主张）"及"履行（自己的诺言）"活动①，反映了人的主体性及能动性的品格，或者更为聚焦于人的有意识地从事改造自然和改造社会的活动，凸显了活动的社会性及主观见之于客观的必然性——客观对于主观的必然及主观对于客观的必然，体现为一种对于传统认识活动的超越。因为相对于人类认识世界的活动而言，人类改造世界的活动更为根本。同样，相比学习活动的概念，学生的学习实践（更进一步说是学科学习实践）也更能反映出学生发展的条件与本质。

二、思想与观念的相互借用和启发作用

科技人文融合创新教育的最终落脚点还是创新，亦即培养学生的科技人文融合创新能力。那么，人类的创新与哪些因素有关呢？换言之，人的创新能力（创造力）与哪些因素有关呢？鉴于创造力不仅是未来科技、经济、社会和文化发展的原动力之一，也是全球化、信息化和知识经济时代最富有挑战性的竞争力和最有潜力的新经济增长点这一事实，我们不仅要在战略高度上重视国民创造力的开发问题，更要将发展学生的创造力作为学校教育的重要目标与重要内容。为此，深入探究创造力的本质内涵与基本结构，全面分析创造力的影响因素与具体发展路径，便成为发展学生创造力的重要课题。

---

① 中国社会科学院语言研究所词典编辑室. 现代汉语词典[Z]. 7版. 北京：商务印书馆，2016：1185.

　　"创造力"这一词语，虽然在日常的语境中可谓耳熟能详，可是要真正定义它却并不那么容易。到目前为止，人们比较认同下述的定义：创造力即根据一定目的，运用一切已知信息，产生出某种新颖、独特、具有社会价值或个人价值的精神或物质产品的能力或特征。随着对创造力认识的不断深入，人们逐渐放弃了单一维度的创造力理论，渐渐构建起了创造力的系统观念，使得创造力的研究从"单一维度"向"多维取向"和"聚合模型"发展。例如，吉尔福特（Guilford）的创造力结构理论、特丽莎·艾曼贝尔（T. Amabile）的创造力成分理论[①]、斯滕伯格（Sternberg）的创造力投资理论（创造力需要 6 种独特的、同时又相互联系的原动力）[②]、西克森特米哈伊（Csikszentmihalyi）的创造力系统理论等[③]。综合这些研究成果，我们可以将创造力的结构理论描述为如图 3.2 所示的维恩图，亦即无论在哪个领域，创造力的产生及发展都是领域技能（domain-relevant skills）、创造技能（creativity-relevant skills）、工作动机（task motivation）、创造性/创造力产生与发展的外部环境（包括团体、组织、文化、历史等社会文化）等四个组成成分联合作用的结果。

　　创造力的产生及发展首先源于个体对创造新事物（新思想）的渴望，亦即创造性完成任务的工作（或学习）动机。创造任务的完成人是每一个个体（也可以是团体合作完成创造任务，但是创造团体也是由创造个体构成的），是对自身所处文化的信息做出一定改变的每一个个人。创造个体要真正做出这种改变，或者说要真正实现个体的创造，必须具有创造性的工作动机（或学习动机）负责发动和维持创造过程，也必须对其从事该工作（或学习）的理由及价值有充分的认知。这又与自我实现的创造力人格特征紧密地联系在一起。

　　创造力的产生及发展还与个体的创造性思维技能有着直接的联系。创造性思维技能是对创造水平具有最直接影响、对问题解决甚至起决定作用的个体身心特质，既包括创造思维技能、对创造过程的理解、具体创造的技法，也包括对创造过程的理解和监控（创造的元认知技能），以及有利于创造的认知风格、有助

　　① 罗伯特·韦斯伯格. 如何理解创造力：艺术、科学和发明中的创新[M]. 金学勤，胡敏霞，译. 成都：四川人民出版社，2017：521. 也可参见衣新发，王立雪，李梦. 创造力的社会心理学研究：技术、原理与实证——特丽莎·阿马拜尔及其研究述评[J]. 贵州民族大学学报（哲学社会科学版），2018（2）：98-114.
　　② Sternberg R J. 如何进行创造力教学[M]//Beghetto R A, Kaufman J C. 培养学生的创造力. 陈菲，周晔晗，李娴，译. 上海：华东师范大学出版社，2013：362.
　　③ 米哈里·希斯赞特米哈伊. 创造力：心流与创新心理学[M]. 黄珏苹，译. 杭州：浙江人民出版社，2015：103.

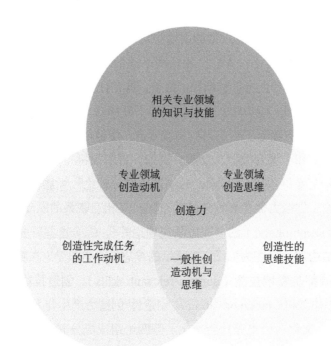

创造性/创造力的外部环境
（包括团体、组织、文化、历史等社会文化）

图 3.2　创造力的要素及其结构

于创造产生的工作风格等。创造技能则充当创造的控制和执行部门,对创造活动起着决定性的作用。

　　创造力的产生及发展在很大程度上会受到个体专业领域知识与技能的影响,这是由创造任务或创造力表现的领域相关性及创造专业性决定的。(专业)领域技能是指个体在某一(专业)领域所具备的、有助于产生各种可能反应的全部背景,是个体进行创造加工的全部"原材料",具体包括与该领域有关的实际知识(如事实、原理、范例、问题解决的主要策略等)、基本技能(如实验技能、雕刻技能等)和某些特殊才能等。领域技能决定了创造力产生的可能途径,并为所产生的可能反应提供评价标准。

　　当然,个体的创造力不可能在真空中发展,必然要依托于一定的外部环境,并与团体、组织、文化、历史等社会文化因素发生相互作用。这一认识不仅拓展了人们对创造力的认识和理解,揭开了创造过程的神秘面纱,也为学生创造力发展指明了具体而又现实的途径,那就是:激发学生对于创造新事物(新思想)的热情与渴望;发展学生的创造性思维技能;强调相关专业领域(亦即创造性解决问题涉及的相关专业领域）知识与技能的学习；培育尊重和鼓励创造性的教学文化。在具体教学实践中，可以基于创造性解决问题的一般过程开展教学①，真正促进学生创造能力的发展。这或许正是我们对创造力问题坚持不懈进行探索和研究的初心所在。

关于真实世界的复杂问题，或者说关于科技人文融合创新问题，自然会涉及不同的具体学科，每一个具体学科又都有该学科领域的知识与技能，不同学科的知识与技能以及思想与观念的相互借用和启发，对于科技人文融合创新问题的解决具有重要的作用。这一点可以用诺贝尔自然科学奖获奖的跨学科研究状况来佐证。走过一个多世纪的诺贝尔自然科学奖，其宗旨和评奖的标准自始至终都体现出一种崇高性，那就是嘉奖对人类思想观念、科学技术、经济和社会发展做出重要贡献的并具有原始性创新成果的科学家。通过统计分析发现，现代自然科学各门学科相互交叉的综合发展趋势愈发明显，具有多学科知识背景、丰富的想象力、勇于打破学科边界、跨越不同研究"范式"边界，是诺贝尔奖获得者取得重大原创性成果必须具备的基本素质之一。②1901—2011 年，在总共授予的 365 项诺贝尔自然科学奖奖项中，交叉研究成果有 198 个，占 54.2%，表明在整个诺贝尔自然科学奖获奖成果中，有半数以上属于融合创新的成果。在不同的时段，学科交叉融合创新的成果占获奖成果总数的比例有逐渐上升的趋势。③2019 年诺贝尔奖获得者约翰·古迪纳夫（J. Goodenough）④本科读的是数学专业，研究生阶段主攻物理学，因锂电池的化学研究贡献获诺贝尔奖，再一次说明了学科融合之于原始创新的重要价值。

如果说诺贝尔获奖成果分析只是从结果的层面论证了学科"融合"之于"创新"的作用，那么在过程的层面，学科"融合"又是如何促成人类"创新"的呢？为了回答这一问题，我们既可以在回归事物本原以克服认识局限的本质直观中得到说明⑤，也可以在更宽广的视域下探究科学技术和人文社会科学两大领域⑥之间

---

① 事实上，由 CPS（创造性问题解决）团队提出的创造解决问题的 6 个阶段，为学生创造力发展指明了具体的实现路径. 参见 Sawyer R K. 创造性：人类创新的科学[M]. 2 版. 师保国，等，译. 上海：华东师范大学出版社，2013：469-470.

② 陈其荣，廖文武. 科学精英是如何造就的——从 STS 的观点看诺贝尔自然科学奖[M]. 上海：复旦大学出版社，2011：33.

③ 陈其荣，廖文武. 科学精英是如何造就的——从 STS 的观点看诺贝尔自然科学奖[M]. 上海：复旦大学出版社，2011：82.

④ The Royal Swedish Academy of Sciences. They developed the world's most powerful battery[EB/OL]. https://www.nobelprize.org/prizes/chemistry/2019/popular-information/.（2019-10-10）[2020-06-02].

⑤ 路甬祥. 学科交叉与交叉科学的意义[J]. 中国科学院院刊，2005（1）：58-60.

⑥ 杰罗姆·凯根. 三种文化——21 世纪的自然科学、社会科学和人文学科[M]. 王加丰，宋严萍，译. 上海：格致出版社，上海人民出版社，2011：5-6.

思想观念（相）互启（发）、学科内容互构（与融合）所带来的融合创新问题①。事实上，不同学科、不同领域的思想与观念通过相互借用、相互启发和相互融合，促进了人类的创新活动。这里有概念移植、规则移用、信念一致等多层面的互动与碰撞。例如，达尔文（Darwin）受马尔萨斯（Malthus）人口论的启发，将"生存竞争"的观念引入生物进化论中；音乐中的和谐观念对牛顿（Newton）的科学发现起到了重要作用。再者，不同学科、不同领域有着各自的研究对象，也有着各自的基本概念和理论体系，一方面，它们作为人类知识总体中的重要组成部分而具有独立的价值；另一方面，它们又相互渗透、相互融合，因而有助于促进知识类比和建立想法链，同时有助于产生不寻常的连接和新颖的联系，加之多样化的背景知识给人们提供的看待世界的不同视角，从而有可能产生重大的创新成果。②一个很有说服力的例子是《人类简史：从动物到上帝》一书，其成功在很大程度上源于作者的跨学科视野及其对人类命运的深深忧虑，表现为作者结合了物理学、化学、生物学等"硬科学"来研究历史问题。③

三、不同学科方法的相互迁移与相互补充

创新不仅与专门领域的知识具有相关性，而且与专门领域的方法存在着紧密联系。在论述科技人文融合创新的学科方法间的相互迁移与互补问题之前，我们有必要对一般的创新方法有一个大概的了解。

"方法"是一个汉语词语，通常是指人们为获得某种东西或达到某种目的而采取的手段与行为方式。方法虽然被人们称为活动的手段，但它不是物化了的手段（此时也称为工具，今天也称为硬件或硬设备，如各种机器设备、构成计算机的各个元件、部件和装置等），而是人类认识客观世界和改造客观世界应遵循的某种方式、途径和程序的总和，是人们巧妙办事或者有效办事应遵循的条理或轨迹、途径、线路或路线。方法原本是人们测定物体是否方形之法："中吾矩者谓之方，不中吾矩者谓之不方。是以方与不方，皆可得而知之。此其故何？则方法明也。"④在

---

① 林坚. 创新整合论：科技创新与文化创新的整合机制[M]. 北京：中国书籍出版社，2013：208.

② Fairweather E, Cramond B. 让创造性和批判性思维在课程中两相得宜[M]//Beghetto R A, Kaufman J C. 培养学生的创造力. 陈菲，周晔晗，李娴，译. 上海：华东师范大学出版社，2013：124.

③ 尤瓦尔·赫拉利. 人类简史：从动物到上帝[M]. 2版. 林俊宏，译. 北京：中信出版社，2017：1.

④ 方勇译注. 墨子[M]. 2版. 北京：中华书局，2015：53.

希腊文化中，方法含有"沿着""道路"的意思，表示人们活动所选择的正确途径或道路。从两千多年前起，中国人就特别强调做事要讲究方法。孙武所撰写的《孙子兵法》，就是关于战争的制胜之道的高度凝练和总结。

创新也特别讲究创新方法的应用，而创新方法的内涵和精髓则在于，借鉴过去的创新经验，形成今天的知识体系，解决未来的未知问题。针对诺贝尔科技类奖获得者的一项研究结果表明，诺贝尔科学奖成果虽然众多，但是从方法论角度看可以归结为三类：第一类是独特的发现、知识、发明等，它们扩大了人们的视野，例如，居里夫人获奖成果——放射性元素钋（Po）的发现；第二类成果本身具有普遍的方法论意义，例如，科学理论创新的重整化方法；第三类则是各学科领域内众多的专门方法，例如，分子生物学中提取 DNA 的各种特殊方法。[①]这就是说，诺贝尔科学类获奖者有一大批是靠科学的创新方法取得了突破性进展的。在科技创新过程中，因需求、场合和条件的不同，适用的创新方法和工具多种多样，有适用于提升个体创新能力的 TRIZ 理论[②]（俄文为 теории решения изобрет-ательских задач）等，也有适用于团队协作的头脑风暴法等。TRIZ 理论的核心思想包括以下三个方面：第一，无论是一个简单的产品还是复杂的技术系统，其核心技术都是遵循客观规律发展演变的，即具有客观的进化规律和模式；第二，各种技术难题、冲突和矛盾的不断解决是推动这种进化过程的动力；第三，技术系统发展的理想状态是用最少的资源发挥最大的功能。与 TRIZ 理论不同，由美国的亚历克斯·奥斯本（A. Osborn）首创的头脑风暴法，主要是指问题相关人员在融洽和不受任何限制的气氛中进行无限制的自由联想和讨论、座谈，打破常规，积极思考，畅所欲言，其目的在于产生新观念或激发创新设想。

创新方法在科技问题解决活动中起到的是一种创新加速器的作用。一方面，善于应用各种创新方法的个体或者团队的知识传播、积累和应用的能力相对很高；另一方面，这种知识的积累和应用过程又会加强和完善他们掌握的创新方法，由此形成知识创新和应用的良性循环。在具体的科技创新实践中，形象化、抽象化、类比（比喻）、身体思维、移情、转换、综合等方法[③]，试错法、形态分析法、和田十二

---

① 曹伟. 诺贝尔科学奖成果的方法论研究[M]. 北京：科学出版社，2014：3.

② 英文全称是 Theory of the Solution of Inventive Problems（TSIP），即发明问题解决理论。

③ 罗伯特·鲁特-伯恩斯坦，米歇尔·鲁特-伯恩斯坦. 创意天才的思维方法：世界著名创意大师的 13 种思维工具[M]. 2 版. 王美芳，王蕾，译. 北京：电子工业出版社，2018：26-27.

法等①，以及四阶段法、阿马布勒法、奥斯本-帕内斯法、设计思维法等②，都有助于科技创新的实现。特别是由美国心理学家罗伯特·艾波尔（R. Eberle）提出的SCAMPER 发散性思维方法（包括 7 个切入点创意思考工具），强调通过应用替代（substitute）、合并（combine）、改造（adapt）、调整（modify；或者 magnify，放大；或者 minify，缩小）、改变用途（put to other uses）、去除（eliminate）、反向（reverse；或者 rearrange，重新排列）等具体操作③，帮助人们产生多样化的观念和创意（图 3.3）。

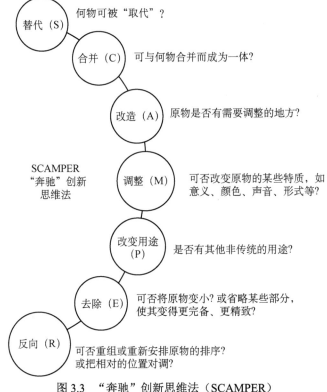

图 3.3　"奔驰"创新思维法（SCAMPER）

资料来源：A. J. 斯塔科. 创造能力教与学[M]. 2 版. 刘晓陵，曾守锤，译.
上海：华东师范大学出版社，2003：136-137. 有改动

科学（技术）研究方法具有注重事实、真实、可感，强调现象描述、实证和逻

---

① 周苏. 创新思维与 TRIZ 创新方法[M]. 2 版. 北京：清华大学出版社，2018：30.

② 托马斯·沃格尔. 创新思维法：打破思维定式，生成有效创意[M]. 2 版. 陶尚芸，译. 北京：电子工业出版社，2020：42.

③ A. J. 斯塔科. 创造能力教与学[M]. 2 版. 刘晓陵，曾守锤，译. 上海：华东师范大学出版社，2003：136-137.

辑的特征，它可以在一定的限度内用于对人文现象的研究。例如，假设、模拟、思想实验等已经成为人文社会科学广泛采用的方法；人文研究方法则关注整体、人本和生机，反对将事物看成是机械的、静止的，认为研究学问要以人为本，要考虑到人的生命、人的情感、自我意识和人的价值，也可以在一定程度上为科学（技术）所用。事实上，不同学科、不同领域的研究方法可以互相借用，起到彼此互补的作用，从而促进人类知识的创新。当一门学科的方法为其他学科所用时，其影响力远比"输出"某一具体观念要大得多。

与自然科学（及技术）研究自然现象不同，人文学科的研究对象是人文世界，并且不是从人的物质性而是从人的主观性、意识、文化着眼进行研究，具有一定的个体性、价值性、习得性、偶然性。人文科学研究要求再现人的价值结构、精神文化和社会意义问题，因此不像研究自然现象那样存在强烈和普遍有效的因果性，很难通过经验的观察来客观地加以描述和解析，只能通过主体间的交往来加以理解和解释。因此，理解基础上的解释和解释性的理解是人文科学最重要的也是最基本的研究方法，并且常常与体验、语言、文本及历史文化传统研究相伴随，从而达到对人生整体意义的理解和把握。①

人文学科还特别关注直觉、描述及个案研究（不是自然科学的例证研究）。我们知道，分析通常是把现象作为本质的入口表征，对现象的分析旨在追求在现象"背后"或"深处"的本质。分析法所持的事物观念乃是事物真实存在的现象或者样态是不足为据的表象，表象"背后"或"深处"的"本质"才能代表事物对象，事物的稳定性本质则凝聚为概念。分析是一个过程，具有还原论的倾向，目的是将感性、直观的现象抽象为本质概念。然而，现代系统论和有机体观念深刻揭示了当分析与还原方法被应用于生命有机体，特别是针对"人"与有机生命体时，这些方法存在的根本性局限。因为过度分析与抽象往往会忽视"人"与有机生命体最为本真和核心的性质。这时候，无须分析与推论、瞬间完成、具有超越偶然现象的本质深度同时又凝聚于对具体细节的直觉判断（直观感知），便成为对事物的人文意义（蕴含）、灵魂精神的把握，这种非过程性的瞬间感悟和洞见，或者说是"突然发觉"的"领悟"，以及禅宗中"当下即得"的"顿悟"，虽然无法用概念逻辑地说明，但在当事主体心中却甚为肯定与信靠。②直觉

① 朱红文. 人文社会科学导论[M]. 北京：教育科学出版社，2011：141.
② 尤西林. 人文科学导论[M]. 北京：高等教育出版社，2002：92-93.

作为一种人文素质，虽然不能代替分析判断，但它依然是人的丰富多样的实践生活经历积淀于人文主体心理中形成的宝贵财富。

事实上，将自然作为实在对象来研究的自然科学与关怀并追问人生终极意义的人文科学，不仅在古希腊时代是同一门科学，即哲学，而且最终将走向同一，即自然科学往后将包括关于人的科学，正像关于人的科学包括自然科学一样：这将是一门科学。①因此，科学、人文（及社会）等不同学科方法间的相互迁移与互补，也就更加自然顺畅，同时也更容易被人们理解了。

四、基于脑科学研究及默会知识论的分析

脑科学（特别是神经科学）的研究成果，有助于我们从分子水平和细胞水平理解"融合"之于"创新"的作用。从创造的过程来看，创造主体首先采用发散性思维突破原有固定模式的束缚，同时抑制与解决问题无关的各种信息，利用想象、推理并展开丰富的联想及类比，寻找创新性的解决方案，最后经过潜意识加工、原型启发及顿悟机制等形成有创造性的新想法，并加以实践和验证。在这一过程中，起着核心作用并在创造性思维的初期为顿悟提供原料的发散性思维，将不同事物（新旧之间、新新之间等）重新加以关联，特别是在看似不存在联系、意义距离遥远的事物之间建立新连接的联想思维，从已知事物的属性推出与之相类似事物未知属性的类比思维，以及创造主体在过去感知的基础上通过形象化的概括创造出新形象的想象，都能从学科融合中获得丰富的营养和启发。更进一步的研究发现，创造性活动需要创造主体在空间关系认知、图形以及非言语信息加工处理上具有优势的大脑右半球，以及在言语功能、逻辑思维、时间关系认知等方面具有优势的大脑左半球的共同参与②，并借助于不同学科知识（主要是不同知识类型及其呈现方式等），激活既彼此分离又相互联系的不同脑区，加之大脑中竞争机制的作用，从而使大脑产生创新的火花。

长期以来，科学家对大脑创造艺术、理性思考或创造新工具的能力非常感兴趣。有研究表明，艺术、科学、音乐和其他领域的创造性，需要结合大脑不同区域

---

① 马克思，恩格斯. 马克思恩格斯全集（第 42 卷）[M]. 北京：人民出版社，1979：128.
② 沈德立. 基于脑科学的教与学效能研究[M]. 北京：教育科学出版社，2013：311-312.

形成新的创意（或者既新颖又实用的产品），亦即当你开始研究想象力或创造性思维这样更复杂的认知过程时，起作用的就不是单一的大脑区域，而是需要整个大脑的参与①，更需要不同学科之间的相互融合，因为不同学科领域（自然科学、社会科学、人文学科等具体学科）与大脑的功能区域存在着一种大致对应的关系。

基于脑科学的研究成果来审视科技人文融合创新，或者也可以从"通感"的分析中获得启发。所谓通感，就是把不同感官的感觉沟通起来，借联想引起感觉转移。文学艺术创作和鉴赏中的"以感觉写感觉"就是视觉、听觉、触觉、嗅觉等各种感觉器官间的互相沟通，譬如，颜色似乎会有温度，声音似乎会有形象，冷暖似乎会有重量。用现代心理学或语言学的术语来说，这些都是"通感"。应用不同学科方法来探究问题，又何尝不是在不同学科及不同学科方法之间寻求一种通感呢？

探究"融合"之于"创新"的作用，还可以基于默会知识论的视角进行分析。波兰尼（Polanyi）认为，将各个部分融合为一个统一整体，将各种相关细节整合为一个综合体，是认识者在追求知识的过程中主动塑造或建构其个体经验的过程。默会认知活动包括两种觉知，即辅助觉知（subsidiary awareness）和焦点觉知（focal awareness），并从各种线索、细节、部分（辅助觉知）转向或融合进某一综合体（焦点觉知），以及将邻近项（proximal term）融合进末端项（distal term）②的动态过程之中具体开展。这种将各种线索、细节、部分综合成一个整体的能力，本质上就是一种融合（不仅有跨学科的融合，也有显性知识与隐性知识的融合）创新能力。例如，文艺复兴时期集科学家、工程师、画家、雕刻家、建筑师和音乐家于一身的达·芬奇的研究兴趣更是广泛，研究科学和工程学时所做的笔记超过了1万页，而作为画家的他并不仅仅满足于观察静态的物体，而是研究解剖学并解剖过人体。③正是这种跨学科的学习和研究，使他获取了大量的不同学科、不同领域的显性知识及隐性知识，从而可以将其作为"辅助觉知""焦点觉知"，或者充当"邻近项""末端项"，使他有极大可能将"辅助觉知"融合进"焦点觉知"，将"邻近项"融合进"末端项"，实现人类知识的原始创新。因此，近代最有名的儿童心理学家

---

① Sousa D A. 心智、脑与教育——教育神经科学对课堂教学的启示[M]. 周加仙，等，译. 上海：华东师范大学出版社，2013：188.

② 郁振华. 人类知识的默会维度[M]. 北京：北京大学出版社，2012：59.

③ 伦纳德·蒙洛迪诺. 思维简史——从丛林到宇宙[M]. 龚瑞，译. 北京：中信出版社，2017：121.

皮亚杰在发生认识论及儿童认知发展理论方面取得的卓越贡献，与他拥有的生物学与哲学专业背景（从而具有大量的可以作为"辅助觉知"或"焦点觉知"的丰富知识及类比借鉴可能），以及对生理心理学和逻辑学的广泛研究兴趣是分不开的，也就很容易理解了。

需要特别说明的是，在探究"融合"之于"创新"的独特作用这一问题时，有一种特别的融合创新类型，那就是拒绝刻板的、两边都是死胡同的所谓"选择"，绕开"二选一"的"或者"思维极限，避免浅显且表面的简单化（直接因果关系、线性关系等）的思维方式和过于狭窄而深刻的专业化尴尬，倾向而且善于同时衡量两种基本对立的观点，使两种相互矛盾的想法保持适当的张力，并且从看上去彼此对立的观点中权衡出新的方法。①要真正实现这一通过"权衡"的"融合创新"，不仅需要创新者具有理性态度和个体经验与知识基础，更需要创成式思维、积极质询②等思维工具的支持。

---

① 罗杰·马丁. 整合思维[M]. 胡雍丰，仇明璇，译. 北京：商务印书馆，2010：136.
② 罗杰·马丁. 整合思维[M]. 胡雍丰，仇明璇，译. 北京：商务印书馆，2010：148.

第四章

科技人文融合创新教育的可能途径

　　科技人文融合创新教育旨在培养科技人文融合创新人才，因此科技人文融合创新教育在实践中落地更为关键。鉴于目前中小学学科教学依然主要采用教学的方式，同时考虑到综合实践活动课程及校本课程等可以利用的教学时间资源，以及家校合作和社会力量等因素的影响，科技人文融合创新教育依然有着多样化的实践可能。

一、基于学科教学的科技人文融合创新教育

学科教学是中小学教学的主要形式,也是开展科技人文融合创新教育(以及思政教育、课程思政等)的基本途径。在学科教学中实施科技人文融合创新教育,不仅需要将教学目标聚焦于培养学生的科技人文融合创新能力和解决真实问题的能力,在课程内容上关注科技人文融合创新涉及的相关学科之间的联系、真实问题及学生兴趣,更需要在教学过程中加强科学与工程实践教学。

教学目标是教学的起点和归宿,是教学的方向,也是教学的灵魂和核心。因此,在教学实践中,教师要以相关课程标准的具体要求为准绳,以教材内容和学生实际为基础,科学地拟定学科教学目标。为了更好地把科技人文融合创新教育融合到学科教学中,自然就会涉及教学目标的具体拟定问题,亦即如何在学科教学目标中融入科技人文融合创新教育目标的问题。这也就自然要求我们回答科技人文融合创新教育目标究竟是什么的问题。

教育是人为的并以培养人为根本目的的实践活动。科技人文融合创新教育当然是为了培养人、发展人。在学生发展核心素养的语境下,科技人文融合创新教育的具体目标指向自然而然是科技人文融合创新素养。那么,如何界定这一素养?或者在更为根本的意义上,科技人文融合创新教育的本质内涵究竟是什么?科技人文融合创新教育究竟包含哪些基本要素?要回答这一问题,必须回到对"素养"这一概念的理解上。

《现代汉语词典》对"素养"的解释如下:"平日的修养。""修养"则是指"理论、知识、艺术、思想等方面的一定水平",也指"养成的正确的待人处事的态度"。[①]"素养"所对应的英文主要是 competence、skill 和 ability 等,其中,competence 的拉丁文 cum(with)和 petere(to aspire)意指伴随着某件事或某个人的知识、能力和态度。由此可以看出,"素养"的内涵涉及知识、技能和态度等的组合。与此相应,科技人文融合创新素养是有关科技人文融合的知识、能力和情感态度等的有机统一体,并更集中地表现为科技人文融合创新能力(含有情感态度的科技人文融合创

---

① 中国社会科学院语言研究所词典编辑室. 现代汉语词典[Z]. 7版. 北京:商务印书馆,2016:1248,1475.

新能力）。①科技人文融合创新素养是指个体不仅具备各个具体学科的能力，更在此基础上实现了超越，具体表现为对科技人文多学科知识的融合（整合）能力、解决真实世界问题的能力及创新实践能力，这些能力涵盖了提出问题、产生想法、创造想象、迭代优化、创意物化等多个方面。同时，这种素养还伴随着质疑能力、批判性思维能力、合作能力和自我认知能力等，这些能力既是实现科技人文融合创新的前提，也是其结果的体现。换言之，科技人文融合创新素养涵盖了运用科学（如物理、化学、生物科学和地球空间科学）与人文知识（实际上是"方法"）来深入理解自然界及人类，并参与到与自然界及人类相关的决策制定中的能力。这种素养不仅包括了各个具体学科的素养，更在此基础上实现了对这些素养的超越与整合。当然，这里的超越各个具体学科能力（素养）并不是否定各个具体学科能力（素养），而是一种内在的基于或包含各个具体学科能力（素养），进而反哺各个具体学科能力（素养）。也正是在这一"反哺"的意义上，我们打消了在学科教学中渗透科技人文融合创新教育是否会影响学科教育质量的疑虑。科技人文融合创新素养的同心圆结构，如图 4.1 所示。

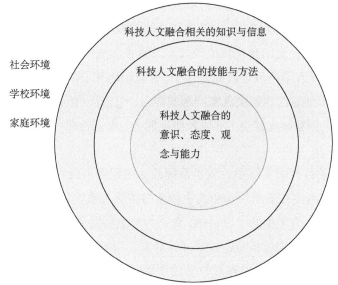

图 4.1　科技人文融合创新素养的同心圆结构图

①　笔者在这里描绘的 STEM 素养同心圆结构，与笔者参与研制的《江苏省基础教育 STEM 课程指导纲要（试行）》（江苏省中小学教学研究室、南京师范大学教育科学学院、江苏凤凰数字传媒有限公司等单位组成的"江苏 STEM 教育协同创新研究中心"研制）中界定的"知识融通与应用、系统设计与创新、物化实践与表达、文化体验与认同、科学态度与责任"五维度 STEM 素养结构，在本质上是相同的，可能这里更集中地表现为含有情感态度的 STEM 关键能力。特此说明。

事实上，科技人文融合创新素养不仅涉及发现生活情境中的困境或问题的知识、态度和技能，以及如何解释自然世界和人工世界得出基于证据的结论，还涉及理解科技人文融合相关学科知识、科学探究和设计的特征，意识到科技人文融合相关学科在形塑我们的材料（或构想）、智力和文化上的作用，并具有参与科技人文融合创新活动的意愿等。但是归根到底，科技人文融合创新素养是指个体应用科技人文融合相关学科知识和方法解决生活中真实问题的能力。[①]

在具体的学科教学实践中，如何关注并发展学生科技人文融合创新素养的目标呢？笔者认为，只需要教师有意识地在具体学科教学目标的基础上，更多关注学生的创新实践能力目标、真实问题解决能力目标、科技人文融合创新相关学科知识融合目标，以及与之相伴随的既作为条件也作为结果的质疑能力、批判性思维能力、合作能力及自我认知能力目标。因此，在每次拟定教学目标的时候，教师应该问一问自己教学目标是否已经关注到了上述能力，是否超越了某一具体学科？当然，要实现这一目标，需要教师具有自觉的科技人文融合创新教育意识。例如，在生物学科关于 DNA 的教学过程中，可以增加让学生用自己的身体形成 DNA 模型及动手制作毛条玩具展示 DNA 的结构和功能的教学目标[②]；在关于半导体的导电性的教学中，可以补充结合光伏电池技术及其在实践中应用的目标。这也就意味着，教师需要在原有学科教学目标设计中，有意识地关注学生综合应用科技人文融合相关学科知识创造性地解决真实问题的能力，包括提出问题、产生想法、创造想象、迭代优化、创意物化的能力，以及质疑能力、批判性思维能力、合作能力和自我认知能力等。

在具体的学科教学实践中，教学目标的达成程度不仅与教学目标本身的合理程度有关，还与师生在教学活动中的主动参与情况及教学目标的进一步转化有关。教学目标只有转化为学生的学习目标，真正为学生所接受，才能成为推动他们学习的内部动力。这一转化过程是通过教师的启发、引导、激励等逐步实现的。

相对于教学目标，教学内容对教学的作用更为直接和具体，它不仅是教学目标得以实现的基本载体，也是教师和学生直接操作的教学对象，是教师对教材这一课

---

① Bybee R W. The Case for STEM Education：Challenges and Opportunities[M]. Arlington：National Science Teachers Association，2013：5.

② Robertson C. DAN 建模：理解 DNA 的结构和运动[C]//《中国科技教育》杂志社. 国外优秀 STEM 教育案例集（第一辑）. 内部资料，2016：73.

程物化形式进行的具有创造性、个人性的演绎结果。实践中，教学内容可以通过多种多样的文字和非文字手段进行表征，不仅包括形式各异的素材内容，也包括一些活动、方法、观念、实践操作等。从教学内容的视角看，在具体学科教学过程中，又该如何开展科技人文融合创新教育呢？为了回答这一问题，首先需要回顾教学内容、教材内容和课程内容之间的相互关系。

课程内容一般指某一特定课程中学生需要学习的事实、概念、原理、技能、策略、方法、态度及价值观念等，回答教师"教什么"和学生"学什么"的问题。课程内容在课程标准中有明确规定和表述（课程内容标准），具有法定地位，不能轻易改变。课程内容标准十分重要，但它只有通过"教材化"（实质上是"心理化"）的处理，遵从学生学习活动的心理逻辑，借助于具体的事实、现象、素材转变成教学内容，才能使教材更具有"可教学性"，进而成为师生教学的直接对象。教材是一种服务于课程内容标准的途径或手段，是师生教学活动的中介，也是教师帮助学生实现课程学习目标的工具和跳板，但它只是教学内容的一个成分。与教学过程的客观结构相适应，教学内容具有引导作用、动机作用、方法论指示、价值判断、规范概念等教材内容（素材内容）无法包含的内涵，并涉及教学过程中的师生主观作用，因而具有种种不确定性和过程生成性。

如果说教学内容、教材内容和课程内容之间的关系辨析能够为具体学科教学拓展 STEM 教学内容提供学理上的支持，那么课程内容的来源分析则能够进一步为具体学科教学拓展 STEM 教学内容提供可行的路径。我们知道，课程内容的选择是根据特定的教育价值观及相应的课程目标，从学科知识、当代社会生活经验及学习者的经验中选择课程要素的过程。换言之，课程内容有三种基本来源：学科知识、当代社会生活经验与学习者的经验。这也启发我们，教师在具体学科教学中拓展科技人文融合创新教学内容时，也可以从相关学科联系、当代社会发展需要和学生生活经验等维度加以思考，即拓展或补充与科技人文融合创新相关的多学科问题、真实世界问题和个人感兴趣的问题。例如，在关于热力学第一定律或者半导体导电性等的学科教学过程中，就可以补充代替传统公用电力照明的太阳能路灯问题作为科技人文融合创新课程资源，它不仅涉及晶体硅太阳能电池、阀控式免维护密封蓄电池（胶体电池）等具体的物理与化学科学知识，还涉及智能化充放电控制器、光敏控制等技术、工程与数学内容。这一建立在具体学科内容基础上的补充和拓展，有助于学生克服单一学科视角的认识局限，逐渐学会从多学科视角分析和解决真实问题，并进而发展科技人文融合创新的学科融合（整合）能力、解决真实问题能力和创新实践能力。有关太阳能路灯的学科内容分析框架，如表 4.1 所示。

表 4.1　有关太阳能路灯的学科内容分析框架

涉及学科	相关问题	相关知识
科学	光伏电池的科学原理、储能电池的工作原理、电池组件支架和灯杆抗风设计等	光学、电磁学、结构力学等物理学知识；化学知识；地理知识
技术	太阳能路灯的材料、智能控制（光控、时控）、充电电路保护（电流过大保险丝熔断）、表面处理工艺等	自动控制等
工程	太阳能路灯的安装、费用、安全、寿命等问题	全生命周期；逆向设计
数学	光伏电池板转化效率、电池组件支架倾角设计、抗风设计科学计算问题等	涉及地区维度等
其他	美观、环保问题等	艺术等

教学是以特定文化价值体系为中介，以师生间的特殊交往为基本形态，以教与学的相辅相成、教学相长关系为发生机制和存在方式，以促进人与文化的双重建构为根本目的和核心取向的实践活动。鉴于教学作为一种社会性实践活动，加之过程是事物存在的历史形态（事物只能存在于过程之中）等原因，人们也时常把"教学"更具体化地表述为"教学活动""教学过程""教学活动过程"，尽管这些概念有所侧重，并在抽象层次和把握角度上有所不同。教学是教师教的活动与学生学的活动的有机统一，是师生共同按照确定的原则、目标、形式和程序，合目的、合规律的现实建构、生成和展开的过程，也是教学质量提升的过程。问题是，如何在这一现实建构、生成和展开的具体学科教学过程中，真正基于学科实现 STEM 学科间的有机融合？要回答这一问题，则涉及我们对学科融合或学科整合之"融合"或"整合"概念的理解。

严格来说，学科融合或学科整合之"融合"或"整合"概念并不完全相同，至少在学科间的联系水平上有所不同。例如，整合的目的是使多学科为一，而融合可能重在强调学科间的彼此联系，例如，沙拉可以被看作一种整合的结果，而果盘最多只能被看作一种融合的产物。但在教学实践中，教师是在不同水平开展科技人文融合创新教育探索的，所以不严格区分学科融合、学科整合两个概念，也许更为可取。当然，如果从理论上来看，区分清楚这两个概念还是更好一些。

多学科融合或学科整合不仅存在融合或整合水平的问题，还存在融合与整合的具体方式问题。如果不考虑历时性的维度，学科融合与整合的方式更多地表现为不同学科知识间的联系与统一，以及不同学科方法之间的相互启发。例如，在历时性的维度上，学科间的融合与整合则更多表现为多学科知识的发现与应用过程，也就是表现为综合应用多学科知识创造性地解决问题的过程。相比较而言，相比同时性维度的学科整合，历时性维度的学科整合不仅更为常见，同时也更能显示出学科整合的力量——综合应用多学科知识创造性地解决问题。这样一来，不仅回答了如何基于具体学科实现科技人文融合创新相关学科间的有机融合问题，也回答了为什么实践中更倡导基于项目的学习方式开展STEM 教育。

从具体的操作层面来看，在学科教学中开展科技人文融合创新教育，可以采用基于问题的教学、基于研究的教学、基于体验的教学等多种教学模式。无论如何开展科技人文融合创新教育，都需要加强实验或试验活动，也就是在教学过程中注重开展科学与工程实践：提出问题（科学）和明确需要解决的难题（工程）；建立和使用模型；设计和实施调查研究；分析和解释数据；利用数学和计算思维；建构解释（科学）和设计（工程）解决方案；基于证据的论证；获取、评估和交流信息。[1]科学探究涉及的多是通过研究可以回答的具体问题，工程设计涉及的则是可以通过设计来解决的问题，因此强调工程方面的内容将更有助于学生了解在日常生活中科学、技术、工程和数学方面的联系，进而实现 STEM 相关学科的有机整合（融合）。

在学科教学中开展科技人文融合创新教育，既可以在科学教学中融入工程、技术、数学知识，也可以在工程活动中应用科学、技术、数学知识，或者是在工程实践活动中开展科学探究等。教师可以围绕一个真实问题，促进学生个人参与、小组合作及整个班级集体的活动（例如，形成问题、头脑风暴、展示交流等）开展研究，其间有可能通过面对面的方式或者以网络的方式与校外学习支持者及学习伙伴开展交流。在学习与研究的过程中，学生被要求使用相关技术搜集、分析数据，并设计、测试和改进一个问题解决方案，然后与其同伴交流研究成果。在这类学习中，学生在课外需要花更多的时间。图 4.2 是一种可能的 STEM 学习循环示意图。

---

① National Research Council. A Framework for K-12 Science Education：Practices，Crosscutting Concepts，and Core Ideas[R]. Washington：The National Academies Press，2012：49.

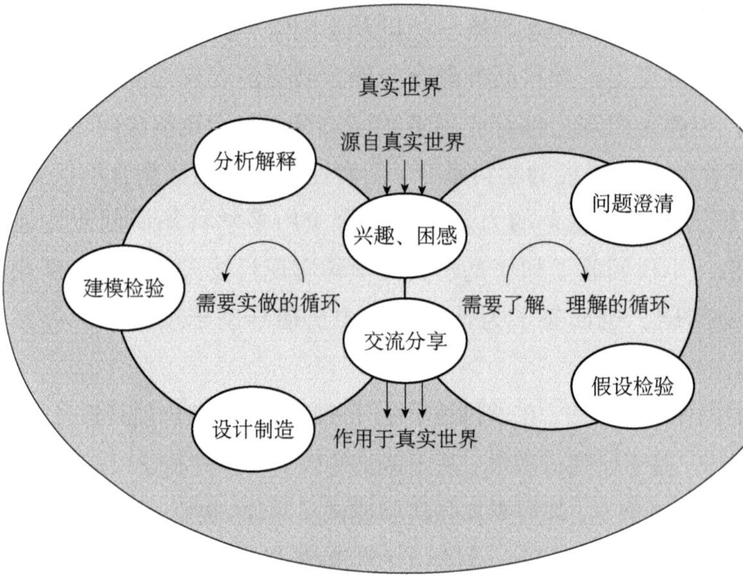

图 4.2   可能的 STEM 学习循环示意图

资料来源：上海市虹口区教育科学研究室. STEM、STEAM 与可能的实践路线[EB/OL]. https://wenku.baidu.com/view/e6f5a6404228915f804d2b160b4e767f5bcf8000.html?_wkts_=1715160072631&bdQuery=STEM-STEAM+%E4%B8%8E%E5%8F%AF%E8%83%BD%E7%9A%84%E5%AE%9E%E8%B7%B5%E8%B7%AF%E7%BA%BF. （2013-08）[2023-10-10]

上述可能的科技人文融合创新学习循环中包括了两个基本循环，即科学探究学习循环和工程设计制作循环，每个循环都涉及各种写作、反思与公开展示，以帮助学生阐释经验、澄清所学的知识，并将行动与目标联系起来。两个循环过程既可以并行展开，也可以是以某一学习循环（如工程设计制作循环）为主，其中嵌套了另一循环的串行展开方式，或者是直接应用科学知识解决真实世界的技术与工程问题。在此期间，学生需要经历多次迭代，逐步完善设计方案，进而加深对科学概念的理解，提升实践与创新能力。需要说明的是，教学时间的限制，使得课堂中科学探究学习循环和工程设计制作循环活动既可能是一个完整的过程，也可能只是其中的某一环节。

教学是培养人才、实现教育目的的基本途径。教学评价就是根据教学目标和教学原则，利用所有可行的评价方法及技术对教学过程及预期的一切效果给予价值上的判断，以提供信息改进教学和对被评价对象做出某种资格证明。那么，在课堂教学中开展 STEM 教育，如何发挥评价的导向作用？换言之，采用怎样的评价方式更有助于促进教师在课堂教学中开展 STEM 教育？要回答这一问题，不仅需要我们对评价的具体对象及内容进行思考，更需要我们拓展传统的纸笔测验知识评价方式，选择更适合 STEM 教育的表现性评价方式。

二、基于项目课程的科技人文融合创新教育

在课程发展的整个历史进程中，学科课程一直占据着主导地位。学科课程以促使学生系统掌握学科知识为目标，强调按照学科知识的逻辑体系来组织和编排课程，注重理智训练和智力发展，并把不同学科知识划分成不同的价值等级，其根本目的在于提高教育质量，培养社会精英。[①]学科课程也存在着思维方式的简单化、忽略知识的关联性和综合性、脱离学生的生活与现实、过分偏重于学术课程、内容缺乏社会适切性、忽略学生的发展阶段等局限与不足。为了解决学科课程发展中出现的这些问题，同时鉴于自然界及人类社会生活本身的综合性、自然科学及社会科学和人文学科的科际性特征，教育的钟摆自然而然地摆向了学科融合的一端。特别是随着信息技术的不断发展，新知识的产生数量（在一定时间内）和处理这些知识的便捷程度都发生了实质性的变化，在这一背景下，如何考虑基于网络的陈述性知识（及程序性知识的陈述性形式）的即刻获得性和程序性知识的习得复杂性（经历不同情境变式练习才能真正习得和掌握程序性知识）？如何谨慎地削减不那么相关的内容，以便为学生学习 21 世纪所需的现代知识和技能让出空间？如何使学生的知识建构过程与能力生成过程有机统一起来，并进而发展成为学生的核心素养？这是时代发展提出的新课题和新挑战。

作为对这一问题的积极回应，学校课程内容需要变得更加贴近学生生活和社会发展实际，课程编制也需要更加突出"问题取向"，逐渐形成以客观知识为中心、以学生经验为中心的各种形式的融合课程，其内容组织或以概念体系为中心，或以探究过程为中心，或以探究主题为中心，或者直接就是以相关学科为基础的融（综）合学科群。[②]例如，包含了"我们是谁、我们身处什么时空、我们如何表达自己、世界如何运转、我们如何组织自己、共享地球"等六个超/跨学科主题的国际文凭组织（The International Baccalaureate Organization）"PYP"（Primary Years Programme）

---

① 李臣之，郭晓明，和学新，等. 西方课程思潮研究[M]. 北京：人民教育出版社，2012：50-52.

② 钟启泉. 课程的逻辑[M]. 上海：华东师范大学出版社，2008：107-109.

课程，旨在培养学生的科技创新能力和实践能力并成为国际教育热点的融合STEAM 课程，以及把科学与工程实践、学科核心概念、跨学科概念等三个维度有机融合的新一代科学教育课程等①，为我们构筑"跨学科课程""学科交叉课程""学科融合课程"提供了新的视野。也正是这些问题导向的超/跨学科主题（项目）课程，为融合创新教育的落地生根提供了重要载体与实现条件。

在现实生活中，当个体面临一个复杂问题需要做出取舍或抉择时，就需要做出个人的判断或决策，而这一做出个人判断或决策的过程本质上就是一个决策者基于多种因素的融合创新过程，当然也是一个问题解决过程。有研究者基于个体决策过程的分析及与传统思维的比较发现，融合创新（整合思维）的关键特征[也可以说是融合创新（整合思维）者的思维惯例]如下：凸显（囊括更多凸显因素）⇆因果（考虑多方面的间接因果关系）⇆架构（将各个部分放在整体的背景下分析）⇆解决（费尽周折也要推陈出新）。②也就是说，当个体在面临一个复杂问题需要做出具体决策（创新结果）时，必须首先明确与最终决策相关的所有可能因素，然后探寻这些因素之间多方面的、间接的因果关系（所有因素之间的可能联系），在进行决策架构时，需要在始终保持对问题进行整体性思考的前提下，着手处理各个部分，随之得出复杂问题的解决办法（融合创新成果）。

与个人做出判断或决策相类似，跨学科研究活动也是一个涉及多个学科的融合创新过程。跨学科研究鼓励研究者将目光投向所有相关理论、方法、现象和见解，一方面，注重借鉴来自学科、子学科、跨学科和学派的学科见解；另一方面，则强调整合学科见解。跨学科研究步骤包括：界定问题或表述研究问题；对未使用某种跨学科方法进行辩护；辨别相关学科；进行文献检索；做到熟识每门学科；分析问题并评估每一种见解或理论；识别见解或理论之间的矛盾及其根源；创建概念和理论之间的共识；形成更全面的认识；反思、检验并交流该认识。③跨学科研究进程也可以表述为"问题→见解→整合（融合）→认识（创新）"的简化形式，其实质就是一种跨学科的融合创新过程。例如，基于新产品开发和商业化流程模型开

---

① NGSS Lead States. Next Generation Science Standards：For States，by States[S]. Washington：The National Academies Press，2013：xv.

② 罗杰·马丁. 整合思维[M]. 胡雍丰，仇明璇，译. 北京：商务印书馆，2010：148，41.

③ 艾伦·雷普克. 如何进行跨学科研究[M]. 傅存良，译. 北京：北京大学出版社，2016：73-74.

发的课程，或者基于"集成创新"模型开发的课程①，都能够帮助新一代产品开发专业人员掌握产品创新的方法，使他们能够在全球竞争企业中扮演更重要的角色。

无论是就个体面临复杂问题时如何做出决策的具体分析，还是基于跨学科研究过程的总体考察，我们都会发现，融合创新过程实质上是融合多学科，也需要融合多人智慧（强调合作和解决问题中的思想碰撞）的发现问题、分析问题、创造性解决问题的过程，与学生在教师的引导下自主发现问题、提出问题与解决问题（基于合作的）的问题化学习②，以及对复杂、真实问题的探究过程（也是精心设计项目作品、规划和实施项目任务的过程）的项目学习③，具有天然的契合性④。这也是我们做出"问题/项目化学习是实施融合创新教育的基本方式"这一判断的理据所在。

当然，项目课程对学生科技人文融合创新能力发展的促进作用，与项目课程本身的设计水平和实施状况有着很大关系，也与项目课程的整体性筹划有着紧密联系，例如，项目主题的选择、项目课程内容与现有学科课程关系的处理、学习进阶的设计等，对于学生科技人文融合创新能力发展都有着重要影响。结合目前中小学校学科课程开设的实际状况，同时考虑到科技人文融合创新教育（STEAM 教育）的落地便利，人们需要给予基于工程教育的项目化课程特别的关注（详细内容可以参见附录部分）。毕竟，在各种工程类的项目及项目课程中，需要有机地融入数学、科学、技术、艺术、人文等学科因素，也唯有数学、科学、技术、艺术、人文等学科的融入，工程项目及工程项目课程才能发挥科技人文融合创新（教育）的力量。

从教师的层面来看，基于项目课程的科技人文融合创新教育，对其课程开发能力、实施能力、评价能力及合作能力提出了更大的挑战，这既是对教师专业发展的一种内在要求，也是教师彰显个人学习能力、创新能力及生命价值的一种发展契机。

① Boradkar P，Duening T. Integrated innovation：A model for a new product development curriculum[J]. International Journal of Innovation Science，2009（2）：61-71.

② 王天蓉，徐谊，冯吉，等. 问题化学习教师行动手册[M]. 2 版. 上海：华东师范大学出版社，2015：23.

③ Krajcik J S，Shin N. Project-based learning[M]//Sawyer R K. The Cambridge Handbook of the Learning Sciences. 2nd ed. New York：Cambridge University Press，2014：275.

④ 顾稚冶，王天蓉，王达. 合作解决问题[M]. 上海：华东师范大学出版社，2018：2. 需要说明的是，"问题化学习"实质上是"基于项目/问题的学习"在基础型学科课程中的本土性建构，它解决了"基于项目/问题的学习"在基础型学科课程中实施的难题。"问题化学习"与"基于项目/问题的学习"也可以看作是一个问题解决水平上不同的连续统。

三、基于科技场馆的科技人文融合创新教育

近年来，科技馆、博物馆正成为青少年学习的"第二课堂"。作为校外科学教育的重要阵地，科技馆面向社会公众特别是青少年等重点人群，以展览教育、研究、服务为主要功能，以参与、互动、体验为主要形式，开展科学教育和科学普及。青少年通过亲自实践、观察、发现，获得对这个世界的直观认识；通过亲身尝试、探索、思考，掌握对事物规律的精准判断。同时，鼓励自主学习的互动展项也让青少年更加自信，没有思维限制的学习环境激发了青少年的创造力和想象力，引导青少年接受挑战，挖掘潜力，养成拼搏精神。基于科技场馆开展科技人文融合创新教育，正在逐渐受到人们的重视。

基于科技场馆开展科技人文融合创新教育，与国家相关政策的支持是分不开的。2006年6月，中央文明办、教育部、中国科协印发《关于开展"科技馆活动进校园"工作的通知》，联合推动"科技馆活动进校园"工作，要求将科技场馆资源与学校教育特别是科学课程、综合实践活动、研究性学习的实施结合起来，促进科技场馆的教育与学校科学教育有效衔接。由此，"馆校结合"在全国铺开。经过10余年的发展，"馆校结合"从注重科学知识传播到侧重科学思维、科学精神和科学思想的转变，并将场馆硬件资源与科学教育软件理念融合，增强了科技学习的实践性、跨学科性和人文性。2017年4月，中国科协办公厅、中央文明办秘书局、教育部办公厅印发了《科技馆活动进校园工作"十三五"工作方案》，要求各地科协、文明办、教育行政部门结合实际认真贯彻落实，加强沟通协调，精心组织实施，充分发挥科普场馆作为校外活动场所对加强未成年人思想道德建设和青少年科学素质的重要作用。2021年6月，国务院印发的《全民科学素质行动规划纲要（2021—2035年）》明确提出，在"十四五"时期实施青少年科学素质提升行动，并针对目前青少年科学素质教育的实际状况，指出了明确的发展方向。

经过多年的努力，我国实体科技馆呈跨越式发展，数量和规模迅速增长，社会效益凸显。截至2021年底，我国已构建起408座全国实体科技馆、612套流动科技馆、1251辆科普大篷车、1112所农村中学科技馆和中国数字科技馆"五位一体"的现代科技馆体系，为提高全民科学素质、推动科普公共服务公平普惠、促进经济

社会发展发挥了独特作用。①特别是配备有科普互动展品、科普展板、科普资料等资源的科普大篷车（又被称作科普"轻骑兵"，即一种新型多功能科普宣传车），可以深入乡镇、村社，发挥打通科普"最后一公里"的作用，加之学校科技场馆建设（虽然使用效率与服务社会效益尚不清楚），例如，河南省洛阳市第一高级中学"育田数理探索馆"，使得科技场馆与学校科技教育结合得更加紧密，为青少年搭建了体验科技创新魅力、享受科技创新乐趣的平台。

基于科技场馆开展科技人文融合创新教育，需要在主题内容的选择上不断创新。过去科技场馆主要以科技历史展览为主，以学科来介绍科技成果，大多是单向的信息给予，观众也往往是走马观花。但是现在不一样了，科技场馆的科普方式更强调交互性，强调用轻松有趣的方式让公众特别是青少年了解并喜爱科学技术，以教育项目来对青少年进行科普。大多数项目都不是单纯涉及某一学科的知识，而是涉及多学科知识。换言之，科技馆、博物馆等不应该只是一个展示的场所，更应该是一个科普的平台。通过平台组织各种活动，让更多青少年参与进来。一场生动的科技创新比赛、一次充满趣味的科学创作活动，都有可能在青少年的成长中发挥重要作用。青少年只有亲手做了、亲手写了，才能更有参与感，科学知识才更有"黏性"，这或许正是基于科技场馆开展科技人文融合创新教育的优势。

基于科技场馆开展科技人文融合创新教育，有许多主题内容可以选择，例如，2020年全国科普日期间，为弘扬科学家精神，中国科技馆与国家科学技术奖励工作办公室共同实施"国家最高科学技术奖获奖科学家手模"项目，采集袁隆平、孙家栋、屠呦呦、黄旭华等国家最高科学技术奖获奖科学家手模，并录制寄语视频。2022年5月，中国科技馆被中国科协、教育部、科技部等7部门认定为全国首批"科学家精神教育基地"。2021年，科技馆体系推出我国首个太空科教品牌"天宫课堂"，两次举办天宫课堂活动的当天，海内外全网总点击量超40亿次，是我国科学教育活动在单日内覆盖面最大和参与公众最多的重大科普实践，也是我国科普事业迈上新高度的生动体现。②最应景的中秋节科普活动，当属面向8—12岁少儿朋友的"佳节同乐，快乐齐享——中秋创意"科学体验营制作活动，具体包含"巧手月饼手工造""奔向月球创意做""中秋走马花灯绘""花好月圆艺术创"四个创

---

① 温竞华. 培植科学土壤，让科普惠及全民——现代科技馆体系建设十周年重点扫描[EB/OL]. https://www.gov.cn/xinwen/2022-06/16/content_5696103.htm.（2022-06-16）[2023-10-05].

② 殷皓. 现代科技馆体系助力新时代科普事业高质量发展[EB/OL]. http://www.qstheory.cn/dukan/qs/2022-09/16/c_1129000646.htm.（2022-09-16）[2023-10-05].

意玩法，一起做月饼、绘花灯，共度中秋佳节。同时，举办了"今夜月明话中秋，妙手巧绘'兔儿爷'——华夏科技学堂教育活动"，带领小朋友们一起学习月相蕴含的科学知识，认识古代观测月球的天文仪器，了解中秋节的渊源及民俗。①

基于科技场馆开展科技人文融合创新教育，可以结合场馆特色或者地域特色选择主题。例如，金川科技馆立足全球视野，以"自然、科技、人文、绿色"为主题，以矿产资源的分布和金属矿物的形成、开采、提取为主线，以世界第三大硫化铜镍矿——金川铜镍矿的开发应用为典型案例，展现了自 1958 年国家决定开发金川镍矿后，来自全国各地的上万名建设者怀着满腔热血，肩负着为新中国建设提供急缺镍资源的使命，汇聚金川戈壁，拉开中国镍钴工业建设的序幕，同时也凸显了科技人文融合创新、关爱自然和保护环境（绿色发展）的人类社会可持续发展理念。该馆通过实物样品、模型模具、图片展板，并辅以现代高新数字化技术手段，展现出在半个多世纪以来几代金川人肩负产业报国的崇高理想，以超越体能极限的艰苦鏖战，以露天大爆破的石破天惊，以科技联合攻关的群策群力，以引进消化国际尖端技术、建设国际一流镍钴生产企业的勇为人先，以及我国镍钴工业从无到有、从小到大、从弱到强的发展历程和辉煌成就。②这一展示包含着理想信念教育，也富含科技创新教育的因子，无疑是一种人们喜闻乐见的科技人文融合创新教育方式。

基于科技场馆开展科技人文融合创新教育，具体形式可以多种多样。根据科学家的故事编导的科普舞台剧，很受青少年的欢迎，并常常成为科技场馆的一块招牌。例如，在山西省科技馆"探秘科普教育基地"，描述研制疫苗的科普剧（舞台剧）《糖丸爷爷》的表演，能让不少孩子感动得落泪；呈现科学家精神、反映"奋斗者"号创造深潜纪录的舞台剧《龙宫奇事》，也很受欢迎。③与舞台剧类似，科学实验也是基于科技场馆开展科技人文融合创新教育的重要形式。科技场馆的科普主要面向青少年，如何让科普教育生动有趣，最考验科技场馆科普教育工作者的智慧及能力。更需要人们深入思考的是，一些科学实验看上去简单，背后的创作过程

---

① 孙自法. 中国科技馆将推出"中秋创意"科学体验营等系列科普活动[EB/OL]. https://news.sina.cn/2022-09-08/detail-imqqsmrn8352788.d.html.（2022-09-08）[2023-10-05].

② 李军晖. 全国科普教育基地展示——金川科技馆：以镍钴资源文化、金川精神，全力推进科学普及工作[EB/OL]. https://m.thepaper.cn/baijiahao_20392303.（2022-10-20）[2023-10-05].

③ 郜蓉. 山西省科技馆"探秘科普教育基地"：探索科学原来这么有趣[EB/OL]. https://rmh.pdnews.cn/Pc/ArtInfoApi/article?id=31304571.（2022-09-19）[2023-10-20].

却很复杂，有时为了准备科学实验，科普教育工作者需要提前根据展品去熟悉它的科学原理，要想一些比较有意思的故事把科学原理讲出来、展示出来。

我们还可以以科技馆、博物馆等科普场所为载体，对标青少年主流科技竞赛，不断拓展竞赛的覆盖面，提高竞赛水平。参与竞赛的学生群体不断增加，竞赛水平不断提升，自然会带动和提升更多孩子学习科学、探索科学的热情和能力。此外，还可以利用网络优势，让越来越多的博物馆、科技馆参与到线上活动中，推出更多容易被青少年接受的科普形式。

基于科技场馆开展科技人文融合创新教育，也需要认识到其存在的不足。其一，科技场馆的资源分布极不均衡，大部分科技场馆资源分布在北京、上海等大城市，一些中小城市的资源相对较少，农村更甚，绝大部分受益者还是城市青少年，农村的孩子得到的资源较少，农村的科普教育也很匮乏，西部及欠发达地区科学教育活动的覆盖面有待进一步扩大。其二，科技场馆内的每件展品都是"宝藏"，如何充分挖掘每件展品蕴含的科技教育资源，如何将其拓展为一系列主题科普活动，让科普进一步"活"起来，也是一件非常费力的事。其三，基于科技场馆的科学教育，在科学知识、探究技能和科学情感态度、科学精神等维度的效果有很大差异。中国科普研究所常务副所长罗晖公布的《青少年科学素质调查研究2013——科技场馆对北京地区学生科学素质的影响》显示，在科学知识方面，"经常去"科技场馆的学生科学知识得分（37.80）高于"偶尔去"科技场馆的学生科学知识得分（36.73）；在科学技能上，"经常去"科技场馆的学生科学技能得分（4.82）高于"偶尔去"科技场馆的学生科学技能得分（4.79），但不存在显著差异；差异最为显著的是科学态度，"经常去"科技场馆的学生对科学的态度得分（41.35）高于"偶尔去"科技场馆的学生对科学的态度得分（23.79）。[①]科技场馆活动对学生科学态度的培养作用较大且有效，但是，在科学技能培养方面的作用不大，因此科技场馆应针对科学技能的提高开展有针对性的活动。

基于科技场馆开展科技人文融合创新教育的研究不足，也是一个亟须解决的问题。与国外科技场馆教育研究相比，我国的科技场馆教育研究急需加强。

当然，要想真正发挥基于科技场馆的科技人文融合创新教育的作用，除了科技馆、博物馆相关人员自身的努力外，学校和家庭在其中也扮演着非常重要的角色。

---

① 邱晨辉. 中国青年报：科技馆不能再"等你来学"［EB/OL］. http://www.banyuetan.org/chcontent/zx/mtzd/20141113/ 116939.shtml.（2014-11-13）［2023-10-20］.

各地的学校可以有计划地组织学生到各类科普教育场地参观学习，加强科普教育实践活动。虽然现在很多家长有了从小培养孩子科学兴趣的意识，能够带着孩子走进科技馆，但有的家长只是把孩子往科技馆一放，让孩子自己去玩，家长却在一旁玩手机，这样的情况不在少数。科学教育中，家庭作为"第一课堂"的地位永远不能被忽视。孩子们在参观科技馆的过程中，需要家长的陪伴和引导，这样才能更加有效地发挥它的作用，否则科技馆只能成为孩子的"游乐场"。科技馆要想真正发挥科普的作用，还需要家庭、学校及社会共同努力。

四、基于社会支持的科技人文融合创新教育

严格来说，上述的基于科技场馆开展科技人文融合创新教育，本质上也是一种社会支持——科技场馆支持——科技人文融合创新教育，之所以单独讨论，或者是源于科技场馆的科技属性与科技教育的明显联系。此处所讨论的社会支持，更多是从公司（企业）的商业性质及媒体宣传视角进行分析。

教育并非处于真空之中，它总是会伴随一定的经济活动。科技人文融合创新教育（或者说 STEAM 教育）也有着巨大的商机，使得一些公司及社会办学机构对科技人文融合创新教育情有独钟，并为此投入了大量的人力、物力和财力，以谋求市场的回报，助推科技人文融合创新教育的发展。例如，成立于 2014 年的上海 STEM 云中心，是上海斯第教育科技有限公司旗下运营的 STEM 教育品牌。上海 STEM 云中心是借助上海市科学技术协会等专业协会、学会、研究会的支持，依托华东师范大学等国内外高校、科技企业的资源，通过社会化合作和运行模式共同打造而成的全国首家 STEM 教育平台。[①]上海 STEM 云中心提供的 STEM 教育服务，旨在培养学生综合运用科学、技术、工程、数学知识进行创新实践的能力，锻炼学生运用科学的方法解决实际问题的能力。再如，八爪鱼科技教育有限公司已经研发了"海上战舰""环保城市"等多门 STEAM 课程，涵盖生活场景、传统文化、信息技术等内容，并且严格依据中小学课程标准进行编写，以确保课程的权威性和可行性。其中，"海上战舰"以我国成功建造航空母舰为项目背景，让学生了解战舰制作的意义与发展趋势，并学会设计和搭建战舰模型，兼具玩具的性质，同时能培养学生

---

①　参见上海 STEM 云中心，http://www.stemcloud.cn/.

探究学习、动手实践的能力。

　　类似的科技教育类公司及培训机构还有很多。例如，昂立 STEM 源自上海交通大学，致力于整合欧美先进的 STEM 教育，创造属于中国本土的 STEM 教育。"探索地球宝藏"是由一群自然爱好者建立的自然科普平台，进行矿物、化石、陨石等自然产物的科普推广。深圳市赛先文化发展有限公司成立于 2018 年，面向 3—12 岁的儿童，根据美国《新一代科学教育标准》，由中美教育专家团队联合打造，独家引进全球一流、专业的 STEM 教具产品，涵盖物质科学、自然科学、地球与宇宙科学、技术与工程，采用先进的 STEM 课程体系和 PBL（problem-based learning，基于问题解决）教育方法。赛先生（卢申彪 2017 年创立的在线 STEM 科学教育品牌）STEM 教育在孩子成长的关键期，通过问题分析、创新思考、跨学科知识运用，培养孩子的探究意识、批判性思维及科学素养。拼插式机器人教育领域的乐博乐博、好小子机器人、乐博士等，以及科普教育领域的鲨鱼公园、小牛顿等，还有科技创新教育机构寓乐湾、萝卜太辣等，也都致力于科技人文融合创新教育。还有一些校外培训机构也发现了科技教育的商机，与不断涌现的科技教育类机构合作办学或加盟合作。

　　我们深入研究科技教育类公司及培训机构的商业模式可以发现，它们主要针对校内和校外两大客群，在校内提供相关教室设计建造和教具等硬件产品，或者提供科技教育类的教学服务（选修课形式，如下午 3:30 以后）；在校外则针对培训机构和家庭端。培训机构是指有自己完整的教研体系的公司，为机构输出标准化产品，包括教具、课程、师资培训或教学服务等。对家庭来说，或是只输出硬件产品，或是通过直营和加盟的方式，拓展门店提供相应教学服务，或是在线教学，通过软件平台、直播录播课等提供教学服务。也有很多科技教育公司同时布局校内和校外，并通过校内市场向校外导流用户，扩大自己的客户端与市场范围。在直接向家庭端输出硬件产品的服务中，科教类玩具和智能机器人新奇有趣、寓教于乐，在游乐中能够激发孩子的求知欲望，帮助孩子逐步掌握学科知识，尤其是编程机器人，有助于开发孩子们的逻辑思维和提高动手能力。

　　客观地说，从经济视角来审视科技人文融合创新教育，虽然有一点商业化的味道，但是考虑到教育的惯性作用（比较难以改变），用商业经济行为推动学校系统的科技教育改革，无疑有着积极的教育意义。在中国教育体系中，科技教育做得不够扎实，根本问题在于面临着升学考试的压力。进入初中和高中的孩子没有太多时间学习动手课程,通用技术等课程虽然已经进行多年了,但是各个省通用技术实验室的利用率都非常低。因为不是高考考试的主要科目,很多学校为了完成教学计划,老师用 1/3 的时间把理论课讲完,大量动手实操是不被鼓励的。然而,通用技术课恰恰是以实践为主、理论为辅的。虽然每年政府为初高中采购了很多科技教育实验装备、器材,如果现有的教学状况不发生改变,动手实操课程的发展还是会面临瓶颈。虽然说低龄学生家长对科技教育的态度有好转,但又不纯粹,孩子到中学后选择放弃。中国家长对科技教育的态度也有所改观,但现在还是呈现出一种矛盾状态。最早,只有少部分家长愿意让孩子在科技教育方面花精力,但绝大多数还是热衷于升学考试培训。慢慢地,年轻一代的家长肯定了科技教育的价值,开始在小学阶段培养孩子的科技素养,但等孩子小学毕业,科技教育就又几乎被遗弃了。借助于社会机构的力量,凸显 STEM 职业的含金量——STEM 职业技能提供了一些更好的就业机会、更高的薪水及更低的失业风险,或许有助于改变社会对科技教育重视不够的情况。

事实上,STEM 在全球的兴起并非偶然,而是恰好契合了学校教育蠢蠢欲动的变革命题,即今天的学校需要什么样的学习内容?怎样获得新知识与技能?用何种方式持续地学习?如何建立学与教的新关系?这样的新探索需要建立合作-分享-成长的新机制。针对高中学生的高考压力,科技人文融合创新教育本来是很难吸引学生参与的,但是如果设计得好,例如,允许学生根据自身能力与兴趣,在一些未来最具有潜力的行业领域(包括农业、文化艺术、航空航天、商业、建筑、能源、环境、食品加工、林业、健康与护理、园艺、信息通信技术、体育、矿业等)选择一个职业高级专业技术的主修科目,即每一个行业的课程设计中都清楚地写明该行业的前景、跨学科的内容结构,以及这一课程涉及不同学科领域的组件模块,每个学生在选择时可以充分地领略行业前景,并理性做出选择,通过学习获得有价值的行业认证,如果通过实习评估的话,还可以获得重要的岗位技能证书。这些行业部门与教育部门或学校的全面合作,有助于学生与具有该行业经验的人员共事,在学习期间能够掌握解决真实问题的工作技能,从自己最感兴趣的领域获得经验,并且更加清楚自己是否适合于某一职业和如何规划自己的未来。这或许就是普职融通高中教育的应有样态。

在社会实践中,公司(企业)介入科技人文融合创新教育,也并不都是单一的商业逐利行为,也有一些公司(企业)勇于担负社会责任,本着教育公益和教育公平的理想，以促进整个社会和谐发展及发挥每一个体的创造才智为目标，联合或者与相关教育专业团体合作，共同关心弱势群体（及其子女）的科技人文融合创新教育。例如，中国平安集团的"青少年科技素养提升计划"公益教育项目，不仅促进了农村地区的科技人文融合创新教育发展，提升了广大农村学生的科学素养与创新实践能力，而且产生了广泛的社会影响。

相对于公司（企业）对科技人文融合创新教育的直接介入，媒体宣传对科技人文融合创新教育也会产生重要影响。无论是关于科技人文融合创新教育的宣传报道，还是关于 STEAM 职业的宣传介绍，对于人们树立科技人文融合创新教育观念，以及指导人们按照科技人文融合创新教育规律开展活动，都能产生超越学校教育系统的社会影响力。例如，下面的诺贝尔获奖宣传课的教学：

诺贝尔奖（瑞典语为 Nobel priset，英语为 Nobel Prize）[1]是人们一致公认的较具权威性和重视原创性的国际奖项[2]，也是当今世界最为有名的两个国际奖项之一（另一个是奥运会的金牌）。一年一度的诺贝尔奖颁奖典礼，如同四年一度的奥运会盛况，无不吸引着世人的目光。相对于社会及媒体对诺贝尔奖盛事的热情关注，诺贝尔奖成果宣传课的设计，主要是为了让孩子们更好地了解诺贝尔奖及其年度获奖成果，因而也就具有了更高的教育期待。鉴于此，深入探究诺贝尔奖成果宣传课的设计，对我国国家科学技术奖成果的宣传教育及其走入课堂，具有十分重要的借鉴价值和启示意义。

为了更好地了解诺贝尔奖成果宣传课的设计问题，我们需要先从总体上了解诺贝尔奖成果宣传课的情况（参见诺贝尔奖官网），包括诺贝尔奖成果宣传课的历史发展、内容选择及诺贝尔奖成果的相关教育拓展情况。

从诺贝尔奖的官网可以看出，诺贝尔奖成果宣传课最早可以追溯至 2017 年。到目前为止，诺贝尔奖成果宣传课已经历时几年，宣传课的总量达到了 20 余次。

从内容的选择来看，诺贝尔奖成果宣传课既有每个年度的、整合各个获奖

---

① 诺贝尔奖包括 6 大类，其设置时间及评奖机构也不同。这里提及的诺贝尔奖主要是指诺贝尔奖自然科学奖，虽然在诺贝尔奖宣传课的统计中包括了文学奖、和平奖和经济学奖等，只是为了了解总体情况。特此说明。

② 路甬祥. 从诺贝尔奖与 20 世纪重大科学成就看科技原始创新的规律（摘要）[J]. 中国科学院院刊，2000（5）：370-376.

项目的综合宣传推广课，也有物理学、化学、生理学及医学、文学、和平、经济学等某一专门领域的诺贝尔奖成果宣传课。例如，2019 年诺贝尔获奖成果宣传课就包括 2019 年度诺贝尔奖获奖成果的综合宣传推广课①，也包括生理学与医学领域的"细胞如何感知和适应氧气的可用性"、化学领域的"开发世界上最强大的电池"等专门领域诺贝尔奖成果宣传推广课②。2020 年诺贝尔奖成果宣传课则包括从基因编辑到消除世界饥饿、从充满诗意的声音到发现黑洞、寻求完美的丙型肝炎新疗法。③这些诺贝尔奖成果宣传推广课，可谓内容丰富、主题多样，它们为教师开展诺贝尔奖成果宣传课的教学提供了很大的选择空间。

如果说诺贝尔奖成果宣传课在让学生了解诺贝尔奖及其年度获奖成果的过程中，学生还是处于比较偏于理性认识与知晓结果层面的话，那么诺贝尔奖成果宣传的创意课则是从鼓励学生创造的高度，以及从科学和艺术相结合的跨学科视角——这种跨学科视角（及背景）是许多诺贝尔奖得主能够成功获奖的显著特征之一④，进一步促进学生对诺贝尔奖及其年度获奖成果的了解和认识⑤。例如，在诺贝尔奖成果宣传的创意课中，学生学习诺贝尔奖的相关情况，然后对诺贝尔奖进行艺术的阐释，并在学校的展览中将其视觉化。诺贝尔奖博物馆每年都会举办一场相关竞赛活动，那些最具创意的参赛学校作品将获得奖励。

与诺贝尔奖成果宣传的创意课形式不同，基于诺贝尔奖成果的教育游戏设计则是另一种诺贝尔奖宣传教育的创新尝试和努力。例如，"输血游戏"设计，让学生通过游戏了解人类血型的发现；"DNA 双螺旋游戏"设计，让学生在 DNA 中找到更多的遗传信息；"裂脑实验"设计，让学生进行诺贝尔奖获得者罗杰·斯佩里（R. Sperry）所使用的经典裂脑实验，以发现左右脑半球之间的差异；"巴甫洛夫的狗"设计，让学生在游戏中训练小狗按照命令流口水

---

① Nobel Prizes 2019[EB/OL]. https://www.nobelprize.org/all-nobel-prizes-2019/. [2023-10-20].

② Nobel Prize Lessons 2019[EB/OL]. https://www.nobelprize.org/nobel-prize-lessons-2019/.（2019）[2023-10-20].

③ Nobel Prize Lessons 2020[EB/OL]. https://www.nobelprize.org/nobel-prize-lessons-2020/.（2020）[2023-10-20].

④ 陈其荣，袁闯，陈积芳. 理性与情结——世纪诺贝尔奖[M]. 上海：复旦大学出版社，2002：355.

⑤ Nobel creations—A school project[EB/OL]. https://www.nobelprize.org/nobel-prize-lessons-nobel-creations/. [2023-10-20].

学习条件反射等。这些寓教于乐的教育游戏设计,能够使学生对了解和认识诺贝尔及诺贝尔奖获奖成果产生更浓厚的兴趣,进而更加热爱科学技术及愿意学习科学课程。

除了直接面向学生的诺贝尔获奖成果宣传课程外,诺贝尔奖启发计划(Nobel Prize Inspiration Initiative, NPII,也译为诺贝尔奖创新启迪项目)同样致力于搭建一个平台,让诺贝尔奖获得者能够分享他们的发现与独到见解。该项目力求加强获奖者与全球科学界,特别是年轻观众之间的联系。此外,诺贝尔奖对话作为另一项重要活动,汇集了诺贝尔奖获得者、世界顶尖科学家、政策制定者和思想领袖,共同探讨影响我们所有人的全球性问题。这些活动无疑为诺贝尔奖及其获奖成果的宣传与教育增添了更多维度。例如,2019 年 1 月 19 日,在智利圣地亚哥举行的诺贝尔奖对话会上,诺贝尔奖获得者与世界领先科学家等共同关注"学习的未来",2020 年 12 月 9 日,诺贝尔奖获得者和专家一起在线讨论"学习的挑战:教育的未来"等①,共同致力于探索教育如何帮助我们创造想要的、更美好的未来。

诺贝尔奖成果涉及物理学、化学、生物学、经济学等不同学科和领域,而且每个年度获奖成果也都不一样,这使得诺贝尔奖成果宣传课的主题内容各不相同。但是,我们仔细研读诺贝尔奖成果宣传课的具体设计后发现,它们有着大致相同的特点。下面就以 2020 年的诺贝尔生理学或医学奖获奖成果"抗击血源性丙型肝炎——解决最大的全球健康问题之一"为例,探究其宣传课的具体设计问题。

2020 年诺贝尔生理学或医学奖的宣传课教学(学习)时间为 45 分钟,教学过程设计简约而不简单,教学内容丰富而且教学形式多样。②从这一教学过程安排容易看出,诺贝尔获奖成果宣传课的教学目标定位于让学生了解诺贝尔奖究竟是一种什么样的奖项,以及 2020 年诺贝尔生理学或医学奖获奖成果的具体发现。在教学内容上,既有阿尔弗雷德·诺贝尔(A. Nobel)的生平介绍和诺贝尔奖奖项设置情况的介绍,也有 2020 年度诺贝尔生理学或医学奖获

---

① The challenge of learning: The future of education[EB/OL]. https://www.nobelprize. org/events/nobel-week-dialogue/2020/.(2020-12-09)[2023-10-20].

② Nobel prize lessons—Medicine prize 2020[EB/OL]. https://www.nobelprize.org/nobel-prize-lessons-medicine-2020/. [2023-10-20].

奖成果的已有相关研究基础介绍及本次获奖的详细说明。在教学方式上，有教师结合 PPT 的讲授，组织学生观看诺贝尔及诺贝尔奖的相关视频，还有学生与相关科学家的访谈互动，以及学生学习单的阅读练习，教学形式丰富多彩，既注重发挥学生的学习主体和教师的教学主导的作用，也充分利用了现代信息技术来支持教学，加上其教学思路清晰、教学过程简单，方便教师在实践中开展诺贝尔获奖成果宣传课的教学推广。

与诺贝尔奖及其他国际奖项（数学界的菲尔兹奖、计算机界的图灵奖、建筑学界的普利兹克奖等）设置相似，我国的国家科学技术奖、茅盾文学奖等奖项的设置，也是为了鼓励该领域的研究者对人类发展做出的杰出贡献。从教育的视角来看，如何在"国家科学技术奖励大会""国家科技奖讲堂""国家科技奖成果展"等活动的基础上[1]，进一步扩大国家科学技术奖的社会影响力，如何使国家科学技术奖及其获奖成果走入学校和课堂，前述诺贝尔奖成果宣传课的设计无疑能给予我们一些新的启发与思考。

需要说明的是，无论是基于科技场馆开展科技人文融合创新教育，还是基于社会支持开展科技人文融合创新教育，都需要与学校科技融合创新教育相互配合，强调学校科技融合创新教育在整个课程体系中的重要地位，真正发挥学校在科技人文融合创新教育中的核心作用。当然，教育者也需要淡化乃至克服一种"偏见"——只有我们最懂教育，那些企业、公司只有技术，他们不懂教育。我们应该意识到，并不存在懂不懂教育的问题，无论技术还是教育，做得好都源自于"懂得人"（懂得学生），都是对人（学生）的需求的充分感知和适切满足。因此，当我们走向"人为中心"（学生为中心）的时候，学校与企业的合作互通性或许就会浮出水面。同时，我们也要认识到，我国"重认知轻实践"的教育传统思想根深蒂固，绝大多数中小学校没有专门做科技创新类教育的老师，有的学校虽然有科技辅导员，但是他们在学校的地位是边缘化的，语文、体育、音乐等学科的教师临时被调配兼做科技辅导员的情况也是屡见不鲜，使得科技（创新）教育的课程研发及教学工具、设备的研发水平较低。同时，加上很多学校缺乏科技创新教育的资金、设备等教学条件，导致科技（创新）教育在教学实践中的表现不尽如人意，因此也就谈

---

① 刘垠. 国家科技奖讲堂走进校园 最高奖得主曾庆存等共话基础研究[EB/OL]. http://www.nosta.gov.cn/web/detail1.aspx?menuID=68&contentID=2828. （2020-11-13）[2023-10-20].

不上科技人文融合创新教育了。鉴于科技人文融合创新教育的独特价值,学校不仅需要加强相关课程建设,更需要借助科技场馆、科研院所、宣传媒体及社会企业的力量,将科技人文融合创新教育与"改变世界"联系起来,通过培养青少年的科技创新思维,增强青少年的未来职业竞争力,进而以此为工具、手段,让世界变得更可持续发展,让未来生活更美好。

第五章

科技人文融合创新教育的项目课程开发

基于项目课程开展科技人文融合创新教育，首先涉及科技人文融合创新教育项目课程开发问题，同时也涉及人们对"项目"这一概念的科学理解问题。为此，明确项目课程的实质及其对学生发展的独特价值，分析项目课程（及项目教学、项目化学习等）与学科教学之间的互补关系，系统筹划科技人文融合创新教育的项目课程开发，无疑有着重要的现实意义。

一、科技人文融合创新教育的项目课程开发价值

提及项目课程，人们自然会想到项目化学习（project-based learning，也称基于项目的学习，或者称为项目教学方法），它实质上是一种对复杂、真实问题的探究过程，也是规划和实施项目任务、精心设计项目作品的过程（项目教学法，实质上也是一种课程模式，即项目课程）。在这个过程中，学生能够掌握所需的知识和技能，其重点是培养学生的核心素养。因此，下文中不再对项目课程、项目教学法、基于项目的学习等进行细分。

提及项目课程，人们也自然会想到"项目"（project）这一概念。事实上，"项目"这一概念的使用范围非常广泛，例如，建设项目、水利项目、体育项目、文艺项目、休闲旅游项目等。在教育领域中也经常使用"项目"的概念，例如，科研项目、学习项目、劳动项目、比赛项目等。《现代汉语词典》将"项目"解释为事物分成的门类，例如，服务项目、体育项目、建设项目等。①这一界定凸显了"项目"的名词属性。在英语、德语、法语、意大利语及拉丁语等语言中，"项目"一词还具有动词的属性，表达的是"按既定的去做"的意思。②因此，"项目"这一概念具有双重的属性，它既可以以名词的形态出现，表示一项有时限的创造特定产品和服务的任务，也包含或隐含了动宾结构的形态，显现为以一套独特而相互联系的任务为前提，有效地利用资源，为实现一个特定的目标所做的努力，抑或是在特定的社会环境中发生的、需要参与者身心投入的、有计划的行动。③由此可见，项目就是以制作作品并将作品推销给客户为目的，借助多种资源，并需要在一定时间内解决多个相互关联的问题的任务。"基于项目的学习"中的"项目"是管理学科中"项目"概念在教学领域的延伸、发展和具体运用。因此，基于项目的学习是以学科的概念和原理为中心，以制作作品并将作品推销给客户为目的，在真实世界中借助多种资源开展探究活动，并在一定时间内解决一系列相互关联的问题的一种新型的探究性学习模式。

---

① 中国社会科学院语言研究所词典编辑室. 现代汉语词典[Z]. 7 版. 北京：商务印书馆，2016：1433.
② 鲁道夫·普法伊费尔. 项目教学的理论与实践[M]. 傅小芳，译. 南京：江苏教育出版社，2007：4.
③ 鲁道夫·普法伊费尔. 项目教学的理论与实践[M]. 傅小芳，译. 南京：江苏教育出版社，2007：24.

　　为了更好地理解项目课程并将其运用于教育实践，我们有必要对其产生与发展的过程有一个大致的了解。在教育领域，"项目"（过去一般译作"设计"）一词最初出现在美国。20世纪初，杜威的学生、著名的教育家克伯屈（Kilpatrick）发表了《项目（设计）教学法：在教学过程中有目的的活动的应用》一文，首次提出了"项目学习"的概念。20世纪二三十年代，克伯屈的项目教学法在美国的初等学校和中学的低年级得到了广泛的应用。在传统的农业社会和大工业时代，人们秉持着知识就是力量的知识价值观，把学生的学习目标定位在仅限于文化知识的掌握，因此在教材和教学中呈现的是被人为地删除了许多复杂因素因而变得抽象、单一（学科）的知识，这样处理虽然能让学习者容易抓住知识的本质与要点，表面上提升了教学效率，但是不利于学习者全面地了解所学知识的产生情境和生活中的原型，以及知识的应用场景和实际意义，一旦面对复杂多变的现实问题和真实世界，学习者往往会不知所措，很难从真实情境中去发现问题所在，也不知道如何选择和应用相关知识去分析和解决问题，更不用说进行创新了。人类进入信息社会以后，一方面知识容量快速增长，另一方面知识（特别是科技类知识）产生和陈旧的速度加快，学习的目的就不仅仅是理解和掌握知识了，更重要的是进行知识的创造性应用，以及创造更多的知识去分析和解决乃至创造性地解决实际问题。在这一背景下，那种人为地删除情境及背景因素从而使知识变得抽象、简单化的传统做法，包括传统单一的学科知识学习，已经不符合时代要求。特别是随着信息技术的发展与信息获取的方便和快捷，直面真实世界、应用知识创造性地解决问题变得更为重要。与此相应，开展一种跨学科的、研究性的、基于项目的学习也就显得非常必要。

　　在深入探究科技人文融合创新教育项目课程的开发价值过程中，我们还有必要对项目课程（从学习的视角说为"基于项目的学习"，从教学的视角说为"基于项目的教学"，后文不再严格区分）与基于问题的学习（从教学的视角说为"基于问题的教学"）及传统教学加以比较。"基于项目的学习"与"基于问题的学习"具有相同的理念和方向，二者在本质上是一致的，没有明显的界线，甚至经常是结合在一起实施的。项目活动的设计通常需要围绕某个（或者某一系列）问题的解决展开，许多课题研究本身也是以某种项目活动的形式来实施的，因此可以把两者统一在一种模式下，称为"基于任务的研究性学习"。"基于项目的学习""基于问题的学习"突出强调了学习过程的组织是以项目和问题为中心的，而不是现成的文本内容在师生之间的机械位移，它们都强调了真实性，采用的都是基于绩效的评价方式。

"基于项目的学习"与"基于问题的学习"也存在一些不同,"基于项目的学习"通常以丰富多彩的作品形式表现最终的成果,即学生最终解决问题的成果是以各种作品的形式呈现的,同时最终作品也是学生开展项目学习的驱动力;"基于问题的学习"则不一定。"基于项目的学习"得出的作品一般具有一定的社会效应和经济效益,更注重与生活及社会实践相联系;"基于问题的学习"是围绕问题展开的,是对复杂现实生活的一种模拟。在学生学习的驱动力上,"基于项目的学习"与"基于问题的学习"也是各有特色。在"基于项目的学习"中,产品是学习的驱动力,而"基于问题的学习"的起点则是解决一个问题或者学习一个问题,问题是学习的驱动力。

与传统的学习方法相比,项目式学习能有效提高学生实际思考和解决问题的能力。项目式学习的目标是通过与现实相结合的实践方式,使学生更有效率地掌握学科知识,并在此过程中培养学生的社会情感技能。

科技人文融合创新教育项目课程的开发价值,归根到底源于项目课程具有的独特育人价值。在项目课程实施过程中,首先受益的是学生。项目学习从以"教"为中心转向以"学"为中心,由继承性学习转向创新性学习,在培养学生的核心素养方面有一定的优势。项目学习的最大优势就在于,可以非常灵活地把三维目标贯通于学习过程中。一方面,项目学习注重基于真实情境式的实践,就是以鼓励学生的自主探索为主要学习方式,可以在过程与方法上让学生获得更为直接和有效的经验,同时在学习过程中将知识内容渗透到经验中,学生的技能得到不断巩固和提升,并在不断的交流协作中受到他人的影响,并影响其他人的学习热情、学习态度及价值观。项目学习在培养学生个性方面具有得天独厚的优势,其真实情境的模拟可以让学生快速进入社会角色的思考中,通过角色扮演让学生不断地展现自己的个性,同时这种个性的发挥还可以得到同学和教师的指导,促进其良好个性的发展。项目学习的过程化操作,可以让学生不断地扩大自己交流与沟通的范围及渠道,巩固自己的交流和沟通技巧,小组协作模式还可以促进学生协作能力的提高。项目学习关注生活、社会,通过对当前社会情境的模拟,让每个学生都可以在社会现实的情境中找到自己的社会定位,从而培养其社会责任感。项目学习通过将个人角色置于小组环境和情境现实中进行自我教育,学生在不断的反思和他人的反馈中获得提升自己的人格修养的途径,实现培养自己良好品格的目标。

　　项目课程涵盖了信息获取和与人沟通的技能、思考问题和解决问题的技能、人际关系和自我指导的技能等，这正是学生核心素养中的适应终身发展和社会发展需要的必备品格和关键能力。项目课程的特点是任务驱动、目标驱动，学生感到这样的学习有意思，特别是真实的问题、真实的任务、真实地完成、真实的结果，缩小了学校学习与未来应用的距离，让学生能广泛地摄取含有各种营养成分的人类文化食粮，在收获健康的同时，也收获良好的学习成绩等副产品。在项目学习中，学生每完成一个项目任务，都会取得相应的成果，这些成果不是冷冰冰的考试排名，而是可呈现、可交流、可评价、可改进、可应用的。

　　从多元智能的视角看，项目课程能够同时培养学生多方面的能力。美国学者萨利·伯曼（S. Berman）将项目课程分为三个阶段，并且指出了每一阶段对学生不同能力的培养作用（表 5.1）。①

表 5.1　项目课程对学生多元智能的培养作用

阶段	言语	视觉	逻辑	音乐	身体运动	人际交往	自我内省
搜集：研究项目	提问、阅读、列表、叙述、书写、寻找、聆听、证明	察看、观察、注意、描述、展示	记录、搜集、记日志、证明	聆听、搜集、录音、参加音乐会	准备、探索、调查、访谈	互动、分组、访谈、证实	反思、表述、反馈、记日记
处理：澄清观点	释义、撰写论文、贴标签、报告、组织	绘草图、绘示意图、制图表、图解、画漫画	画图表、比较、分类、排序、分析、编码	表演、挑选、唱歌、伴奏	预演、研究、试验、访问	表达、转述、辩论、讨论	研究、自我评价、解释、加工
应用：尝试和检验	使用隐喻、明喻、类比、双关	视觉化、想象、幻想、象征	评价、判断、界定、模拟、推理、批评	作曲、即兴创作、评判、演示、指挥	构建、戏剧化、表演、实验、雕塑	争辩、妥协、调解、仲裁	反省、直觉、革新、发明、创造

　　项目课程不仅有助于促进学生的全面发展，而且对教师的专业发展及学校的办学质量提升都会产生重要的影响。在项目学习中，教师是学生学习的引导者、帮助者、鼓励者，在学习过程中建议或提示学生发现问题，并完成学习进展的记录和评估。因此，教师能够聚焦在核心想法和突出问题上，在课堂上设计出吸引学生积极参与的、富有挑战性的活动，并能够支持学生的自主学习。基于项目的学习对学校的发展也有良好的促进作用，好的项目学习会通过提高教学标准，激励学生取得成就，改善学生的学习环境，提供个性化的教育，并且鼓励教师协作，促进学校组

---

　　① Berman S. 多元智能与项目学习——活动设计指导[M]. 夏惠贤，王加林，杨洁，等，译. 北京：中国轻工业出版社，2004：168.

织机构和文化的变革。

科技人文融合创新教育项目课程，不仅具有一般项目课程在促进学生发展、教师成长和学校办学质量提升方面具有的教育价值，更有助于促进学生对人文主义科学观的理解，通过科技人文融合发展学生的创新能力和实践能力。相对于传统学习，同样时间内应用科技人文融合创新教育项目学习的学生获得的知识量可能偏少，但是这些知识却能够保持更长的时间，学生对知识的理解深度与迁移运用能力更强，学生对科技与人文知识的学习也表现得更具有内在动机。科技人文融合创新教育项目学习能够显著地提高学生的批判性思考能力和创新思维能力，也能够增强学生的自信和提高其持续学习能力，还能有效提高学生在团队合作中的相互学习和深度反思能力，以及理论结合实践、分析、交流、规划、管理等综合实践能力。

二、科技人文融合创新教育的项目课程开发思考

科技人文融合创新教育的项目课程开发，首先需要在课程理念及总体架构上进行思考。鉴于科技人文融合创新教育的项目课程开发具有更多的实践指向与意味，或许结合实例进行分析更具有启发性。以下结合笔者联合多位小学科学特级教师、骨干教师共同为中国平安集团教育公益项目开发的"青少年科技素养提升"课程实例谈谈这一问题。

科技人文融合创新教育的项目课程开发基本理念既涉及项目课程开发的目标定位、学生角色及教师角色的认知，也涉及项目课程的实施方式及评价方式设计及其落地问题，还关涉项目课程与国家课程和学科课程的关系等问题。"青少年科技素养提升"课程开发的基本理念是：关注每一个学生的未来发展，凸显公益课程的社会关怀；以项目课程为载体，丰富学生的科学、技术与工程实践方面的体验，培养学生对科学、技术与工程知识的学习兴趣；在解决科学、技术与工程问题的过程中，提高学生的创新能力和实践能力，提升学生的科学、技术与工程素养；通过项目课程资源开发与实施，改变学生传统的科学课程学习方式；与国家科学、技术课程相衔接，对国家科学、技术课程起到补充和拓展作用。

科技人文融合创新教育的项目课程开发总体构想，是指对项目课程开发的一种总体考虑，包括项目课程的适用对象（项目课程的使用者）、项目课程的主题领

域选择、项目课程的实施条件等。根据项目课程的多少，它既可以是系列项目的总体筹划，也可以是单一项目课程的具体设计。作为系列项目集成的"青少年科技素养提升"课程，其整体架构（当然也可以有另外的选择）如下：选取 5 个不同领域或主题，彰显现代科技发展和创新特色，并且在小学 6 个年级形成纵向系列和进阶，以符合学生的认知水平和认知发展规律。课程领域或主题具体包括：农业科学——让乡村儿童融入希望的田野；智能制造——让乡村儿童也能尽情地制造；航空航天——让乡村儿童在高空展翅飞翔；生命科学——让乡村儿童播下人类发展的种子；人工智能——让乡村儿童触摸人工智能。

在农业科学领域，选择"水培大蒜""宠物兔饲养""种子萌发记""简易喷雾器""水车与滴灌""现代农场" 6 个工程科技项目作为载体，让学生亲历植物栽培、动物饲养、农具制作等项目活动，丰富学生的劳动体验，逐步形成正确的劳动价值观，同时在解决工程科技问题中培养学生的动手实践能力、创新意识与团队协作精神，强化农业领域的职业体验，增进其对农学专业的认识。

在智能制造领域，首先让学生通过"发条小车""3D 打印笔""走马灯"等项目体验制造和创造的乐趣，然后带领学生认识、检测及应用常见的传感器，制作"地震感应器"，并在此基础上完成基于开源硬件的简易机器人制作与调试。作为社会发展的一种未来趋势，智能化已逐渐走进了我们生活的方方面面，"智能住宅照明"就是通过设计与组装人体感应小夜灯等家居设备，让学生体会智能制造的独特意蕴与内涵。

在航空航天领域，围绕"航空器""航天过程"两条主线展开，一方面，引导学生对纸飞机、电动飞机、探索宇宙的工具等常见航空器的升空原理建立感性认识，制作相应的模型并进行测试优化；另一方面，根据航天过程一般包括的发射、运行及着陆三个重要环节，分别设计气动火箭、地球-卫星模型、月球车模型三个项目活动，使学生在获取航天科学知识的同时，丰富技术与工程实践体验。

在生命科学领域，从"生命与感觉"（变幻的颜色）、"生命与健康"（简易听诊器）、"生命有机体"（我们的大脑）、"生物组成"（细胞结构模型）、"生物演化"（DNA 项链）、"生物与环境"（生态瓶）等视角出发，选择相关项目主题，让学生亲历生命科学探究与工程实践过程，增强学生对自然与生命的了解，深化对前沿生命科学发展的认识，培养学生对自然和社会的责任感，提高学生创造性地解决问题的能力，激发学生对生命科学专业的学习兴趣。

在人工智能领域，分别从"火眼金睛""会聊天的计算机""智能语音小管家""Scratch 程序设计语言""智能车牌识别系统""智能聊天机器人"6 个部分，引导学生对人工智能建立感性的整体观念，并初步接触基本的编程语言，构建顺序、选择、循环等基础逻辑思维。"青少年科技素养提升"课程的整体架构如表 5.2 所示。

表 5.2　"青少年科技素养提升"课程的整体架构

年级	农业科学	智能制造	航空航天	生命科学	人工智能
1 年级	水培大蒜	发条小车	纸飞机	变幻的颜色	火眼金睛
2 年级	宠物兔饲养	3D 打印笔	气动火箭	简易听诊器	会聊天的计算机
3 年级	种子萌发记	走马灯	地球-卫星模型	我们的大脑	智能语音小管家
4 年级	简易喷雾器	地震感应器	电动飞机	生态瓶	Scratch 程序设计语言
5 年级	水车与滴灌	巡线小车机器人	月球车模型	细胞结构模型	智能车牌识别系统
6 年级	现代农场	智能住宅照明	探索宇宙的工具	DNA 项链	智能聊天机器人

资料来源：顾建军，何善亮. 青少年科技素养提升课程（小学 1—6 年级）[M]. 南京：江苏凤凰教育出版社，2019：目录页

从表 5.2 可以看出，科技人文融合创新教育的项目课程开发，如果能够进行系统的设计，即在横向上关注不同科技领域，以让学生有一定的选择性，在纵向上注重项目课程的进阶设计，以让学生对相关领域有一个整体把握，无疑是有积极意义的。就某一领域或某一主题而言，各个项目如何能够贯彻该领域的核心思想或者进行专门技能训练，而非仅仅停留在一般的创造性过程理解上，对于发展学生的科技人文融合创新能力更加有意义。

在教育教学实践中，科技人文融合创新教育的项目课程开发，也可能仅仅就是一个独立的项目课程，这时可以通过一个个独立项目课程的开发，以及采取自下而上的方式逐渐形成系列。这也是一条可取的"草根式"课程开发路径。

科技人文融合创新教育的项目课程开发，必须处理好项目课程的基本要素与操作流程问题，也就是基于项目开展过程来设计活动任务，真正体现基于学法选择教法及基于学的过程设计学的任务的活动。项目课程（基于项目的学习）主要由情境、内容、活动和结果 4 大要素构成。其中，情境是指学生进行探究学习的环境，既可以是物质实体的学习环境，也可以是借助信息技术条件形成的虚拟环境。内容是现实生活和真实情境中表现出来的各种复杂的、非预测性的、多学科知识交叉的

问题，是值得学生进行深入探究，同时也是学生有能力去探究的知识。活动主要是指学生采用一定的技术工具（如计算机）和研究方法（如调查研究）为解决面临的问题采取的探究行动。结果则是指在学习过程中或学习结束时，学生通过探究活动学会的知识或掌握的技能，如小组合作学习技能、生活技能、自我管理技能等。

科技人文融合创新教育项目课程强调以学生为中心，强调小组合作学习，要求学生对现实生活中的真实性问题进行探究。通常其操作程序分为选定项目、制订计划、活动探究、作品制作、成果交流和活动评价 6 个步骤（图 5.1）。这一项目学习过程为项目课程开发提供了一个总体的思路。

图 5.1　科技人文融合创新教育项目课程的学习程序

三、科技人文融合创新教育的项目课程开发模式

科技人文融合创新教育的项目课程开发，终究是要落实到每一个具体的项目课程开发（最终是项目教学设计）上。一门合格的（或者说好的）科技人文融合创新教育项目课程不但要以问题驱动、强调科学探究与工程实践、生成产品为外部特征，还要满足目标-手段一致性、学生参与度（即以学习活动为中心）、相关学科整合度等指标的要求。①

---

①　杨开城，李波，窦玲玉，等. 应用 LACID 理论进行 STEM 课程开发初探[J]. 中国电化教育，2020（1）：99-108.

科技人文融合创新教育的目标是通过知识整合生成创新能力，因此必须发挥科技人文不同知识类型的独特作用。我们知道，科学知识的功能是解释和预测，技术知识的功能是实现某种物质能量信息的变换，工程知识的功能是创造发明的系统化控制，数学知识的功能是进行逻辑推理、定量思考及为技术系统提供数形规律，人文知识的功能是为这一活动进行价值定向，确定以人为本的方向。为了实现科技人文融合生成创新能力这一课程目标，必须让学生亲历科技人文融合创新的问题发现及问题解决过程——真实世界及现实生活中的问题，使学生的作品以科学探究或工程设计的形式呈现出来。作品还必须以某种科学知识为背景，如果有可能，还要嵌入特定的数学知识和人文艺术元素。这个创制作品的过程具有一定的挑战性，有障碍需要克服、有问题需要解决，因此需要以协作的方式展开，并以群体动力确保学生的耐心和坚持。

项目课程开发（以及教学设计）总是为达到特定课程目标服务的，但是课程目标（以及教学目标）都是预设的而且是抽象的，并不等于课程（或教学系统的）所能实现的预想功能，而要实现特定的课程功能，必须借助于具体的课程产品（以及教学方案）这一手段，因此目标-手段的一致性便成为标识课程（以及教学方案）质量的核心指标。与目标-手段的一致性相配合，学生学习活动及学生学习任务的设计将直接影响学生的学习参与状况，进而影响项目课程的教学效果，因而需要项目课程开发者为师生交互提供实质的、指向学习目标的具体信息和学习任务。此外，科技人文融合创新教育涉及诸多学科，每一学科知识在学生创造性解决问题的过程中都发挥了特定的作用，从而实现用不同学科知识的相互启发与借用、不同学科方法的相互迁移与互补，凸显科技人文融合创新教育课程的核心价值。

科技人文融合创新教育的项目课程开发，必须通过适当的技术化手段来回应上述相关要求，以解决项目课程开发如何落地这一问题。为此，我们可以基于以学习活动为中心的教学设计理论（learning-activity-centered instructional design，LACID），参照项目课程开发过程模式（图 5.2）进行具体的项目课程开发。其中，项目课程主题创意的生成、项目课程的知识清晰化（知识建模）、学习活动设计、设计优化、缺陷分析与修改是科技人文融合创新教育的项目课程开发的核心步骤（模块），并且需要不断循环和迭代。

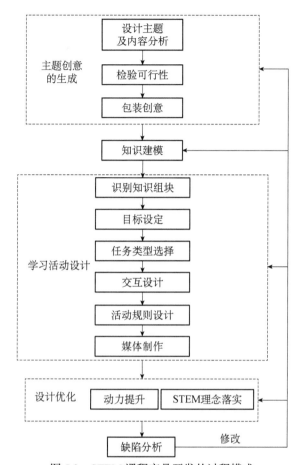

图 5.2　STEM 课程产品开发的过程模式

资料来源：杨开城，李波，窦玲玉，等. 应用 LACID 理论进行 STEM 课程开发初探[J].
中国电化教育，2020（1）：99-108

　　从结果表现上来看，科技人文融合创新教育的项目课程开发将直接体现在项目课程的具体编写上，项目课程的编写方式在一定程度上又形塑着学生的学习方式，同时学生学习方式的变革也呼唤着课程编写方式与课程内容组织方式的变革。基于前述科技人文融合创新项目课程开发过程模式的分析，科技人文融合创新项目课程开发的教师可以基于相关项目课程设计模板（表 5.3）展开具体的项目课程开发工作。当然，项目课程设计模板的具体样式可以各不相同，但是无论如何，它们都要能反映项目课程（以及项目学习、项目教学等）的本质要求。

表 5.3   科技人文融合创新项目课程设计

项目课程名称	
主题系列名称	
适用年级	
课程设计人	
完成时间	

项目课程名称（项目主题）：×××

[项目背景描述] ……

[项目课程目标]

1. 联系相关学科课程标准

2. 涉及具体学科内容

3. 基于学科融合的视角

4. 指向 21 世纪技能（如学生发展核心素养等）

[项目驱动问题] ……

[项目评价设计]

1. 过程性评价与结果性评价

2. 表现性评价量规

（评价内容包括小组合作情况、回答问题的次数和质量、提出问题的次数和质量、实验操作的规范性、课堂纪律、探究过程得出的结论、设计制作的作品、课后任务完成情况等）

[项目实施条件]

例如，实施材料等

[项目过程规划]——详细展开

环节一：问题与聚焦

活动说明   ……

活动 1：×××（×课时）

（具体内容）

学习活动
（教学过程）

活动 2：×××（×课时）

（具体内容）

……

环节二：调查与研究

活动说明 ……

学习活动
（教学过程）

　活动1：×××（×课时）
　（具体内容）
　活动2：×××（×课时）
　（具体内容）
……

环节三：设计与制作

活动说明 ……

学习活动
（教学过程）

　活动1：×××（×课时）
　（具体内容）
　活动2：×××（×课时）
　（具体内容）
……

环节四：展示与评价

活动说明 ……

学习活动
（教学过程）

　活动1：×××（×课时）
　（具体内容）
　活动2：×××（×课时）
　（具体内容）
……

环节五：拓展与应用

活动说明 ……

学习活动
（教学过程）

　活动1：×××（×课时）
　（具体内容）
　活动2：×××（×课时）
　（具体内容）
……

[项目课程说明]

例如，注意事项等

需要说明的是，科技人文融合创新教育的项目课程呈现方式是多种多样的，但是无论如何，突出目标导向、利用逆向设计、注重学生学习参与（学生学习活动与任务设计）、关注项目学习产品都是课程呈现必须考虑的元素。

四、科技人文融合创新教育的项目课程开发例析

为了让读者对科技人文融合创新教育项目课程开发有一个直观的印象，以下给出一个项目课程案例的简写版本。该案例是南京师范大学研究生同学与项目学校老师（内蒙古自治区根河市阿龙山小学）结合当地的地域特色和文化背景联合开发的，从中可以看出科技人文融合创新教育的目标追求与具体设计。

首先要确定该项目课程的整体架构，即确定该项目课程的主题、目标——在相关学科的课程标准中发现具体的课程目标契合点，如课程内容、课程产品、课程情境，明确项目课程的具体活动任务。例如，项目课程"我爱阿龙山（阿龙山的地域文化）"的整体架构大致如下。

我爱阿龙山（阿龙山的地域文化）（适合 5 年级）

第一课　鄂温克民族简介
任务一　鄂温克民族介绍
任务二　鄂温克民族历史
任务三　鄂温克民族语言

第二课　鄂温克民族文化探析
任务一　鄂温克民族的造型艺术
任务二　鄂温克民族的歌舞艺术

第三课　驯鹿文化
任务一　驯鹿饲养的起源
任务二　驯鹿文化的形成
任务三　驯鹿文化传承面临的挑战

第四课　桦树皮工艺文化
任务一　桦树皮制作技艺
任务二　桦树皮文化传承原因
任务三　制作属于自己的桦树皮器物

第五课　我为家乡特产代言

任务一　我家乡的特产

任务二　介绍家乡的特产

第六课　回顾与拓展

如果说项目课程的整体性介绍（单元页）可有可无的话，那么项目课程的具体情境则是不可缺少的项目课程元素。情境应当是真实的，其内涵既可以源自学生的现实生活，也可以是更为宽泛一些的社区问题、社会问题乃至全球问题。情境的复杂性，可以根据学生的身心发展水平与学生已有的知识经验确定，对学生而言，具有适度的挑战性才好。例如，"我爱阿龙山（阿龙山的地域文化）"的情境创设如下（并配上当地照片，此处省略）：

> 楠楠在查找阿龙山地域文化的资料时发现，阿龙山的奥克里堆山、鹿鸣山、蛙鸣山，以及鄂温克民族文化、鄂温克岩画遗迹、贝尔茨河，共同构成了"三山两化一条河"的特色森林生态旅游业，并带动了地区经济的发展。
>
> 由此，楠楠对鄂温克民族产生了不少困惑。例如：
>
> 1. "鄂温克"是什么意思？
>
> 2. 鄂温克民族的历史发展是怎样的？
>
> 3. 鄂温克的民族文化还有哪些？

科技人文融合创新教育项目课程的情境创设不是为情境而创设情境，而是为"发现问题"而创设情境，从而开启问题导向与任务导向的项目学习。这里的问题可以是课程明确提出的，或者由教师提出的，当然最好是由学生自己提出问题。

科技人文融合创新教育项目课程的一个重要特色是科技与人文的融合，而其融合的具体方式是多种多样的，既可以是同一时空下科技人文融合于同一主题任务，也可以是在时间上相继发生的科技任务与人文任务的分别学习，或者是不同小组各自分工进而再合作的科技任务（与科技相关的学习任务）与人文任务（与人文相关的学习任务）的分别学习。理想的情况或许是基于人文主义对科技知识的学习。例如，"我爱阿龙山（阿龙山的地域文化）"的学习任务设计，包含了多种情况，既有"鄂温克民族文化探析"的人文知识学习，让学生了解在大兴安岭的白山黑水之间，一个弱小民族的历史变迁和文化传承，也有关于"桦树皮工艺文化"的探究，以及"制作属于自己的桦树皮器物"等渗透人文主义的科技任务。

　　科技人文融合创新教育项目课程还特别重视学生的学习成果——项目产品，通过项目产品的设计、生产、评价及宣传，可以彰显项目课程的独特育人价值。项目课程的产品，既可以是有形的物质产品，也可以是大脑的思维建构物。在"我爱阿龙山（阿龙山的地域文化）"的学习任务设计中，如何让学生了解白桦树的树皮为白色、剥离呈纸状、叶子为卵形这一木本植物的性质与功能，如何像鄂温克族人那样用桦树皮制作除了做饭用的铁锅之外的其他生活用品，使鄂温克族桦树皮制作技艺（2006年被列入国家非物质文化遗产名录）发扬光大，如何亲自动手做一件属于自己的桦树皮器物，并为家乡特产代言，都渗透着项目课程学习的产品意识，而评价设计更加凸显了这一思想。项目课程"我爱阿龙山（阿龙山的地域文化）"评价表如表5.4所示。

表5.4　项目课程"我爱阿龙山（阿龙山的地域文化）"评价表

评价指标		评价标准	评分		
			自评	他评	平均分
准时完成作品（10分）		按要求完成模型制作			
作品表现（30分）	美观（10分）	作品造型美观，能够表达自己的想法			
	创造性（10分）	设计新颖			
	完整性（10分）	能够完成整件作品，作品元素丰富			
作品展示（40分）	规划与设想（40分）	能够表达自己的规划与构思，语言流畅、富有逻辑			
学习态度（20分）	工具准备（5分）	课前工具准备齐全，用心收集材料			
	创造过程（10分）	精益求精，愿意与他人合作			
	课后整理（5分）	教室清洁、材料与工具归类摆放			
总分（100分）					

　　从表面上看，科技人文融合创新教育项目课程开发并不是那么困难，但是要想真正开发出有新意的科技人文融合创新教育项目课程，也不是一件容易的事，它往往需要教师之间的相互合作与学生参与，更需要不断地试用、调整、迭代、更新与完善。

第六章

科技人文融合创新教育的发现
和提出问题教学

　　问题是思维的核心，一切探究、创新和实践都是围绕问题展开的。人类社会生产与生活、科学技术工程及文化艺术、个人成长以及学习工作中，都存在着各种各样的问题。这些问题是如何进入人们的视野中的？人们又是如何发现和提出问题的？发现和提出这些问题是否有一般的"套路"？教师如何把"发现和提出问题教学"落在实处？解决这些问题对于培养学生的思考力十分关键，对于培养学生的科技人文融合创新能力，以及促进我国当下的教育教学改革，具有重要的现实意义。

一、科技人文融合创新教育的发现和提出问题教学价值

科技人文融合创新教育的发现和提出问题教学研究，首先必须明确何谓"问题"。问题属于认识论与方法论的范畴，刻画的是认知主体、认知客体和环境三者之间的一种关系。在这一关系中，实质矛盾构成了问题的本体论根据和根源，问题则是这类矛盾在认知主体头脑中的反映，它是在认知主体对矛盾进行反应加工之后形成的。如果实质矛盾没有反映到认知主体的头脑中，那么它就不成为问题。问题不仅是某个给定的智能活动过程的当前状态与智能主体要求的目标状态之间的差距，同时也是一个人的智力方面的愿望[①]，是贯穿整个理论创新过程始终的线索。

科技人文融合创新教育的发现和提出问题教学研究，还涉及发现和提出问题的学科属性问题，即对于同一社会现象及生活现象，从不同的学科视角可以提出不同的问题。科技人文融合创新教育的发现和提出问题教学，当然更关注如何发现和提出科技人文融合视角下的问题，亦即跨学科问题。这也仅仅是从理论上来说的，因为从不同学科视角对同一现象审视自会发现不同的问题，而这些问题并非同样重要，因而需要人们从中选择那些最关键而且最重要的问题。科技人文融合视角下的跨学科问题至关重要。例如，在《21世纪100个交叉科学难题》一书中，中国科学家从宇宙起源、物质结构、生命起源和智力起源等四大基本难题出发，提出了100个交叉科学难题。[②]专家们认为，这些难题的解决必将对科学技术的发展产生重大影响，对人类的认识和社会发展产生深远影响。中国科学院原院长路甬祥在《21世纪100个交叉科学难题》一书"序言"中指出，学科交叉点往往就是科学新的生长点、新的科学前沿，这里最有可能产生重大的科学突破，使科学发生革命性的变化。同时，交叉科学是综合性、跨学科的产物，因而有利于解决人类面临的重大复杂科学问题、社会问题和全球问题。[③]从社会发展的观点来讲，重大的社会问题，只有将多学科，特别是自然科学、社会科学等结合在一起才能实现突破。比如，环境污染问题，它需要将环境科学、法律学及伦理学和环境哲学结合起来才有利于

---

① 林定夷. 问题与科学研究——问题学之探究[M]. 广州：中山大学出版社，2006：69.

② 李喜先. 21世纪100个交叉科学难题[M]. 北京：科学出版社，2005：XVII-XX.

③ 路甬祥. 序言：学科交叉与交叉学科的意义[M]//李喜先. 21世纪100个交叉科学难题. 北京：科学出版社，2005：IX.

解决，仅仅依靠自然科学方法进行环境治理是远远不够的。

科技人文融合创新教育的发现和提出问题教学研究的最根本问题还是其价值。这一问题源于发现和提出问题特别是问题之于人类创新实践的作用。与普通大众更多关心取得了多少科学成果及有多少科学成果转化为产品相比，一些科学问题的提出具有更为重要的意义。事实上，科学系统的发展就是不断地始于问题和终于问题的过程。因此，在科学系统中，有无科学问题，特别是有多少重大科学难题，是判断未来科学发展的趋势和科学革命存在性的重要标志。爱因斯坦（Einstein）说，提出一个问题往往比解决一个问题更为重要。①他本人正是因为提出了解决牛顿力学体系中存在的问题或矛盾而建立了相对论。数学家希尔伯特（Hilbert）在1900 年提出的 23 个数学问题②，对 20 世纪数学的发展起到了重大的推动作用。

新问题的提出，标志着科学的真正进步。许多科学哲学家认为，科学问题是科学发现的逻辑起点，一切科学研究、科学知识的增长都是始于问题和终于问题的过程，旧的问题解决了，又引出新的、更深刻的问题。因此，善于和勇于提出科学问题，用科学批判和理性质疑的科学精神去审视旧的科学问题，充分发挥想象力去提出新的科学问题，尤其是提出大跨度、综合而复杂的重大交叉科学难题，就显得更有意义了。

从教育的视角看，"问题"在学生的思维和认知活动中占有十分重要的地位。一方面强调通过问题及其解决来进行学习，把问题看作学习的动力、起点和贯穿学习过程的主线；另一方面通过学习来生成问题，把学习过程看成是发现问题、提出问题、分析问题和解决问题的过程。亚里士多德（Aristoteles）是世界古代史上伟大的哲学家、科学家和教育家之一，举世公认的历史上第一位百科全书式的思想家，他之所以能够取得如此伟大的思想成就，除了其他因素外，主要得益于他的求知爱智精神和多种治学方法，特别是问题探索法。亚里士多德不是体系型哲学家，而是问题型思想家，他总是习惯于先提出问题，然后多角度、多方面地进行详尽分析，尝试性地得出答案。他思考的内容包罗万象，涉及天文、地理、生物、医学、饮食等。③与此类似，学生头脑中只有存在问题，也才会去思考，才会有求知的愿

① 阿尔伯特·爱因斯坦，利奥波德·英费尔德. 物理学的进化[M]. 周肇威，译. 北京：中信出版社，2019：90.
② 金雅芬. 希尔伯特：引领 20 世纪数学发展的大师[J]. 科学世界，2018（1）：128-129.
③ 张志伟. 西方哲学史[M]. 2 版. 北京：中国人民大学出版社，2010：82.

望和要求，才会去主动学习知识，知识的获取对于他才有意义。问题不仅是启发思考的源泉，也是组织教学的纽带与归宿。问题贯穿于整个教学过程中，知识只有围绕问题组织、展现出来，才能很好地被学生理解和接受，进而成为学生精神世界的有机组成部分。问题的连贯性，保证了教学过程的连续性和有效性。问题也是教学活动的归宿，教学的最终结果绝不是用传授知识去完全消灭问题，而是在初步解决已有问题的基础上提出更多、更广泛的问题，从而促使教学活动和学生的认识向纵深发展。

问题的提出对于问题解决有着重要的影响。有人曾经说过，提出正确的问题，往往等于解决了问题的大半。[①]从问题的结构来看，这个论断有一定的道理，因为问题不但有"问题的指向"和"疑项"，还有"问题解的应答域预设"和"解题规则"。[②]从"问题解决"的实践来看，我们首先要弄清楚自己究竟要干什么——解决的问题是什么，才能真正把事情干好——解决问题。但是，这个说法仍然不能掩盖在后续"解决问题"过程中可能面临的"艰辛"，更不能掩盖作为发现和提出问题之基础的"问题意识"的作用。英国诺丁汉大学原校长杨福家教授曾说，什么叫学问？就是学习怎么去问问题，而不是学习去回答问题。如果一个学生能够懂得去问问题，懂得怎样去掌握知识，就等于给了他一把"钥匙"，他就能去打开各式各样的大门。从某种意义上讲，教育的真正目的就是让人学会不断提出问题、思考问题、解决问题。然而，要让学生学会不断提出问题、思考问题、解决问题，则必须让学生拥有问题意识，即让学生在认识活动中遇到一些难以解决的、感到疑虑的实际问题或理论问题时产生一种好奇、怀疑、困惑，进而出现渴望探究的心理状态，这种心理能够驱使学生积极思维，不断提出问题和解决问题。

问题意识是指认识活动中的怀疑、追索的心理状态，是推动研究发展的关键所在。[③]从哲学的视角来看，问题意识实质上就是主体在对世界做哲学式的求索中应有的问题自觉。问题意识主要包含三层含义：首先，作为质疑与批判精神的问题意识，体现了人的一种智慧和理性激情；其次，作为观照现实的研究原则，为这种激情的释放指明了方向；最后，作为一种理论建构姿态，凸显了问题为本的学术研究

---

① 周久璘. 让问题成为课堂的中心[J]. 中学物理教学参考，2005（11）：1-3.
② 林定夷. 问题与科学研究——问题学之探究[M]. 广州：中山大学出版社，2006：206-207.
③ 郭齐勇. 中国哲学史的问题意识与主体性[J]. 哲学研究，2022（8）：47-52.

取向。①问题意识不是一种知识，而是一种行动的原则或思维取向。这一分析让我们从认识何以可能的视角领会了问题意识的内涵。

与哲学视角的本体论、认识论和方法论认识不同，心理学视角的问题意识概念则更多地描述或揭示了人的认知感受与认知能力维度。首先，问题意识描述了人的问题性思维品质，体现了个体思维的批判性、深刻性、独立性和创造性水平；在心理感受维度上，问题意识描述了个体对认知不平衡状态的觉察，即当个体遭遇已有认知结构难以解决问题的不平衡状态时产生的迷茫、困惑、不知所措、紧张感等心理感受；在认知能力维度上，问题意识是个体对认知活动的监控、调整、评估等元认知能力的表现，也反映出了个体的反思能力和提出问题的能力。②换言之，问题意识也可以界定为思维的问题性心理品质，并表现为人们遭遇难以解决的实际问题或理论问题时产生的一种怀疑、困惑、焦虑、探究的心理状态，而这种心理又会驱使个体积极思维和不断提出问题、解决问题。③当然，问题意识也表现为人对自己周围的各种现象采取不轻信的态度，总是抱着一种怀疑的、思索的积极态度。④

从语词的视角看，"问题意识"是由"问题"与"意识"组合而成的概念。"问题"本身是一个多义词，与矛盾、疑问、疑难、困难、困惑、张力、目标、给定和障碍等诸多概念关系密切。作为一个重要的认识论概念和基本的方法论范畴，它与认识和实践、主体和客体、对象和方法等认识论范畴有着密切关系，不但把理论和经验、思维和观察连接起来，而且把发现、评价、发明和选择、建构等认识活动联系起来。《现代汉语大词典》对于"问题"这一概念有四种解释：一是要求回答或解释的题目；二是需要研究、讨论并加以解决的矛盾、疑难；三是关键、重要之点；四是事故或意外。⑤本书中的问题是指第二种含义。与"问题"类似，"意识"也包含多种理解。"意识"首先是一种哲学范畴，意指与物质既对立又统一的精神现象；"意识"也是人类心理活动的最高形式，是人对客观现实世界的能动反应，通常要借助于语言的帮助；意识还是人对外部世界及自身心理、生理活动等的觉察和感

① 郭宏福. 论哲学研究的问题意识[J]. 新乡学院学报（社会科学版），2009（3）：30-32.
② 俞国良，侯瑞鹤. 问题意识、人格特征与教育创新中的创造力培养[J]. 复旦教育论坛，2003（4）：11-15.
③ 姚本先. 论学生问题意识的培养[J]. 教育研究，1995（10）：40-43.
④ 俞吾金. 如何理解"问题意识"[N]. 长江日报，2007-06-28（12）.
⑤ 《现代汉语大词典》编委会. 现代汉语大词典[Z]. 上海：汉语大词典出版社，2000：1391.

知。①在马克思主义经典著作中，意识并不是形而上学的脱离现实生活世界的抽象概念，而是在生活世界之中的、我们能够直观或体验到的、并能在当下的历史语境中呈现出来的观念。②换言之，"意识"一词有两种用法：一是当名词用，指与物质相对立的活动的结果，如知识、思想、观念等；二是当动词用，指"意识到"的活动，即一种认识活动。作为与"物质"相对的认识活动的结果，"意识"研究主要关注意识与存在的关系问题，这主要是哲学研究的任务；作为人的认识活动，亦即"意识到"的活动，"意识"研究则更关注个体意识的实质、发生和发展、结构和功能等问题。也就是说，意识意味着（个体的）主观体验（"体验"可以看作是动词）或可感知的体验（"体验"可以看作是名词），以及体验中无法言传的主观特质③，是个体内在的、定性的、主观的状态。之所以说意识状态是内在的，是因为对于任何意识状态而言，都存在着某种从性质上看感觉像是处于这种状态中的东西；说它们是主观的，意思是说只有当它们被某个人或者另外某种"主体"经验到时，它们才是存在的④；说它们是定性的，意思是说被意识"主体"经验到的意识，还处于不能或者难以通过量化来描述的状态。对这一语词的解构和重组，促进了人们"关于问题意识"（名词"意识"）和"对（于）问题的意识"（动词"意识"，或者说"意识到"问题）的进一步理解。

由上述研究不难发现，"问题意识"是一个复杂的概念，要全面把握"问题意识"，不仅需要哲学、心理学、语言学等多学科研究视角的观照，以及在广义、狭义和更微观的层面上的深刻理解与阐释，更需要借助真实定义或实质定义的"属"加"种差"的定义方法进行逻辑界定。事实上，"问题意识"是"意识"派生出来的下位概念，本质上属于"意识"这一大的范畴，描述了一种与问题相关的人的心理状态。然而，"问题意识"又与"创新意识""环境意识"等有所不同，它是主体在进行认识或实践活动时，通过对认识和实践对象的深刻洞察、怀疑和批判产生的对认知冲突（更广义地说应是"心理不平衡"）的一种自我觉察和自我感受，表现为人的一种具有强烈的探索情境真实问题或想做出发现式创新的心理状态。它反映了主体对无知的自知和对无知的排除愿望，以及对无知的暂时无解的独特体验。

① 汪云九，杨玉芳，等. 意识与大脑——多学科研究及其意义[M]. 北京：人民出版社，2003：323-324.
② 刘靖华. 马克思的意识概念[D]. 湖南师范大学，2011：1-2.
③ 布莱克莫尔. 意识新探[M]. 薛贵，译. 北京：外语教学与研究出版社，2007：153.
④ 约翰·塞尔. 意识的奥秘[M]. 刘叶涛，译. 南京：南京大学出版社，2009：前言3.

因此，在最为本质的意义上，问题意识反映了研究者（学习者）及每一个个体在对世界不断求索中应有的问题敏感性，也是研究者及每一个个体在对世界的不断求索中对问题的一种文化自觉，乃至是一种个体生存和发展上的自觉。

二、科技人文融合创新教育的发现与提出问题学理分析

科技人文融合创新教育的发现与提出问题教学，必须建立在学生（广义的是"人们"）发现与提出问题的心理机制之上，同时需要让学生掌握发现与提出问题的具体方法和质量标准，并从思维品质上思考何以能够发现与提出更多更好的科技人文融合创新问题。

我们首先看发现和提出问题的心理机制。要研究发现和提出问题，首先必须回答什么是"问题"，然而这并不是一件容易的事。作为认识论或方法论中一个十分重要的基本概念或范畴，"问题"包含的意义非常丰富，或者说有多种含义。英国著名科学哲学家波兰尼（Polanyi）在《解决问题》一文中指出，"一个问题，就是一个智力上的愿望"[1]。美国科学哲学家图尔敏（Toulmin）在其《人类理解》一书中则将问题定义为解释的理想[2]与目前的能力的差距，即"科学问题=解释的理想-目前的能力"。[3]波普尔（Popper）在其《客观知识——一个进化论的研究》一书中指出，一个问题就是一个困难，而理解问题就在于发现困难和发现困难在哪里。[4]其他学者对"问题"也都给出了自己的界定。这些定义都不能令人满意，但是也都包含一些合理的成分。实际上，"问题"是与智能活动相联系的一个概念，自然界或自然事物本身并不存在什么"问题"，只有当某种智能生物或者智能机器以认识或改造对象为目标进行智能活动时，才会造成或产生"问题"，此其一；"问题"都是与智能主体的某种目标状态相联系的，不管这种目标状态是"愿望"还是"预期"，是"解释的理想"还是"为解决某种未知而提出的任务"，此其二。

发现和提出问题与问题的发现者和提出者有关，这看上去有其合理性，但是也

---

① 转引自林定夷. 问题与科学研究——问题学之探究[M]. 广州：中山大学出版社，2006：67.
② 这里的"解释的理想"，意味着一个人的理想的解释（现象）能力。特此说明。
③ 转引自林定夷. 问题与科学研究——问题学之探究[M]. 广州：中山大学出版社，2006：67.
④ 卡尔·波普尔. 客观知识——一个进化论的研究[M]. 舒炜光，卓如飞，周柏乔，等，译. 上海：上海译文出版社，1987：192.

说明"问题"是客观存在的，至少相对于问题发现者和问题提出者而言是客观存在的，否则又何以发现和提出问题？那么，在哪种意义上"问题"是客观存在的呢？而不至于这个"问题"对于张三是问题，对于李四又不是问题呢？"问题"作为波普尔意义上的"客观知识"或者"第三世界"的一个成员，本身有其相对的客观性与独立性，人们可以根据公共接受的知识背景（因而也就是通常的"客观知识"）对其做出客观描述。其实，这也意味着所有"问题"都是根据一定的背景知识提出的，即在更广泛的意义上，"问题"可以定义为在一定背景知识条件下的某个给定的智能活动过程中的当前状态（或者说是已知状态）与智能主体（作为集体）要求的目标状态（未知状态）的差距，相应的"问题求解"则是设法消除该智能活动过程中当前状态与智能主体要求的目标状态的差距。[①]这里的"当前状态"与"目标状态"，对于给定的任一问题而言，都是应当而且可以基于一定背景知识做出客观描述的，是相对于智能主体集体而言的"已知"与"未知"。然而，不同的主体（人、大猩猩、智能机器等）对"问题"的理解，会因发现问题主体的智力、掌握的相关背景知识、发现问题的方法、对问题的敏感性、表达问题的能力等因素的不同而不同，包括能否理解"问题"的"当前状态"与"目标状态"及对"问题"的理解程度。但是，对于那些没有给定且有待发现的"问题"，其"当前状态"与"目标状态"（或者已知状态与未知状态）则会因智能主体——这些主体的相关背景知识、发现问题的方法及对问题的敏感性、表达问题的能力等都不同——的不同而不同，形成的问题及随后发现和提出的问题可能都不一样。

事实上，智能主体（具体个体）发现和提出问题的过程包括发现问题、提出问题两个子过程。所谓发现问题，就是智能主体（具体个体）意识到那些客观存在的已知和未知的矛盾（相对于某一具体的智能主体而言），并引起他们的质疑；当智能主体对自己意识到的"当前状态"（已知状态）和"目标状态"（未知状态）的矛盾进行仔细分析和研究之后，赋予其主观形式，以语言文字表达出来，这便是问题的提出过程。[②]从整个过程来看，既有智能主体（集体）在某一领域（或学科）的"已知"和"未知"的矛盾——问题的本体论根据，即问题（通常）建立在智能主体（集体）对相关领域（或者学科）"已知"的基础上，也有智能主体（具体个体）的主观能动作用，即智能主体（具体个体）的"欲知"因素和"已知"基础，反映

---

① 林定夷. 问题与科学研究——问题学之探究[M]. 广州：中山大学出版社，2006：70.
② 刘冠军，王维先. 科学思维方法论[M]. 济南：山东人民出版社，2000：34.

了智能主体（具体个体）的主观能动性和探索未知世界奥秘的内在欲望。如果缺少这种智能主体（具体个体）的主观能动性和主观欲望，那么构成问题的已知和未知的矛盾只能是客观地存在着，只能是"潜在的问题"，而不是"现实的问题"。当然，这里存在着智能主体（集体）的"当前状态"（已知状态）与智能主体（具体个体）的"当前状态"（已知状态）的不同，也存在着智能主体（集体）的"目标状态"（未知）与智能主体（具体个体）的"欲知"（未知状态）的不同，于是，由此便可能形成、发现和提出各种各样和各种水平的问题。鉴于发现和提出问题的主体是智能主体中的具体个体，而发现和提出问题的过程实质上是智能主体中的具体个体意识到的"当前状态"（已知状态）和"目标状态"（未知状态、欲知状态）的矛盾，以及赋予其主观形式，所以想问、能问、会问、表问、坚持问便成为智能主体中的具体个体发现和提出问题的重要方面。其中，想问是由问题的生存论价值决定的；能问是由智能主体中的具体个体在某一领域（学科）具有的知识决定的，需要长期积累及跨学科积累；会问与表问作为一种技能是可以习得的；坚持问则是需要个人坚毅养成及外界文化加以形塑的。

在实践操作层面，掌握发现与提出问题的方法至关重要。在教育教学中，"五何"发现与提出问题、基于不同疑问句表达的发现与提出问题、根据不同认知水平发现与提出问题、从问题结构发现与提出问题、从不同视角发现与提出问题、从不同途径发现与提出问题、从不断追问（引申、追踪、转换等）"为什么"中发现与提出问题等，是人们经常使用的发现和提出问题的方法。

"五何"即是何、为何、如何、若何、由何。"是何"通常是指以 what、who、when、where 为引导，指向一些表示事实性内容的问题，多对应事实性知识；"为何"通常是指由 why 引导，指向一些表示目的、理由、原理、法则、定律和逻辑推理的问题；"如何"通常是指以 how 为引导，指向一些表示方法、途径与状态的问题；"若何"通常是指以 what...if... 为引导，指向一些表示条件发生变化，可能产生新结果的问题；"由何"通常是指以 from... 为引导，强调与事物对象相关的各种情境要素的追溯与呈现。在问题的发现与提出过程中，"由何"的问题往往与其他"四何"相联系，以展示相应的问题情境。①

基于不同疑问句表达的发现与提出问题，与上述"五何"发现与提出的问题非

---

① 胡小勇. 问题化教学设计——信息技术促进教学变革[M]. 北京：教育科学出版社，2006：73-74.

常相似,教师应教会学生应用几种疑问词提问,即学会问"是什么""为什么""怎么办""假如……会怎样""何时""何地"等问题。有的问题具有叙事性的特点,例如,"这是怎么一回事?"这当然可以归入"是什么"的问题序列中去;"假如不是呢?",从相反的视角进行提问,这样的问题可以归入"假如……会怎样"的问题序列中去。当然,问题的语言表达并不一定需要疑问词或疑问句,例如,借助等式的数学方程就能表示一个问题。

对于某一现象、事实或者材料,也可以根据个体的不同认知水平发现与提出问题。例如,结合某一现象、事实或者材料,可以在识记、理解、应用、分析、综合、评价、创造等认知加工水平上发现与提出问题。表6.1是教学问题设计支架,同时也可以看作是一般的发现和提出问题支架。基于不同认知加工水平就发现与提出的问题进行思考,有助于我们去发现与提出"真正的问题",尽管该问题可能有答案(没有传统意义上唯一的最佳答案),甚至也可能没有答案。"真正的问题"的价值就在于,激励我们探究某个问题情境的多种表述方式,从中寻找能够真正解决问题的具体办法。[1]

表 6.1　教学问题设计支架及一般发现和提出问题支架

项目	是何	如何	为何	若何	由何
识记					
理解					
应用					
分析					
综合					
评价					
创造					

资料来源:胡小勇. 问题化教学设计——信息技术促进教学变革[M]. 北京:教育科学出版社,2006:82-83

从问题结构、不同视角、不同途径进行观察与思考,也有助于人们发现与提出问题。因此,教会学生从问题的当前状态、目标状态、应答域、解题规则等问题结构要素发现和提出问题[2],从时间维度、空间维度、组成维度、比较维度等不同视角发现和提出问题,从寻找经验事实之间的联系并做出统一解释、已有理论和经验

---

① 戴维·珀金斯. 为未知而教,为未来而学[M]. 杨彦捷,译. 杭州:浙江人民出版社,2015:93.
② 林定夷. 问题与科学研究——问题学之探究[M]. 广州:中山大学出版社,2006:206.

事实的矛盾、多种假说之间的差别和对立、一种理论体系内部的逻辑矛盾、不同学科的理论体系之间的矛盾、追求科学理论普适性和逻辑简单性的需求、根据生产和实际生活的需要提出种种实用性和技术性的问题等具体途径发现与提出问题①，以及从生活情境、文字阅读、图示阅读、表格阅读等途径发现和提出问题等，是教育实践中需要教师特别重视的方面。

我们知道，观察要渗透理论，分析需运用方法。没有一定的理论、方法和经验，人们是无法观察事物、分析问题的，也不可能发现和提出问题。然而，一定的理论、方法和经验又构成了一个人的专业背景和学科视野。例如，几个不同身份的人在深山里发现一块闪闪发光的大石头，便会产生不同的想法和打算。地质学家认为，这块石头可能是一种新发现的矿石；画家则对石头的色泽、形状感兴趣；商人认为这块稀奇宝石具有收藏价值，可以赚大钱；给他们带路的山里老人却只想着能得到多少带路费。如果一个人既是地质学家，也是画家和商人（这种可能性是存在的），对这块石头就会产生三种想法和打算。换句话说，同一个人如果具有不同的价值、知识、经验背景，面对一种事物时就会从不同角度、不同层面去观察和分析，得出多种结论，也会发现和提出不同的问题。②当然，个人的专业背景、学科视野总是有限的，这种局限性可以通过具有不同专业背景、不同学科视野的人一起共同研究、联合攻关来打破，他们能够从不同角度、不同层次来分析问题，产生各自的观点，把这些观点综合起来就能形成对问题全面深刻的认识。表 6.2 描述了不同研究者关注的研究问题有所不同。

表 6.2　谁做研究

谁做研究？你认为科学家就是穿着白色工作服，给试管加热的人吗？还有许多其他的人也在做研究，想一想下面这些人可能会研究哪一类问题，他们会提什么问题？

人物	问题
教育口的新闻记者	
医生	
足球教练	
玩具店老板	
癌症研究者	
学校校长	

---

① 林定夷. 问题与科学研究——问题学之探究[M]. 广州：中山大学出版社，2006：190.

② 李志昌. 问题研究的多学科视野[N]. 光明日报，2012-05-29（11）.

续表

人物	问题
餐厅经理	
作家	
想想你认识的人，作为工作内容的一部分，他们会提出什么问题？	

资料来源：阿兰·乔丹·斯塔科. 课堂中的创造力：充满好奇和愉悦的学校[M]. 王贞贞，宛小燕，李萌，译. 成都：四川人民出版社，2016：194

　　如果借助诸如谁、什么、何时、哪里、为什么和怎么样等关键疑问词的帮助，人们几乎能对任何事情提出有趣的问题，包括各种可能的问题，以及不同类型的问题（图 6.1）。

就像新闻记者一样，研究者使用诸如谁、什么、何时、哪里、为什么和怎么样等关键疑问词。使用这些关键词几乎能对任何事情提出有趣的问题。例如，看一下这些关于上课中使用的普通铅笔的问题。

谁使用铅笔？

什么样的铅笔，年幼的儿童用起来比较顺手？

铅笔何时成为一种日常用品？

铅笔在哪里用得最多？

为什么人们选择用铅笔而不是钢笔呢？

你拿铅笔的方式如何影响你的字迹？

2 号铅笔和 3 号铅笔的区别是什么？你如何收集一些例子证明这些观点？

学校的商店里卖出了多少支铅笔？

如果为铅笔做广告，广告会是什么样的？铅笔的销量会增加吗？

如果一个人在做标准化测验时没有 2 号铅笔会怎样？有其他的东西可以替代吗？

选择你感兴趣的一样普通物品，用下面的问题系列，写下你能想到的最有趣的问题。

谁_____?

什么_____?

什么时候_____?

在哪里_____?

为什么_____?

怎样_____?

和_____做比较，情况会怎么样？

多少_____?

如果_____?

如果一个人没有_____，会怎么样？

图 6.1　各种可能和不同类型的问题

资料来源：阿兰·乔丹·斯塔科. 课堂中的创造力：充满好奇和愉悦的学校[M]. 王贞贞，宛小燕，李萌，译. 成都：四川人民出版社，2016：195

　　在教育教学及生活实践中，也可以通过不断引申、追踪、转换等来追问"为什么"——5 why 分析法——来发现和提出问题。①5 why 分析法，又称为"5 问法"，也就是对一个问题点连续以 5 个"为什么"来追问，以探寻其根本原因。使用时，并不是限定只做 5 次"为什么"的探讨，可以提问多次，直到找到根本原因为止，恰如古语所言："打破砂锅问到底。"5 why 分析法的实质是鼓励解决问题的人要努力避开主观或自负的假设和逻辑陷阱，从结果着手，沿着因果关系链条顺藤摸瓜，直至找出原有问题的根本原因。5 why 分析法起源于日本，最初是由丰田公司的创始人丰田佐吉提出的，后来成为丰田生产系统入门课程的组成部分，也是一种查找制造过程中存在的根本性问题的测试工具。②丰田公司前副社长大野耐一曾举了一个例子，找出了工厂设备停机的真正原因。为什么机器停了？因为机器超载，保险丝烧断了。为什么机器会超载？因为轴承的润滑度不足。为什么轴承的润滑度会不足？因为润滑泵失灵了。为什么润滑泵会失灵？因为它的轮轴耗损了。为什么润滑泵的轮轴会耗损？因为杂质跑到里面去了。经过不停地追问"为什么"，才找到轴承的润滑度不足源于杂质进入的真正问题所在，以及在润滑泵上加装滤网的问题解决方法。③如果员工没有这种追根究底的精神，他们很可能只是换一根保险丝草草了事，真正的问题还是无法得到解决。当然，5 why 分析法也可以应用于教育教学实践中，鼓励学生以不断追问的方式发现和提出更为本质的问题。

发现和提出问题其实也涉及对问题的质量进行评价，即如何才能发现与提出一个好的问题。一切研究（及学科）都有一个确定值得研究并有可能解决的问题，以及肩负着解决这些问题的使命。虽然说问题的发现和提出带有偶然性和个人色彩，问题的评价及选择也不同于问题的发现和提出，但是问题的评价对问题的发现和提出有一定的导向作用。那么，何谓好的问题呢？问题的真实性、问题的恰当性、问题的价值性——好的问题能给问题解决者带来福祉和减少其痛苦，或者是能够推动人类进步和社会发展，以及问题的启发性、新奇性、普遍性、深刻性、渗透力和增殖力等，是判断一个问题是否为好问题的标准（评价维度）。④与问题的真假

① 沃伦•贝格尔. 如何提出一个好问题[M]. 常宁，译. 天津：天津科学技术出版社，2022：119-120.
② 覃孟黎. 5why 分析法在质量管理中的应用及实例研究[J]. 现代工业经济和信息化，2018（8）：92-93，97.
③ 5WHY 分析法|一个问题分析与解决的工具（案例）[EB/OL]. https://mp.weixin.qq.com/s?__biz= MzA4MDQyMTUwMw==&mid=2652689517&idx=1&sn=6bce3cb8279debb8953334c889795b67&chksm=844c 037db33b8a6b9ab622b7c349a5bccbf1bd5457d9d249d89c590a3a720f390625d60ea059&scene=27.（2023-07-01）[2023-10-20].
④ 张掌然. 问题的哲学研究[M]. 北京：人民出版社，2005：273.

不同，伪问题及错误的问题当然不可能是一个好的问题。①从教育的视角来看，好的问题与课程标准、课程内容、引发学生认知冲突、调动学生积极参与、培养学生的问题意识等有一定联系，而且在表述上要清晰、具体、完整。②这些判据有助于我们发现和提出一个好的问题。

从素养的视角来看，科技人文融合创新教育的发现和提出问题的教学，最根本且最重要的还是要培养学生发现和提出问题的思维品质，例如，发现和提出问题的流畅性、灵活性、独特性、适用性（适当性）等。培养学生发现和提出问题的思维品质，也涉及发现与提出问题的元认知层面。当个体把自己发现和提出问题的过程作为有意识地监控与调节的对象，并且不断地加以训练和改建时，发现和提出问题的能力有望得到进一步提升。

三、科技人文融合创新教育的发现与提出问题教学策略

在探究科技人文融合创新教育的发现与提出问题教学过程中，笔者也曾设想如同上一章探讨项目课程开发模式一样，思考科技人文融合创新教育的发现与提出问题的教学模式问题（在某种程度上这一问题也是成立的），但是考虑到发现与提出问题教学更多是科技人文融合创新教育中的一个环节，一般性的教学思考或许更有意义。为此，以下重点就教师在如何引导、帮助和促进学生发现与提出问题的教学上做一些讨论。

关于科技人文融合创新教育的发现与提出问题教学，教师必须在观念层面上认识到它的重要性。特别是随着世界的不断变化且日益复杂化，"问题"相对于"答案"来说变得更加富有生命力与价值（图6.2）。一旦我们认识到发现与提出问题对于成人开展研究及生产和生活的重要性，那么培养学生发现与提出问题能力就必须成为学校教育的一个重要目标。

发现与提出问题在日益复杂的世界变得越来越重要，但是实践中学生使用这一重要技能的比例却随着年龄的增长不断下降（图6.3）。这一相互背离的现象，更加凸显了学校教育中发现与提出问题教学的重要性。

---

① 林定夷. 问题与科学研究——问题学之探究[M]. 广州：中山大学出版社，2006：215-216.
② 胡小勇. 问题化教学设计——信息技术促进教学变革[M]. 北京：教育科学出版社，2006：85-86.

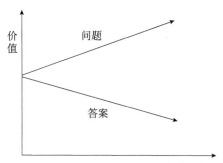

图 6.2 "问题"与"答案"的价值与世界的日益复杂程度之间的关系

资料来源：沃伦·贝格尔. 如何提出一个好问题[M]. 常宁，译. 天津：天津科学技术出版社，2022：29

（在表述上略有改动）

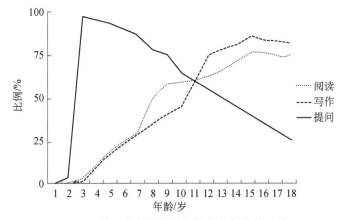

图 6.3 孩子们的"提问"技能与年龄的关系

资料来源：沃伦·贝格尔. 如何提出一个好问题[M]. 常宁，译. 天津：天津科学技术出版社，2022：57

（在表述上略有调整，阅读与写作作为对照）

  开展科技人文融合创新教育的发现与提出问题教学，教师还必须相信学生发现和提出问题的能力是可学可教的。这看上去并不是多么神秘和困难，但是在传统的教学中，这一问题并没有引起人们的足够重视，因此也就没有上升到教师的显意识层面。无论是作为一种人的行为的倾向性，还是作为一种科技人文融合创新的基本技能，发现与提出问题的能力都是可学可教的，这是对人类具有无限发展潜能的一种基本立场，也是对学生发展具有无限可能性的一种教育确信。[①]当然，个体能否发现与提出问题，以及发现和提出问题的质量等，与个体的已有知识和经验有着

---

  ① 伊斯雷尔·谢弗勒. 人类的潜能：一项教育哲学的研究[M]. 涂元玲，石中英，译. 上海：华东师范大学出版社，2006：100.

非常密切的关系。一种通常的说法是,已知领域越大,与未知的边界则越大,因而有更多的发现和提出问题的可能,而个体的已有知识和经验则需要进行长期的、持之以恒的积淀。

开展科技人文融合创新教育的发现与提出问题教学,在更为一般的意义上,或许是将课堂提问的主体转向学生,即学生提问。发现与提出问题体现了学生的问题意识和思维能力,而培养人的思维能力是教育的使命之一。倡导课堂提问的学生主体转向,培养学生发现与提出问题的能力,能促进知识观由客观法定知识转型为客观知识与个体主观知识并存,促进教师的教学观念由传递知识的单向过程转变为传授与建构并存的动态过程,促进教师的角色由知识的传递者转变为学生发展的引导者和对话者,促进评价由注重结论性评价和学业成绩评价拓展到过程性评价、课堂表现评价及社会人格评价。①正是在这一层意义上,发现与提出问题教学更有助于发展学生的核心素养。

在科技人文融合创新教育的发现与提出问题的教学过程中,教师必须加强对学生问题意识的培养。发现和提出问题的意识,主要是指将发现和提出问题变为学生在课堂中感知和运用问题思维的一个重要对象,使学生在心理上产生一种悬而未决但又必须及时解决的求知心理和主观意向。发现和提出问题意识本身就是学生发现和提出问题能力的重要基本构成要素,是提升学生发现和提出问题能力的重要基础。②培养学生的问题意识,教师首先必须具有问题意识。现实中,一些教师本身就缺乏问题意识,没有质疑的习惯和能力,不能或者不善于提出有水平的问题,对学生问题意识的培养也就成了奢谈。所以,培养学生的问题意识,教师必须不断提高自己的反思和质疑能力,做一个"有问题"的人、有思想的人。另外,培养学生的问题意识,教师还要纠正对学生问题意识理解的偏差,避免课堂发问的泛化,应该科学地创设问题情境,适时、适量、适度地处理好问题材料,使学生进入适宜的学习状态,只有这样才有利于问题意识的培养。同时,还要注意的是,教师不能单纯地提问学生,更要培养学生独立设问的能力和态度。

相对于观念层面的认识深化与观念转变,操作层面的教育教学行为更有助于发现与提出问题教学的真正落地。为此,教师需要帮助学生创设发现与提出问题的情境,促使其从多种视角主动地发现问题,通过澄清混乱,明确地提出问题,反思

---

① 卢正芝,洪松舟. 课堂提问主体转向学生的教学论意义[J]. 中国教育学刊,2010(8):43-45,56.
② 应向东."科学探究"教学的哲学思考[J]. 课程•教材•教法,2006(5):64-68.

发现与提出问题的过程，养成发现与提出问题的意识和习惯，具体如下。

第一，为学生创设发现与提出问题的情境。为学生创设发现与提出问题的情境，是指教师通过各种教学手段在教学中设置具有一定难度的、需要学生努力并且通过努力可以达成目标的学习情境，让学生通过对有关现象、事例、实验或者其他学习材料的感知，独立自主地发现问题和提出问题。一般情况下，学生并不知道问题的解决方法，有时教师也不知道。学习就是在学生独立自主地发现问题、构建问题和解决问题的过程中进行的，其意义主要不在于获得正确的解答，而是在于使学生对问题、现象保持一种敏感性和好奇心，让学生通过发现、提出问题和解决问题的过程对知识进行自主的意义建构，养成科学怀疑和科学求真的基本价值观。[1]在教学过程中，发现问题情境的创设途径可以不拘一格，关键是要创设出一种情境，该情境能够激起学生疑惑的学习心理，并由此引导学生发现和提出问题。例如，教师应用能够展示出人意料之外结果进而引起学生认知冲突的"奇特"实验、学生的生活经验和事件、基于物理知识的相互联系进行的分析推理，以及科学设计、科学制作、社会调查等活动，将学生引入问题情境中，进而促使学生自主发现并提出问题。

第二，鼓励学生从多种视角主动地发现问题。这是发现和提出问题教学的关键环节。在生活中，如果仅仅"从自己出发的视角"看问题，我们看到的世界就会过于局限，要么是停留在当下的感受中难以自拔，要么是无法看清自己的真实渴望，如果能引入多元视角，就会看到完全不同的情境，产生截然不同的想法与感受。正如用相机给小猫拍摄照片，正常情况是平视拍摄，如果转换视角，改成俯视拍摄、仰视拍摄、航拍拍摄、从侧面拍摄或者微距拍摄，就会有一些新的发现，比如，通过微距拍摄，我们可能会看到小猫的眼睛与琥珀非常相似，它的耳朵上有很多细小的绒毛。愿意采用多元视角思考和看待问题的人，往往比那些只从自己视角出发看待问题的人更容易获得成功。在科技人文融合创新教学及日常教学实践中，教师应鼓励学生从不同学科视角思考同一现象或事件，从而发现和提出各种各样的问题。例如，关于郑和与哥伦布的航海问题，教师可以引导学生从多个角度来思考：①从历史的角度来研究两人出航的原因与作用；②从地理的角度研究两人出航的航线、航程、出访国家与地理价值；③从经济学的角度探究与比较两次航行的经济背景及

---

① 朱铁成. 物理教学发现问题情境的创设[J]. 课程·教材·教法，2005（9）：66-69.

对本国经济发展的影响；④从国际关系的角度探究与比较两次航行推行的对外政策与国际观念及对到访国家和地区的影响；⑤从科学的角度研究他们在航行中发现了什么；⑥从技术的角度探究其航行的交通工具与能源动力等问题。发现和提出问题的教学模式具体如图 6.4 所示。

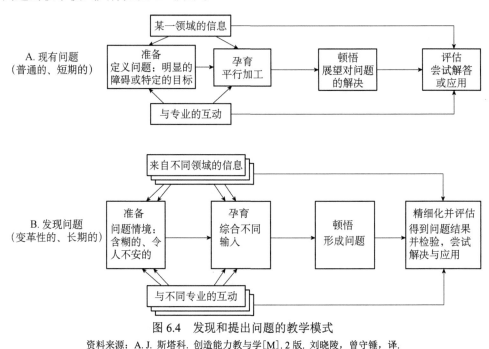

图 6.4　发现和提出问题的教学模式

资料来源：A.J. 斯塔科. 创造能力教与学[M]. 2 版. 刘晓陵，曾守锤，译.

上海：华东师范大学出版社，2003：99

第三，引导学生通过澄清思维中的混乱明确地提出问题（表达问题，即表疑）。提出问题是发现问题的进一步发展，也是对发现的问题的进一步确证——发现问题的显性化。为了能够提出问题，以及保证提出的问题足够清晰和具体，我们需要尽可能地避免使用难懂及模糊的词句，而是要使用具体的、他人能够理解的词句。比如，相对于"怎样才能成为一个成功的人？""我如何才能幸福？"等问题，"怎样才能实现月入过万？"则更为清晰而具体，因为"成功"的定义有很多种，"幸福"的定义也很模糊，而"月入过万"的概念则更为容易把握，这样就避免了问题解决者只是和你探讨问题本身的含义，从而保证了他对解答该问题的欲望。在科技人文融合创新教学实践中，教师可以引导学生澄清思维中的混乱和模糊并进一步提出问题。

第四，反思发现与提出问题的过程（元认知等）。反思即反过来思考，或者说进行回顾性思考。反思发现与提出问题，即应用元认知的追问策略，评价发现与提出问题的价值、合理性、类型、清晰性等。这是一个反躬自省的过程，它可以发生在发现与提出问题之后，也可以发生在发现与提出问题的过程之中，并以此引导自己发现和提出问题，进而积累相关经验。为此，教师可以启发学生不断地追问：我是如何发现和提出问题的？我将按照怎样的顺序来发现和提出问题？我设想的顺序与其他同学的思考和老师的建议是否一致？如果顺序不同，其区别又在哪里？自我追问不仅仅是一种学习与思维策略，也是一种良好的学习与思维习惯，如果学习者养成这样的习惯，将来成为自主建构的学习者的可能性更大。在科技人文融合创新教学实践中，教师可以引导学生通过反思发现与提出问题的过程，进一步提出自己的研究问题。

第五，养成发现与提出问题的习惯。在某种程度上，教育就是要让学生养成良好的习惯。凡是好的态度和好的方法，都要使其变为习惯，只有如此，好的态度才能随时随地表现，好的方法才能随地应用。促使学生养成发现与提出问题的习惯，也是教育的重要任务之一。事实上，学生的学习就是不断地发现与提出问题，并不断分析和解决问题的过程，而且发现与提出的问题越多，意味着学生的学习越深入，发现与提出的问题少，甚至不能发现与提出问题，则是学生学习肤浅的表现。作为一种较为稳定的行为特征和心理倾向性，发现与提出问题的习惯也是可以培养的，因此需要让学生经历一个由易到难、由少到多、由简单到复杂的循序渐进的过程，反复磨炼，锲而不舍，在大脑皮层中形成稳定的神经联系和良好的动力定型。在科技人文融合创新教学实践中，教师可以引导学生通过变式练习，将显性的发现和提出问题的技能（例如，借助显性化的发现和提出问题清单等）逐渐隐性化，使发现和提出问题的技能真正达到日用而不觉的习惯性思维状态。

学会发现和提出问题，能够发现和提出有价值、有深度的问题，是学生积极、有效参与教学的表现，更是学生学会思维、学会学习的具体体现。为此，教师需要让学生认识到用来考察自己理解与否的问题与真正问题之间的区别，明确发现和提出问题的重要性；为学生做出发现和提出问题的表率及示范；重视学生发现和提出的每一个问题（营造好问的学习文化）；让学生掌握发现和提出问题的方法，并为学生建构发现和提出问题的支架；教会学生发现和提出好的问题，对发现和提出的问题进行质量评价，在促进反思中提升学生发现和提出科学问题的能力。

四、科技人文融合创新教育的发现与提出问题教学例析

问题诱导好奇,好奇驱动思考,思考催生智慧,智慧奠定成功。教会学生善于和勇于提出科学问题,善于用理性的态度去审视科学问题,从而充分发挥想象力,提出新的科学问题,对于促进科学发展至关重要,对于发展学生的科技人文融合创新能力也非常重要。

下面是高中通用技术课程中的"第三章 发现和明确问题"教学设计(部分内容),它是发现和提出问题的一种显性化教学,非常有教育意义,也非常有必要。虽然它是基于技术视角进行设计的,但是可以促使我们从科技人文融合视角进一步思考。

第三章 发现和明确问题

一、发现问题

1. 追溯问题的来源。

2. 探究发现问题的途径与方法。

教材分析:

本课时内容为追溯问题的来源和探究发现问题的途径与方法。本课是苏教版必修模块"技术与设计1"第三单元第一部分的内容。[①]教材指出,发现问题首先要明确发现问题的重要性。一方面要认识问题的根源,其中要着重了解技术问题产生的原因;另一方面,要了解和掌握发现问题的途径与方法,科学、理性地剖析问题,为进一步解决问题提供数据支撑和先决条件,使学生达到能够独立探索的水平。通过观察日常生活、收集和分析消息、技术研究和技术实验来探明问题。因此,本课需要从生活中的细节入手,引导学生发现问题、探究问题。

教学目标:

1. 结合实例说明发现问题的重要性。

2. 通过案例讨论、辨析、体验等活动,让学生掌握发现问题的一般方法,形成良好的问题意识。

---

① 顾建军. 通用技术 必修 技术与设计1[M]. 南京:江苏凤凰教育出版社,2019:60-66.

教学重点、难点：

教学重点：明确发现问题的重要性，掌握发现问题的途径与方法。

教学难点：如何让学生在观察日常生活的过程中提出问题，收集和分析与发现问题相关的信息，并进行处理。

教学准备：

多媒体投影。

教学流程：

具体教学流程如图 6.5 所示。

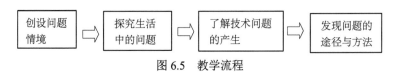

图 6.5　教学流程

情境设置：

孙宇等同学参加的志愿者服务队到贫困山区开展志愿服务活动。在活动过程中，他们发现当地部分初中学生夜晚读书、写字时没有台灯，即使有些学生有台灯，也大多不适用或者质量没有保障。另外，当地学生每天上学翻山越岭，起早贪黑，路上也没有合适的照明设施。由此，孙宇及班级同学产生了一个想法：为贫困山区初中学生设计制作一款多功能便携式台灯。

新课学习过程：

视频导入：

非洲原始居民用矿泉水瓶建造房子——建筑设计师对非洲当地居民的生活状态和周边环境进行调查后，设计出了以矿泉水瓶和泥土为原材料做成的房子，改善了当地居民的居住环境。

问题引导：

非洲居民之前的生活问题有哪些？为什么要用矿泉水瓶来建造房屋？

教学环节一：探究生活中的问题

用矿泉水瓶建造房子的根源是什么？属于哪一方面的问题？

......

教学环节二：了解技术问题的产生

采用课堂随机问答的形式，一个学生提出生活中的技术问题，另一个学生回答此问题产生的原因。

......

教学环节三：探究发现问题的途径与方法

1. 观察日常生活。

2. 收集和分析信息。

3. 进行技术研究和技术实验。

......

教学板书设计：

教学板书设计如图 6.6 所示。

```
┌─────────────────────────────────────────┐
│                 发现问题                  │
│  一、探究生活中的问题                      │
│        社会问题；科学问题；技术问题        │
│  二、了解技术问题的产生                    │
│        人类生存遇到的问题；                │
│        别人给出的问题；                    │
│        主动发现并提出问题                  │
│  三、探究发现问题的途径与方法              │
│        观察日常生活；                      │
│        收集和分析信息；                    │
│        进行技术研究和技术实验              │
└─────────────────────────────────────────┘
```

图 6.6　教学板书设计

科技人文融合创新教育的发现与提出问题教学，一个首要问题就是要让学生明确问题之于人类生活与科技创新的重要性，即在价值论层面上认同、信奉乃至性格化这一意识与行为，进而形成发现与提出问题的兴趣和愿望。为此，教师应重视引导学生从生活中发现和提出问题，并且将其适当归类，为进一步发现问题打下基础。

如果说生活中的问题具体表现为社会问题、科学问题、技术问题、审美问题等各种类型，那么根据来源，可以将问题分类为人类生存遇到的问题、别人给出的问题、主动发现并提出的问题。虽然这种分类方法在逻辑性上值得进一步探究，但是从别人给出问题（被动）到自己发现和提出问题（主动），则是一种非常大的进步，同时也是一种挑战。这就需要学生具备问题意识——在认识及实践活动中遇到一些难以解决的、感到疑虑的实际问题或理论问题时产生的一种好奇、怀疑、困惑，进而渴望探究的心理状态，在这种心理的驱使下积极思维，不断发现和提出问题及进一步解决问题。因此，需要教师在教学中基于生活的真实问题创设教学情境。

　　科技人文融合创新教育的发现与提出问题教学，需要在操作层面上教给学生发现和提出问题的方法，例如，观察日常生活、收集和分析信息、进行技术研究和技术实验等。从发现和提出问题的心理机制来看，这样的分析途径还需要深度挖掘。事实上，就是教师要教会学生应用"是什么？""为什么？""怎么办？""怎么样？""有什么用？""假如……会……？"等不同类型的问句进行提问①，从时间维度、空间维度、组成维度、比较维度等不同视角提问，从当前状态、目标状态、应答域、解题规则等不同结构提问②，从"是真问题还是伪问题，如果是真问题，是正确的问题还是错误的问题？"等评价层面提问③，特别是要教会学生从具体途径提问，引导学生寻找经验事实之间的联系并做出统一解释，发现已有理论和经验事实之间的矛盾、多种假说之间的差异、一种理论体系内部的逻辑矛盾、不同学科的理论体系之间的矛盾，追求科学理论的普适性和逻辑的简单性，根据生产与实际生活的需要提出一些具有实用性和技术性的问题。④

　　从更一般的意义上而言，科技人文融合创新教育的发现与提出问题教学，是渗透或者说内隐于科学探究、工程实践等科技人文融合创新活动过程之中的，因而要求教师在教学中努力让学生认识到用来考察自己理解与否的问题和真正问题之间的区别（即让学生认识到发现和提出问题的重要性），为学生做出发现和提出问题的表率，尊重学生发现和提出的每一个问题，让学生掌握发现和提出问题的方法，为学生建构发现和提出问题的支架，教会学生发现和提出好的问题（对发现和提出的问题进行质量评价），在促进反思中提升学生发现和提出科学问题的能力。⑤当然，还可以（也需要）借助教学评价的力量，在平日作业及测验、考试中，有意识地考查学生发现与提出科技人文融合创新教育问题的能力。

①　胡小勇. 问题化教学设计——信息技术促进教学变革[M]. 北京：教育科学出版社，2006：82.
②　林定夷. 问题与科学研究——问题学之探究[M]. 广州：中山大学出版社，2006：206.
③　张掌然. 问题的哲学研究[M]. 北京：人民出版社，2005：273.
④　林定夷. 问题与科学研究——问题学之探究[M]. 广州：中山大学出版社，2006：190.
⑤　阿兰·乔丹·斯塔科. 课堂中的创造力：充满好奇和愉悦的学校[M]. 王贞贞，宛小燕，李萌，译. 成都：四川人民出版社，2016：366.

第七章

基于科技史的科技人文融合创新教育

人类社会的每一次进步都伴随着科学技术的进步，尤其是现代科学技术的突飞猛进，极大地促进了生产力的发展，对人类社会发展起到了强有力的推动作用，加速了社会的变革，并影响了人类的生活、学习、生产等，改变了人类社会的面貌，推进了人类文明的发展。虽然不能说科技发展史就是人类文明史，但它是人类文明史的缩影，也是人类文明史的精华部分（主线）。[①]人们发现，我们生活在这样的时代，这个时代比以前任何时代都更需要在世界居民中普及历史知识——特别是科学史知识。[②]的确，回顾科技史，不仅能够帮助我们了解自己在人类文明史中所处的位置，从而更宏观地看待这个世界，也能帮助我们把握未来世界的发展方向。为此，我们有必要探讨将科技史融入科技教育的内在规律，分析科技史的科技内涵、人文意蕴和认识论思想在科学技术教育中的具体应用，以进一步发挥科技史在科技人文融合创新人才培养方面的育人价值。

[①] 刘兵，江洋. 科学史与教育[M]. 上海：上海交通大学出版社，2008：74.
[②] 雷·斯潘根贝格，黛安娜·莫泽. 科学的旅程（插图版）[M]. 郭奕玲，陈蓉霞，沈慧君，译. 北京：北京大学出版社，2008：3.

一、科技史是科技人文融合创新教育的重要内容

科技史是科技人文融合创新教育的重要内容（作为科技人文融合创新教育的重要素材）。这一判断源于两方面的思考：其一，科技史本身就是一部科技人文融合创新的历史，具有丰富的科技人文融合创新事例与故事，展现了科学研究者在研究科学现象时不屈不挠的科学精神和对科学的热爱，有助于我们理解科学的社会角色和人文意义。[①]这一层无须过多赘述。其二，从教育的视域来看，重视科技史是对教育重演律（也称重演论、复演论、复演律等）的考虑及尊重。在一定程度上而言，学生的科学学习过程就是对人类（自然也包括乃至可以说主要是各个时代的科技工作者）探究自然及技术创新过程的一种重演（复演），这恰恰是人类探求科学规律及实现技术创新的科技发展历史。

重演律是现代哲学的一个典型代表，与发源于自然科学领域的非线性科学的自相似性理论相呼应，从而使人们越来越重视重演律这一问题，关注重演律的基本内涵、历史发展及反对声音。哲学中的重演律包括三个规律：第一重演律又称胚胎重演律，即高等生物在胚胎阶段的发育过程，重演生物进化史；第二重演律又称个体发育重演律，即个体一生的发育，重演群体发展的历史；第三重演律又称思维发展的重演律，即一个人思维概念的发展、思想情感的发展成熟过程，重演整个人类认识的历史。[②]从科技人文融合创新教育的视角看，我们当然更关注思维发展的重演，即学生的科技人文融合创新思维的发展、思想情感的发展，重演整个人类科技创新发展的历史。

人们对重演律也有不同的理解。重演律的标准表述是 ontogeny recapitulates phylogeny，即个体发育复演种系发育。这一表述是从个体发育或生物学层面来讲的，其科学证据主要来自古生物学、比较解剖学和胚胎学领域。这些领域的已有研究成果表明，高等有机体的发育过程基本上都经历过类似于低等动物的阶段，整个胚胎发育就是由简单到复杂、由同质到异质、由普遍到特殊的过程，即前文提到的

① 吴国盛. 科学的历程[M]. 长沙：湖南科学技术出版社，2018：20.
② 叶宝生，曹温庆. 哲学重演律对儿童科学教育的启示[J]. 首都师范大学学报（社会科学版），2011（2）：51-54.

第一重演律与第二重演律。重演律的第二层思想是，强调儿童个体的精神发展脉络遵循了人类种系的发展历程，特别是童年时期的心理特性复演了人类早期的心理特性，儿童思维具有原始人的思维特点，儿童的行为也具有早期原始人的行为特点。这是从心理或精神层面来讲的，即前文的第三重演律。重演律的第三层思想是社会文化层面上的，集中体现在"四大信念"上，即相信世界上所有人都经历了同样的线性发展历程——从低级阶段向高级阶段发展；相信整个人类社会也指向于统一的线性发展历程——从原始、野蛮到文明的发展历程；相信社会发展的阶段在个人的发展阶段中得以重演或重现；相信大多数有色人种及其后代都停留在发展的早期阶段，而童年阶段对于个体来说是最低级的阶段。[①]当然，并非所有学者都赞同这一观点，毕竟童年阶段有自身的价值。对于个体来说，即使没有得到更好的发展，也并不意味着处于最低级的阶段，而是自身具有无限发展的可能性。

从历时的维度来看，重演律也经历了一个逐渐发展的动态过程。重演律的较早提出者可追溯至意大利哲学家乔瓦尼·巴蒂斯塔·维科（G. B. Vico），他虽然没有明确提出重演律，但已经意识到儿童的思维具有重演原始人思维的特质。18世纪末至19世纪初，重演律得到了进一步确认和发展。德国哲学家黑格尔（Hegel）基于其哲学推演的方法，不仅指出了个体要复演种系的所有发展阶段，并且认为这种复演并不是机械和精密的，过去的知识早已转变为儿童的知识、练习或游戏，而且我们还将在教育的过程中认识到世界文化的粗略轮廓。[②]这个时期，学者普遍意识到人类个体的生长与学习遵循了人类种系的生物与文化发展历程，并影响到了同时代的赫尔巴特（Herbart）、裴斯泰洛齐（Pestalozzi）和福禄贝尔（Fröbel）等许多教育学者的教育思想。1859年，达尔文（Darwin）出版的《物种起源》，提出了对后世影响深远的"进化论"，学者开始利用此理论来论证和支持重演律的科学性。德国耶拿大学动物学教授海克尔（Haeckel）结合早期胚胎学家和博物学家等的研究成果、达尔文的"进化论"，以及自己收集的大量胚胎学、解剖学、古生物学研究数据，明确提出了一个生物种系的线性发展历程可以从其个体的发展历程中得到重现或重演的思想。美国儿童研究的领导者斯坦利·霍尔（S. Hall）也积极利用基于"进化论"的复演思想，推动其关于儿童与青少年的社会、文化、智力、生理、

---

① 高振宇. 重思"复演论"及对儿童学研究的影响和启示[J]. 河北师范大学学报（教育科学版），2021（5）：64-73.

② 转引自张斌贤，何灿时. 复演论教育意涵的演变：从赫尔巴特到杜威[J]. 大学教育科学，2023（1）：114-127.

心理发展等的研究。皮亚杰也是受重演律影响[尤其是受到了布留尔（Bruhl）和鲍德温（Baldwin）等学者的影响]并推动该理论进一步向前发展的关键人物，在空间意识、时间概念、问题解决、"泛灵论"、自我中心思维、因果观念等多个层面对儿童思维与原始人的思维做了进一步的比较与分析，从而为重演律提供了更多科学依据。①如今，作为整体的重演律虽然已经不像早期阶段那样为世人所重视，但它仍以不同的形态或变化的方式存在，并继续影响着儿童研究、教育研究的传统领域与新兴领域。

个体发育复演种系发育的重演律，指明了儿童个体的精神发展脉络遵循人类种系的发展历程，不仅具有特别重要的教育意义，而且在自然观、天文学、物理学、数学及科学思维方法（数理逻辑）等诸方面都有着极为丰富的生动例证。②19世纪末至20世纪初，正当重演律（复演论）风靡一时之际，桑代克（Thorndike）等对重演律提出了严厉的批评，视其为"过时的理论"。此后相当长的一段时间内，重演律似乎被"湮没"在故纸堆里，成了历史的遗迹。20世纪80年代以后，学术界又兴起了新一轮批评重演律的浪潮。21世纪初，大卫·比约克隆（D. Bjorklund）则强调，从科学的理论标准来看，重演律把个体发育和种系发育的关系界定得过于简单化，并认为这是一种基于生物学-哲学性质的过时观念。③这些批评提醒我们，需要更理性地看待重演律，亦即生物领域的重演律虽然不失为一个很有启发性的理论，但是将其运用到人类精神和科学认知的说明，必须加诸许多限制，应当持一种谨慎的态度，不能做简单的比附，因为相似并不等于绝对的同一。无论儿童心理的发展与科学认知的发展之间有多少相似的地方，前者都不可能是后者的简单重复，而后者同样也不会是与前者的机械对应。④科学的态度是要以唯物辩证法为指导，从哲学的高度加以总结和概括，正确看待"相似"与"相异"的关系。

当我们将目光转向科技人文融合创新教育的时候，则需要辩证地看待重演律，即在重视科技史之于发展学生的科技人文融合创新能力作用的同时，确定好科技

①　高振宇. 重思"复演论"及对儿童学研究的影响和启示[J]. 河北师范大学学报（教育科学版），2021（5）：64-73.

②　蒋谦. 皮亚杰科学思想"重演论"的启示及局限性[J]. 长沙理工大学学报（社会科学版），2015（6）：12-20，56.

③　张斌贤，何灿时. 复演论教育意涵的演变：从赫尔巴特到杜威[J]. 大学教育科学，2023（1）：114-127.

④　蒋谦. 皮亚杰科学思想"重演论"的启示及局限性[J]. 长沙理工大学学报（社会科学版），2015（6）：12-20，56.

史教育在发展学生科技人文融合创新能力上的限度。我们知道,科技史上的一些经典创新案例具有重要的科学思想、科学方法、科学精神的教育价值,对于科技人文融合创新自然也具有重要的启发,但是科技史终究还是一种历史,而历史虽然会重演,但不会简单地重复,今天不同于过去,将来也不同于今天①,特别是在信息科技高速发展的时代,我们必然会面临前人所没有遭遇的新问题与新挑战,因此也就需要我们超越已有认识局限及思维束缚,做出符合时代要求和前人未曾达到的科技人文融合创新成果。毫无疑问,仅仅依靠科技史的重演,教育是不可能实现这一目标的。

二、基于科技史科技内涵的科技人文融合创新教育

科技史是科学技术的历史,是描述和解释科学技术的产生、发展和系统化进程,以及研究其与政治、军事、经济、工业、文化、宗教、哲学、艺术等各个社会领域之间历史互动关系的学科。科技史不仅仅涉及科学技术的发展过程与发展规律,也关涉科学技术之外的其他学科或其他领域,因此科技史为我们开展科技人文融合创新教育提供了丰富的内容或载体。

科技史的研究范围广泛,涉及理、工、农、医四大学科门类,主要包含科学史、技术史、农业史、医学史、科技考古与文化遗产保护、科学技术与社会等研究方向。科技史以文献资料和实物遗存等为研究内容,综合运用自然科学、技术科学和人文社会科学的相关研究方法,揭示科学技术发展的规律性。将科技史引入教育中,更多是基于科技史的已有研究成果,结合科学技术教育的具体内容(有时也需要开展单独的科技史专题教育),实现科技史教育促进学生对科学观念形成、科学方法应用、科学思维发展、科学精神弘扬、科学本质理解的积极作用。在教学实践层面,人们探索并总结了孟克(Monk)与奥斯本(Osborne)的融合模式及马修斯(Matthews)的适度模式②,把HPS(history, philosophy and sociology of science,科学史、科学哲学与科学社会学)整合到科学课程和教学过程之中,体现了学生中心或学生主体的精神,突出了对科学方法的重视或教学的探究性,强调培养学生的

---

① 詹姆斯·E. 麦克莱伦第三,哈罗德·多恩. 世界科学技术通史[M]. 王鸣阳,译. 上海:上海科技教育出版社,2007:516.

② Matthews M R. Science teaching: The role of history and philosophy of science[EB/OL]. https://philpapers. org/rec/MATSTT.(2014)[2024-03-01].

理性和思维能力，强调对科学本质的把握和培养他们的科学精神与科学态度（图7.1）。①然而，在基于科技史发展学生科技人文融合创新能力方面，还需要人们进行积极的探索。

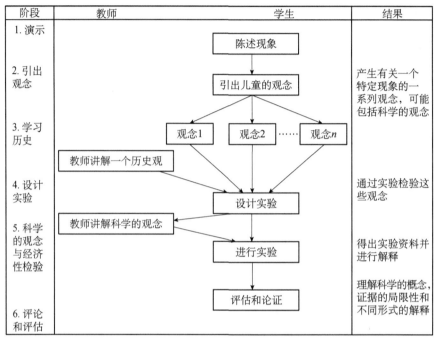

图 7.1　孟克-奥斯本融合模式

资料来源：Monk M，Osborne J. Placing the history and philosophy of science on the curriculum:
A model for the development of pedagogy[J]. Science Education，1997（4）：405-424

基于科技史开展科技人文融合创新教育，实践中也存在着多种形式或者样态。例如，"基于单摆的科技人文融合创新教学实践"就是从单摆的"科学发现"走向单摆的"技术应用"，再到单摆的"艺术创作"，体现了教育者对于科技人文融合创新的追求。

基于单摆的科技人文融合创新教学实践

在物理学史中，单摆扮演着重要的角色。单摆的研究和操作带来了许多成果，如准确的计时方法，进而解决经度问题；发现守恒和碰撞定律；测定重力加速度的值等。单摆不但在科学和哲学（关于认识论问题等）中具有重要地位，在商业、航

---

① 丁邦平. 国际科学教育导论[M]. 太原：山西教育出版社，2002：349.

海、探险等活动中的重要性更为明显

1564年2月15日，伟大的物理学家伽利略出生于意大利比萨城的一个没落贵族家庭，他是一位虔诚的天主教教徒，每周都坚持到教堂做礼拜。1582年的一天，伽利略到教堂做礼拜，礼拜开始不久，一位修理工人不经意触动了教堂中的大吊灯，使它来回摆动。摆动着的大吊灯引起了他的注意，其脑海里突然闪出测量吊灯摆动时间的念头。凭着学医的经验，伽利略把右手指按到左腕的脉搏上计时，同时数着吊灯的摆动次数。起初，吊灯在一个大圆弧上摆动，摆动速度较快，伽利略测算了来回摆动一次的时间。①过了一阵子，吊灯摆动的幅度变小了，摆动速度也变慢了，此时他又测量了来回摆动一次的时间。让他大为吃惊的是，两次测量的时间是相同的。于是伽利略继续测量来回摆动一次的时间，直到吊灯几乎停止摆动时才结束，可是每次测量的结果都表明来回摆动一次需要相同的时间。通过这些测量，伽利略发现，吊灯来回摆动一次需要的时间与摆动幅度的大小无关，无论摆动幅度大小如何，来回摆动一次所需的时间是相同的，即吊灯的摆动具有等时性，这就是伽利略最初的发现。

回家后，伽利略找来细绳，大小不同的木球、铁球、石块、铜球等实验用品，用细绳的一端系上小球，将另一端系在天花板上，这样就做成了一个单摆。伽利略用这套装置继续测量单摆的摆动周期。他先用铜球做实验，后来又分别换用铁球和木球做实验。实验结果是，无论用铜球、铁球还是木球，只要摆长不变，来回摆动一次所用的时间就相同。②这表明单摆的摆动周期与摆球的质量无关。那么，摆动周期是由什么决定的呢？伽利略继续从实验中寻找答案。他首先做了两个摆长完全相等的单摆测量它们的摆动周期，测量结果是这两个单摆的周期完全相等。他又做了十几个摆长不同的摆，逐个测量它们的摆动周期。实验表明：摆长越长，周期也越长。在实验基础上，通过严密的逻辑推理，伽利略证明了单摆的周期与摆长的平方根成正比，与重力加速度的平方根成反比。这

---

① 另一说法是，17岁的伽利略在当地教堂无意观察到吊灯像摆一样摆动，发现脉搏每跳动60次，吊灯总会摆动相同的次数。在依靠脉搏来计时的情况下，这一说法（发现脉搏每跳动60次，吊灯总会摆动相同的次数，不是摆动一个来回的时间）更为可信。当然，这些也可能都是谣传。参见迈克尔·马修斯. 科学教学：科学史和科学哲学的贡献[M]. 刘恩山，郭元林，黄晓，译. 北京：外语教学与研究出版社，2017：223-224.

② 雷·斯潘根贝格，黛安娜·莫泽. 科学的旅程[M]. 郭奕玲，陈蓉霞，沈慧君，译. 北京：北京大学出版社，2008：37. 具体内容进行了适当调整，特此说明。

样，伽利略不但发现了单摆的等时性，而且发现了决定单摆周期的因素（图 7.2）。

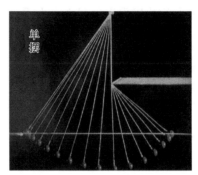

图 7.2   单摆规律的探究

从单摆规律的探究，可以走向复摆及傅科摆，以及麦克斯韦滚摆。为了证明地球在自转，法国物理学家傅科（Foucault）于 1851 年做了一次成功的摆动实验，傅科摆由此而得名。实验在法国巴黎先贤祠最高的圆顶下方进行，摆长 67 米，摆锤重 28 千克。在傅科摆实验中，人们看到，摆动过程中摆动平面沿顺时针方向缓缓转动，摆动方向不断变化（图 7.3）。分析这种现象可知，这种摆动方向的变化是观察者所在的地球沿着逆时针方向转动的结果，地球上的观察者看到相对运动现象，从而有力地证明了地球是在自转。

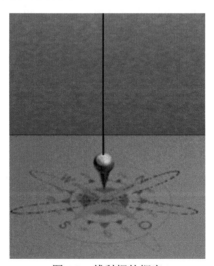

图 7.3   傅科摆的探究

单摆等时性的发现，为制造摆钟奠定了坚实的基础，为人类更加精确地测量时间开辟了道路。伽利略就曾经提出利用单摆的等时性制造钟表，但是他却没有把钟表制造出来。荷兰物理学家惠更斯（Huygens）继续了伽利略摆的研究工作，终于制造出摆钟，使伽利略制造钟表的设想变为现实。

惠更斯是和牛顿同时代的物理学家，出生于海牙的一个政府要员之家。惠更斯最出色的物理工作之一是对摆钟的研究，建立了钟摆运动的数学理论。惠更斯在解决了一系列技术问题之后，于 1656 年制造出人类有史以来的第一个摆钟（图 7.4），惠更斯把制造的有摆落地大座钟献给了荷兰政府。1657 年，他获得了摆钟的专利权。

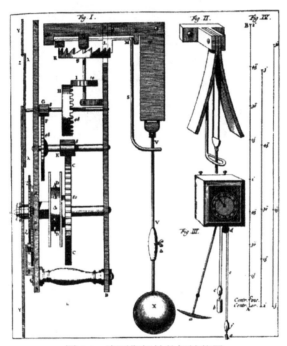

图 7.4　惠更斯摆钟的机械装置
资料来源：迈克尔·马修斯. 科学教学：科学史和科学哲学的贡献[M]. 刘恩山，郭元林，黄晓，译.
北京：外语教学与研究出版社，2017：241

摆钟的诞生标志着人类对时间的测量进入崭新阶段，从此人类更加精确地建立起时间观念，社会生活也更加有节奏。自从摆钟问世以来，人们不断改变钟表的制造技术，使它的精密度越来越高。

单摆在艺术上也有重要的应用，即用单摆创作图画。①单摆进行的是简谐振动，用装砂的漏斗（或者是装上颜料的瓶子）代替单摆的摆球并让其来回摆动，匀速拉

————————————
① 　实际上是单摆或者圆锥摆在科里奥利力（Coriolis force）作用下产生的效果，也可以模糊地说是傅科摆形成的。特此说明。

动漏斗下方的硬纸板（模拟时间流逝），便可以得到简谐振动的图像；如果不拉动
硬纸板，理想的情况是在硬纸板上留下一条直线砂痕。如果单摆的摆动不在一个竖
直平面上，而是让摆球（装砂的漏斗）在水平面上运动，单摆就成了圆锥摆，相应
地形成图像，读者可以想象。对于上述单摆和圆锥摆而言，如果再考虑地球自转的
影响，在摆球下面的硬纸板上将形成美妙的图案——单摆艺术画（图 7.5）。

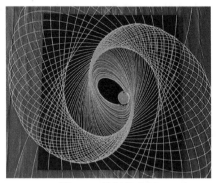

图 7.5　单摆艺术画

从科技史的视角看，上述"基于单摆的科技人文融合创新教学实践"还可以在科
技内涵上更加丰富。①例如，结合单摆规律的发现过程，列出单摆的动力学方程（数学
方程）；根据单摆的周期公式，研究摆钟的快慢及其校准问题；考虑到摆钟受到的阻力
及一个单摆终究会停下的事实，让摆锤控制擒纵叉，进而控制棘轮（图 7.6），可以让
钟摆在相等的时间内转过相同的角度，并且让钟摆始终不停止地摆动；从单摆到"相
图"，拓展到"极限环""吸引子""庞加莱截面""混沌"等概念。

图 7.6　让摆锤控制擒纵叉，进而控制棘轮

---

① 迈克尔·马修斯. 科学教学：科学史和科学哲学的贡献[M]. 刘恩山，郭元林，黄晓，译. 北京：外
语教学与研究出版社，2017：222.

事实上，让摆锤控制擒纵叉，进而控制棘轮，不仅保证了摆钟的持续性，也是我们可以一直听到摆钟滴答、滴答声音的原因所在。这里的擒纵叉（棘轮等）是作为一个储能装置为摆锤提供动力设计而成的，每当擒纵轮向前转动一下，秒针就会精确地在钟面上用一秒移动一格，这就是摆锤的作用，擒纵轮转动带动摆锤，以及通过齿轮带动秒针、分针和时针转动计时。实际的摆钟系统的内部结构更为复杂。这让我们充分体会到了技术的妙处，进而促使我们去思考，在任何一种文明中，技术都是塑造和维持人类社会发展的决定性因素。

三、基于科技史人文意蕴的科技人文融合创新教育

要想观照生命，看到生命的整体，我们不仅需要发展科学，而且需要发展伦理学、艺术和哲学。[①]科学发展的历程充分证明了这一论断。换言之，科技史是科学技术的发展历史，不仅具有丰富的科技内涵，而且有着深厚的人文意蕴。在科学技术的发展过程中，人们对自然世界及人工世界的认识越来越深入，利用自然世界及人工世界为人类服务的力量也越来越强大，伴随这一不断深化的人类认识世界与改造世界的过程，人们越来越关注科技史的人文意蕴，即通过对科学技术发展过程的历史回顾，以及对其中涉及的科学技术概念、原理、规律的理解，凸显科学技术发展背后的人文意义，并以此为基础开展注重科技史人文意蕴的科技人文融合创新教育。

科技史可以根据时间分为古代科技史、近代科技史和现代科技史等。从地域上看，科技史又可以分为西方科技史、东方科技史等。中国的科技史源远流长，中国的科学技术在很长的一段时间都居于世界领先地位，浩若烟海的科学技术成就，为世界文明的发展做出了突出的贡献，成就最大的是农学、天文学、数学和中医学等专门领域，诞生了诸如"四大发明"等影响世界文明进程的众多科技成果。[②]这些科技成就无疑为我们开展科技人文融合科技创新教育提供了丰富的资源，"青胜于蓝"蕴含的科学技术原理及其人文意蕴，就是我们可资利用的科技人文融合科技创

---

① W.C. 丹皮尔. 科学史及其与哲学和宗教的关系[M]. 2 版. 李珩，译. 桂林：广西师范大学出版社，2009：16.
② 李约瑟. 中华科学文明史[M]. 3 版. 上海交通大学科学史系，译. 上海：上海人民出版社，2014：100.

新教育的重要内容。

"青出于蓝",又写作"青出于蓝而胜于蓝"（有时也写作"青过于蓝"），是一个成语（俗语），比喻人经过学习或教育之后可以得到提高，常用来比喻学生超过老师或后人胜过前人。这个成语出自《荀子·劝学》，原文为："青，取之于蓝，而青于蓝；冰，水为之，而寒于水。"这句话可以直译为：青是从蓝草中提炼出来的，但颜色比蓝草更深；冰是水凝结而成的，但比水更冷。荀子这几句话形象深刻，通俗易懂，为后人所常用，他用青与蓝、冰与水的关系来比喻学生如果能用功研究学问，坚持不懈地努力，就可以比他的老师更有成就。

"青出于蓝"中的"青"是指"靛青"，即"靛蓝"，而"蓝"则是指"蓝草"，即可以用于提取和制作靛蓝染料如菘蓝、蓼蓝、木蓝等多种植物的统称。"青出于蓝"指青色是从蓼蓝等植物里提炼出来的，但是其颜色比蓼蓝还深。但是，作为颜色的"青"真的是"深蓝"吗？"青"到底是什么颜色？"青"与"靛青"是什么关系？《天工开物》是怎么描述"青"色的？[①]……诸如此类的问题还可以再问下去。

按照现在的意义，"青"即"靛青"，是"中国颜色"[②]之一种。作为一种染色工艺，"青"即从蓝草中提炼出的靛青——从染色井中的"蓝靛"染料"生"出"靛青"颜色。"青"多是从菘蓝、蓼蓝、木蓝等绿色"蓝草"植物中提取的，因此"青"有时也指"深绿色"或"浅蓝色"，如青绿、青碧、青草、青苔、青苗、青菜、青葱、青山绿水、万古长青（比喻高尚的精神或深厚的友情永远不衰）、春来江水绿如蓝，以及青云直上等。"青"有时也指"黑色"（"黑色"就是多次蓝色复染而得，黑色深于蓝色），如"青眼"意指人正视时黑色的眼珠在中间，后以青眼表示喜爱或看重。"青眼"也作"青目""青睐"。

"青出于蓝"，即蓝为青之母，青为蓝之子，亦即蓝生出青，青从蓝中生出。因此，认识"蓝"有助于我们更好地认识"青"。人们发现，能制取靛蓝的蓝草有很多种，古代最初用的是菘蓝，后来逐渐发现了蓼蓝、马蓝、木蓝、苋蓝等多种"蓝类"植物。记录夏朝社会生产生活的著作《夏小正》就记载："五月，启灌蓼蓝。"

---

① 关于"青"色，《天工开物》中进行了更细致的分类，例如，天青色、葡萄青色、蛋青色等，其形成的工艺也各不相同。参见宋应星. 天工开物（全新彩图版）[M]. 周绍刚，译. 重庆：重庆出版社，2021：111-112.

② 这里的"中国颜色"主要是指"中国传统颜色"，例如，梅染、茶白、落栗、薄柿、酡颜、靛青、踯躅、曙色、缃色、鸦青、胭脂、缃色、天水碧、月白……在中国文化的历史长河中，颜色不仅是一种视觉元素，与光的频率（光的科学维度描述）有关，更是一种深层次的文化符号和人文传承。特此说明。

意思是到了农历五月，蓼蓝就要开始栽种了，可见我国栽种蓝草植物的历史悠久。东汉时期，马蓝是我国北方地区重要的经济作物，出现了专业性的产蓝区。明代科学家宋应星还对蓝草的种植方法进行了总结，比如，菘蓝插根就活，蓼蓝、马蓝、吴蓝皆撒子生，需要精心播种。[①]

那么，"青"是如何从"蓝"里提取出来的呢？这就涉及提取"青"亦即"靛青"的技术工艺问题。以下是人们制作"青"亦即"靛青"的大致流程。[②]

提取"青"亦即"靛青"的技术工艺

第一步，蓝草浸泡发酵，得到可以染蓝的染液，然后就可以将蓝草捞出来了。制作蓝靛时，叶子和茎多的要存入窖中，少的可以放进桶里或缸里。用水浸泡7天，汁水自然会流出来。[③]这时的染液已经可以染布了，但时效性欠缺，过不了多长时间，染液氧化沉淀，就不能继续染色了。后来，随着技术的不断进步，人们发现了用蓝靛还原染色的方法，蓝靛可以保存很久，可以随时染色。（蓝靛是怎样制作的呢？）

第二步，将石灰倒入浸泡发酵好的染液中，不断搅动，使其充分与空气中的氧进行接触，使染液中的吲哚酚氧化。在这个过程中，染液会变成深蓝色，产生蓝色的泡沫。一石蓝花汁液加入5升石灰，搅拌十几下，蓝靛就会自行凝结而成。（这些蓝色的泡沫晒干后就是国画颜料中的花青）

第三步，将搅动后的染液静置，这时蓝靛不溶于水会沉底。将上层的水撇掉，就能得到蓝靛了。但蓝靛不能直接染色，如果要染布，需要进行还原处理。

第四步，在蓝靛中加入米酒等材料，蓝靛液发酵还原成黄绿色，就可以染布了。蓝靛入缸染色时，一定要加上稻灰水。

第五步，刚从染液中取出的布是黄绿色，过一段时间氧化后就会变成蓝色，染的时间越长、复染次数越多，染出的蓝色越深。

"青出于蓝"不仅关涉其提取的技术工艺问题，还涉及为什么能够实现"青出于蓝"的科学原理问题。现代科学研究结果告诉我们，"青出于蓝"是一个化学反

---

① 宋应星. 天工开物（全新彩图版）[M]. 周韶刚，译. 重庆：重庆出版社，2021：113.

② 综合相关研究成果所得。具体参见刘剑，王业宏，郭丹华. 传统靛青染料的生产工艺[J]. 丝绸，2009（11）：42-43，50；宋应星. 天工开物（全新彩图版）[M]. 周韶刚，译. 重庆：重庆出版社，2021：113-114；草木知色——青出于蓝[EB/OL]. https://zhuanlan.zhihu.com/p/272065635. [2023-10-20].

③ 宋应星. 天工开物（全新彩图版）[M]. 周韶刚，译. 重庆：重庆出版社，2021：113.

应过程。靛质是以配糖体的形式存在于蓝草之中的，化学名为靛苷。浸泡时，靛质从植物细胞中溶出。与此同时，在适宜的温度和酸碱度等条件下，微生物会大量繁殖，分泌出糖化酶，使靛苷的苷键发生酶解断裂，生成 3-吲哚酚。在水浸的过程中，靛苷的酶解速度较快，但为便于靛苷及其水解物充分从蓝草的组织细胞中溶出，一般水浸时间需延长至一二日不等。水解出的葡萄糖可以进一步分解为乳酸，加强糖化酶活力，同时催化水解苷键，加速 3-吲哚酚的生成速度。蓝草浸泡发酵足够时间后，加入石灰，在靛池中生成氢氧化钙使浸出液呈碱性。发酵水解出的 3-吲哚酚可溶于碱性溶液，并发生酮式互变异构现象。在碱性条件下，两分子的吲哚酮与水中溶解的氧发生反应，生成不溶于水的悬浮状靛蓝，这就是古代称为"靛青"的植物染料。不溶于水的悬浮状"靛蓝"会逐渐缓慢下沉，同时由于水中的氢氧化钙同发酵产生的二氧化碳的作用，可以产生碳酸钙沉淀，它能吸附悬浮状的靛蓝，加速其下沉。至此，"青出于蓝"的化学反应过程结束。

"青出于蓝"不仅关系到"青"色何以生成，也关系到"青"色何以应用。扎染技术就是一种在古代应用比较广泛的染色工艺。扎染古称扎缬、绞缬，是汉族民间传统而独特的染色工艺，织物在染色时部分结扎起来，使之不能着色，它是中国传统的手工染色技术之一。扎染以天然纤维面料为主，如棉、麻、丝、毛等。扎染工艺分为扎结和染色两部分，通过纱、线、绳等工具，对织物进行扎、缝、缚、缀、夹等多种形式的组合后进行染色。在扎染工艺中，对绳线有一定的要求，要不易拉断。扎染的染料与药剂要根据不同的面料来确定。染锅、染缸也是必备的扎染工具。[①]扎染有很多变化技法，如自由扎染、夹板扎染、折叠扎染、卷压扎染等，它们各有特色，如其中的"卷上绞"，晕色丰富，变化自然，趣味无穷。这种独特的艺术效果，是机械印染工艺难以达到的。当然，扎染制作也有一定的偶然性，需要积累一定的实践经验。

以"青出于蓝"为基础，我们还可以做更多的拓展性思考。在文学的维度，我们从"青出于蓝"更容易理解白居易的诗"江南好，风景旧曾谙。日出江花红胜火，春来江水绿如蓝。能不忆江南？"其中"春来江水绿如蓝"中的"蓝"指的就是"蓝草"（这些古诗文中说的"蓝"通常指的是蓝草，而"蓝草"本身的颜色是草绿色），并不是我们现在理解的"蓝色"。

① 鲍小龙，刘月蕊. 手工印染——扎染与蜡染的艺术[M]. 上海：东华大学出版社，2004：24-25.

在图像处理技术上，与"青出于蓝"之"蓝草"不同的"蓝色"特别重要，它是红、绿、蓝 3 种基础色之一种。物理学家研究得出，太阳的白光含有红、橙、黄、绿、青、蓝、紫 7 种色光，但其中最基本的色光为红、绿、蓝。若将色光三原色红、绿、蓝同时以等量的纯度投射到银幕上，即成为白色光。电脑屏幕上的所有颜色都是由红、绿、蓝三种色光按照不同的比例混合而成，像素是最小的显示单位，其中每个像素都有一组红、绿、蓝。在图像处理技术上，可以借助"通道混合器"将红、绿、蓝三通道进行混合，在 RGB 的模式下，通过改变红、绿、蓝三通道的不同亮度比例（不是纯度等），实现视觉上的颜色的改变（图 7.7）。在 RGB 颜色模式中，红通道越亮，图像越红，则青（色）越少，反之越青，则红（色）越少；绿通道越亮，图像越绿，则洋红（色）越少，反之越洋红，则绿（色）越少；蓝通道越亮，图像越蓝，则黄（色）越少，反之越黄，则蓝（色）越少。

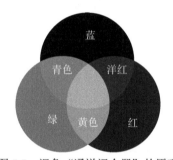

图 7.7　混色"通道混合器"的原理

从历时的维度来看，"青出于蓝"从一个侧面反映出我国古代印染生产的情况。作为一个植物染（色）文化源远流长的泱泱大国，染料在我国有着悠久的历史，早在夏朝（约 4000 年前），人们就已懂得利用染料进行染色了。[①]在古代，颜色有严格的等级区分，不同的阶层使用不同的颜色。青色是底层百姓使用的颜色，需求量最大。[②]从秦朝开始设有染色司，唐宋有染院，明清时主管的机构叫蓝靛所。

从弘扬传统文化来看，"青出于蓝"可以使我们加深对传统文化中"五色"的理解。我国很早就有了五色的概念，把青、赤、黄、白、黑五种颜色称为正色，以警示世人何为做人的根本。作为现代人，我们对于中华传统文化不能一味地全盘否

---

① 杭珍，徐增莱. 中国的传统植物染料及其应用研究[J]. 中央民族大学学报（自然科学版），2011（2）：15-18.

② 金少萍，吴昊. 中国古代文献中记载的植物染料及其文化内涵[J]. 烟台大学学报（哲学社会科学版），2012（4）：79-89.

定，而是应该借助现代的科学技术及科学研究的方法，进行深入的研究和整理，根据研究的发现和检验，去除其中不合理的部分内容，保留经过实践检验确实有效的精华部分，只有这样才能使灿烂的中华文明得以延续，薪火相传。

四、基于科技史认识属性的科技人文融合创新教育

科技史是科学技术的历史，不仅具有科学技术的内涵——描述和解释科学技术的产生、发展和系统化进程，具有人文意蕴的追求——科学技术与政治、军事、经济、工业、文化、宗教、哲学、艺术等各个社会领域之间存在互动关系，还具有认识论的意义，即科技史也反映了人类对科技问题的认识方式、认知属性的发展过程。换言之，科技史的建构必须反映科学技术认识论的变革过程。实质上，这也可以理解为科学本质的一个维度。因此，基于科技史的认识论意义（认识属性、认知属性）开展科学教学，构成了科技人文融合创新教育的又一种可能。

科技史要反映科学技术认识论的变革过程，因此必须反映科学技术方法的不断变化与丰富过程。科学技术的发展为人们提供了先进的方法论。近代以来的归纳法、演绎法、实验方法、数学方法、系统论等成为科学家和工程师普遍运用的有效方法，取得了难以计数的科学技术成就。这些科学技术方法也在科技界之外产生了广泛的影响，武装了人们的头脑。例如，进化论思想传播到中国后，很快就产生了社会影响，为人们理解宇宙的演化、自然的变化和人类社会的发展提供了理论依据。当然，这些科学技术方法并非历来就是这样，每一种方法都经历了一个从萌芽走向经验化进而再科学化的不断产生、逐渐深化的过程。人们认为"变"是宇宙的普遍规律，无论是自然界还是人类社会都处在进化之中。

人类在发现和解决科学技术问题的过程中，许多科学（技术）认识、科学（技术）认知方式并非一直像人们当下理解的那样。例如，对于"发现"的发明及其"命名"，就是人类科技认识、认知的一种创造性建构。名词 discovery（发现）首次以其新含义在英语中出现是 1554 年，其动词形式 discover 的出现是 1953 年，voyage of discovery（发现性航海）于 1954 年被使用。①随着"发现"思想的出现，以及随后的领先争议（即谁是第一发现或第一发明的"首创权"的争议）、把每一个发现

① 戴维·伍顿. 科学的诞生：科学革命新史[M]. 刘国伟，译. 北京：中信出版社，2018：92.

都与一个被指定的发现者联系起来的决心的发展，某种可以被识别为现代科学的东西第一次开始显现。像"磁铁"的磁性、磁极、磁偏角等性质的"发现"过程，不仅是科学发现的历史，也是人类进步的历史。

如同"发现"的发明，"科学事实""法则""假设""理论""证据""判断"等，无一不是人类在发现、分析和解决科学技术问题的过程中不断建构出来的新概念或新做法。事实上，文艺复兴不仅发明了"发现""领先争议""人名命名法"，而且承认了"毁灭性事实"——抛弃已被接受理论的事实——的存在。1700 年之前，文艺复兴科学基本上可以看作是古典科学的延伸，但是 1700 年科学事实的发现打破了这种连续感。所谓"事实"，是指一种的确已经发生或确实如此的东西。事实是如此的重要，因为是"事实"证明了那种以经验为基础的知识，也才有了"事实胜于雄辩"——事实永远会赢。然而，"事实"曾一度不存在。在"事实"没有被发明之前，知识地图的样子在今天的人们看来很难令人信服：有真理，是以他人的看法为基础；有知识，是以他人的经验为基础；有证据，是以他人的说服力为基础。"事实"地位的确立，还与"特殊事实"如何转化为"普通事实"、事实如何在语言中表达（语言中出现"事实"这一词语）等有关系。

与科学"事实"紧密联系的是关于"自然"的概念。"自然"是"自己如此"的意思，它是日本人对"nature"一词的翻译。在古汉语中，"自然"不是一个独立的词，而是两个字连用构成的词组。[①]"自然的发现"（后来是"自然的发明"），使得"自然物"这个存在领域被开辟出来，并且以特定的方式造就了"自然"的某种优先地位。[②]与科学"事实"紧密联系的，还有人们经常提及的科学"实验"，以及"观察""法则""假设""理论""证据""判断"等科学认识性、认知性概念。"科学探究"也是一个科学认识性、认知性概念，它的被发现及人们有意识地将其引入教育中来，为基于科技史认识属性的科技人文融合创新教育提供了一个基本的思考框架。受社会发展背景和科学教育价值观的影响，人们对科学探究的内涵理解可以分为以下三种：将科学探究视为一种教学方法，认为教师应引导学生通过收集和分析证据等过程来自主建构科学解释；将科学探究视为一种学习过程，强调学习者作为科学探究的主体，在学习活动中主动形成科学观念，理解科学的本质；将科学探究视为一种育人目标，强调

① 吴国盛. 什么是科学[M]. 广州：广东人民出版社，2016：93.
② 吴国盛. 什么是科学[M]. 广州：广东人民出版社，2016：101.

科学教育要培养学生的科学探究能力，加深学生对科学探究本质的理解。这三种理解并不是彼此矛盾的，只是基于的视角不同罢了。根据人类活动总是基于特定目的及人类活动总是发生于一定过程中的特点，科学探究即学生在探究过程中发展起来的科学探究能力，以及学生对科学探究的理解；科学探究也是让学生主动参与到与科学家相似的并且由行为、思维和情感活动交互构成的教学活动中，完成数据分析、建构科学解释等一系列逻辑上相连的思维操作或行为操作。

科学认识的发展过程不只是科学"事实""实验""观察""法则""假设""理论""证据""判断""推理""论证""解释"等认识形式（认知形式、认知方式），还有"常规科学""科学革命"等认识形式。"常规科学"用以表征科学家团体在范式指导下不断积累的知识。库恩（Kuhn）认为，常规科学的基本特征是积累和继承，是在范式支配下解决难题的活动。[①]与"常规科学"不同，"科学革命"则是指由科学的新发现和崭新的科学基本概念与理论的确立而导致的科学知识体系的根本变革。它是人类认识领域的革命，也是科学理论体系的根本改造和科学思维方式的变革，从而把科学对客观世界的认识提高到一个新水平，并提出种种新的认识客观世界的原则。"科学革命"之所以能够称为"革命"，说明了科学发展与政治发展虽然差异悬殊，但是两者中都存在着可称为"革命性的事件"的东西。[②]这一类比，也说明了"科学革命"本身就是科技人文融合带来的一种创新。

科技史不仅应该包括科学（技术）认识、科学（技术）认知方式的发展与变化，也应该包括科学（技术）的应用方式、利用方式的发展与变化。科学是生产知识的社会活动，知识的生产效率受到多种因素的影响。基于新思想、新原理的发明可能会导致跨越式发展。古代中国发明了火箭，但主要将它用于娱乐。第一次世界大战之后，德国被限制发展火炮等已知的武器，却在第二次世界大战中发明了限制清单里没有的新武器——导弹，开启了一条跨越式发展的技术路径。美国、苏联等国分享了德国的 V2 导弹技术，改变了军事技术格局，并且促成了航天事业。[③]需要说明的是，根据布鲁姆（Bloom）的教育目标分类学，"应用"本来就属于"认知加工"的过程之一，从这一层面来说，科学（技术）应用方式、科学（技术）利用方

① 周林东. 科学哲学[M]. 上海：复旦大学出版社，2004：213.
② 托马斯·库恩. 科学革命的结构[M].4 版. 金吾伦，胡新和，译. 北京：北京大学出版社，2012：79.
③ 张柏春. 科技史：从历史演变中理解科学技术[N]. 科普时报，2019-03-15（001）.

式依然可以划入科学（技术）认识、科学（技术）认知方式之中。

在论及科技史应该包括科学（技术）认识史的时候，不能不提及美国著名的技术哲学家卡尔·米切姆（C. Mitcham）的技术认识的过程模式。1978年，米切姆在其发表的《技术的类型》（Types of technology）一文中，通过对技术的四种类型（即把技术看作对象、过程、知识和意志）的哲学分析，提出并论述了技术认识的过程模式（图7.8）。①他认为，技术认识的过程是按人的四种主要活动来讨论的，即发明、设计、制作、使用。发明和设计作为人类活动，趋向于把技术看作知识或意志，制作和使用（工具、产品等）就成了技术作为过程的本质特征。他指出，"发明"往往可以分解为研究和研制，研究是运用科学的和数学的知识加上试验结果来综合新的材料或创造新的能量及能量转换过程，而研制则是运用这些材料和能量来设计并制造原型样机产品，以解决特定问题或满足特定要求。设计是汲取发明成果并把它应用到大规模生产中去，可以看成是在思想中以现有知识为基础解决制作问题的一种尝试。制作则可以细分为施工和生产，从实质上看，所有的制作都包括制成品的使用，但并非所有的使用都会导致制作。

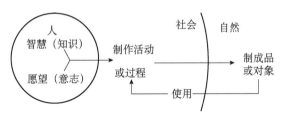

图7.8　技术认识的过程模式

对于科技史的认识论意义（认识属性、认知属性）维度的强调，可以说为科技人文融合创新教育开了又一扇窗户。在科学技术发展的不同历史阶段，人们对科学技术的认识或利用方式是各不相同的，这种不同自然也影响了人们的科学教育观念，进而影响了人们的科学教育实践。例如，作为一门新兴的综合性、交叉性学科，系统科学不仅自身是在数学、物理、生物、化学等学科的基础上，结合运筹、控制、信息科学等技术科学发展起来的，而且在工程、社会、经济、军事、生命、生态、管理等领域得到发展与应用，体现了科技人文融合创新的特点。系统科学以系统思想为中心，综合多门学科内容，形成了一个新的综合性科学门类。系统科学的形

---

① 转引自陈其荣. 当代科学技术哲学导论[M]. 上海：复旦大学出版社，2006：385.

成、发展和成熟，对人类的思维观念和思想方法产生了根本性的影响，使之发生了根本性的变革。系统科学的理论和方法已经广泛地渗透到自然科学和社会科学的各个领域，一方面为科技人文融合创新教育提供了认识论意义的指导；另一方面对科技人文融合创新教育提出了全新的挑战。

第八章

基于不同艺术载体的科技人文
融合创新教育

科学和艺术都是人类的重要社会实践活动，它们是一枚硬币的两面，都追求创造性、深刻性、普遍性，永恒而富有意义。科技创新为艺术发展提供了多样的表达空间，艺术想象力的无拘无束也为科技创新提供了更多的可能性。[①]面对当下飞速发展的科学技术，艺术与科技的联系比以往任何时候都更加紧密，科技与艺术的融合也变得比以往任何时候都更为迫切。在这一时代背景下，探究科技+艺术的科技人文融合创新教育问题，发挥科幻画、科学摄影与科学微视频等在促进学生深入理解科学、技术与社会的相互关系，激发学生的科技学习兴趣，培养学生的科技人文融合创新实践能力和社会责任感，并通过艺术与科学两种方式来创造性地把握世界等方面的作用，具有重要的教育理论意义和实践育人价值。

① 黛布拉·德维特，拉尔夫·拉蒙，凯瑟琳·希尔兹. 艺术的真相：通往艺术之路[M]. 张璞，译. 北京：北京美术摄影出版社，2017：498-499.

一、科技+艺术是科技人文融合创新教育的重要途径

艺术本就属于人文这一大的范畴，因此艺术与科学的关系和人文与科学的关系十分相似，它们在观念上相互启发，在方法上相互借用，在学科上相互渗透，在精神上相互融通，正在成为一种日益普遍的文明建设活动。[①]艺术与科学"和而不同"，相互启迪、促进、丰富、融合、创新，必将谱写出人类文明新的壮丽诗篇，也构成了科技人文融合创新教育的重要途径。

科技与艺术在对一些自然现象的研究上有着共同的特点，例如，对色彩和光的研究，是科学与艺术共同关注的课题。[②]牛顿对光学的最大贡献是提出了色彩理论，他用实验证明阳光即白光是由多种色彩的光构成的。他通过一块棱镜将一束入射的白光分解成为彩虹样的彩色光带。艺术家歌德（Goethe）写了三大卷专著讨论色彩问题，其色彩理论是非数学的，是主观性的，强调色彩属于心理效应。19世纪后期，法国巴比松风景画派和印象主义画家对色彩与光的探索做出了贡献。印象主义画家认为，在光和色的关系上，物体无固定色彩，只是光波在物体表面颤动程度不同的结果，主张用日光七色来表现大自然的瞬间印象，采取在户外直接描写景物的新方法，主张用对物体的"同时观察"来取代对自然的"连续观看"，捕捉阳光一刹那间在物体上的变化，强调光色变化中的整体感和氛围。新印象主义创立了点彩方法，使由点分割的色彩形成面，从而组成物体或人物形象。他们认为，在绘画创作中可以用科学的理性方法来设计色彩的布局，从而达到预期的造型效果。[③]再如，关于声音现象的研究，音乐中关注音高、力度和音色[④]，科学中关注音调、响度和音色，虽然名称上略有不同，但是核心内容是完全一致的。声音来自物体的振动。所谓音高，即我们听到的某种声音的相对高度。声音的高低由它的振动频率即它的振动速度决定。在音乐中，一个有固定音高的声音成为乐音。任何两个乐音间

① 肖峰. 论科学与人文的当代融通[M]. 南京：江苏人民出版社，2001：292.

② 黛布拉·德维特，拉尔夫·拉蒙，凯瑟琳·希尔兹. 艺术的真相：通往艺术之路[M]. 张璞，译. 北京：北京美术摄影出版社，2017：92-93.

③ 陈池瑜. 论科学与艺术的本质[EB/OL]. https://www.sohu.com/a/459718284_120142689.（2021-04-09）[2023-10-20].

④ 罗杰·凯密恩. 听音乐：音乐欣赏教程（全彩插图第11版）[M]. 韩应潮，译. 北京：北京联合出版公司，2018：6-7.

音高的距离，称为音程。当两个音之间的音程是一个八度时，它们听起来就会十分相似。人的声音或是一样乐器能发出的最高音与最低音的距离，称为这个声音或乐器的音域。声音响亮或者轻柔的程度，称为力度。强度和产生声音的物体振动的幅度有关。一个音的强弱是相对于它周围的音的力度而言的。音色的改变形成了音乐的对比和变化。这些内容既是科学，也是艺术，是科学与艺术的有机融合、统一。

科技与艺术不仅有共同的关注对象，还有着共同的"劳动"起源。①劳动创造了人类，劳动创造了文明，劳动也创造了科学与艺术，促进了科学与艺术的发展。人类劳动需要对象，最根本的对象就是自然，即改造局部自然环境。因此，我们需要认识自然、了解自然、把握自然。人们要耕种，首先需要了解哪些地方适宜耕种，要了解气候变化、植物特性，以及动物的生态特点、运动轨迹和食物链条，要冶炼金属，要掌握用火技能，要探索合金配比。这就是科学的本质。劳动还需要工具。原始先民凭借先天创造力和根据生存需求，能制造并使用简单工具；今天的劳动者会制造并使用复杂工具，大到汽车、轮船、飞机，小到纳米制造、原子薄膜等。制造工具本身就是创造发明的实践，使用工具就是技能技术的体验。劳动需要组织。原始部落的出猎需要群体配合，抗击灾害需要集体行动，今天的自动化生产线是流水作业的团队劳动。但是，只要是群体活动就需要组织，需要信息沟通，需要统一思想。这些需要恰恰是艺术表现的用武之地，也恰恰是艺术感召力的体现。因此，劳动创造了艺术，劳动促进了艺术繁荣。

科技与艺术特质在许多个体身上能够融为一体，相得益彰。从历史上看，许多科学家具有很优秀的艺术天赋，而许多艺术家表现出了很强的科学认知能力。从古希腊的"萌芽"科学家②开始，很多人都展现出了极高的艺术天赋，像"科学之父"泰勒斯（Thales）、"数学大师"毕德哥拉斯（Pythagoras）、"物理先驱"阿基米德（Archimedes）等都是集科学家、艺术家、哲学家于一身。特别是文艺复兴时期的达·芬奇，他一生海量的笔记涵盖了天文学、解剖学、物理学、光学、数学等学科领域；他对人体血液循环系统的探索、对眼睛视网膜成像的探讨，开

---

① 李乃胜. 判天地之美 析万物之理——试论科学与艺术的深度融合[N]. 中国科学报，2015-11-06（10）.

② 现代意义上的"科学"在那时还没有从"哲学"的母体中分离出来，因此还没有现代意义上的"科学家"，故形象地表述为"萌芽"科学家。特此说明。

辟了新的医学领域；他对人工飞行、垂直升降、近代武器都有独特的设想；他的《蒙娜丽莎》《最后的晚餐》等杰作，堪称人类文明史上的登峰造极之经典；他不仅擅长绘画、雕塑，还是一位出色的里拉琴演奏家；他还是一位语言学家，谙熟拉丁文和希腊文。达·芬奇集画家、雕刻家、发明家、科学家、建筑师、音乐家于一身，是艺术和科学集于一身的典型代表，开创了一个科学与艺术融合的新阶段。中国航天事业的奠基人钱学森也是一位将科学与艺术完美融合的代表。青年时期，钱学森在交通大学求学的时候，就是学校管弦乐队的圆号手。作家叶永烈撰写的《钱学森的故事》一书中，记录了这样一则有趣的故事：理工科出身的钱学森对电影《向宇宙进军》提出了很多具有建设性的指导意见，例如，他建议在影片开头应该表现中国古人对太空的美好向往，从马王堆汉墓出土的立轴上的月亮、太阳、神仙，到嫦娥奔月的神话、敦煌飞天壁画，他还建议这一组镜头同时应该以古筝配上中国古典乐曲作为辅助。①可以看出，钱学森对音乐有着独到的理解，他认为音乐不是简单的音符和线谱，而应该是更高的层次，音乐与科学技术应该是相互交融、相互影响的。所有这些都说明，科学和艺术之间有一个共同的需求，就是创新素质，表现在一个人身上就是很强的思维、好奇、质疑、理解、创造能力。

科技与艺术相互融合，能够促进科技与艺术的创新、发展与繁荣。科技创新与进步需要通过艺术来表现。因为只有用深入浅出的语言表述、通俗易懂的名词概念和引人入胜的艺术形式，科学技术才能为广大人民群众所理解、接受，才能从根本上提高生产力的发展水平，进一步推动科技创新与发展。科学上许多重要发现和重大难题的突破，往往是研究者在百思不得其解中突然受到形象思维启发茅塞顿开后取得的。德国气象学家魏格纳（Wegener）在 1910 年的一次阅读世界地图时，被大西洋两岸的相似性吸引，这一偶然性的发现（大西洋两岸的相似性），加上相关成果的启发，使他在 1912 年的地质会议上提出了这一发现，但是直到1915 年，魏格纳才终于能够利用一个较长的病假期，对着地图无数遍地环视各大陆的轮廓，再次检视了大西洋两侧惊人的"反对称"形状，通过一系列古生物学、岩石学证据，创造了一个全新的大地构造理论——"大陆漂移"，从而催生了地

---

① 叶永烈. 钱学森的故事[M]. 北京：中国青年出版社，2018：1.

学史上划时代的革命——板块构造理论的诞生。[①]魏格纳的这一发现，也是他综合运用地貌学、地质学、地球物理学、古生物和生物学、古气候学、大地测量学等多个学科知识的一种创新。"苯环"这个重要概念的发现，使人类对有机化学结构的认识向前推进了一大步，实际上是凯库勒（Kekule）受到环状蛇的形象启发，是艺术形态促成了科学发现。另外，艺术的创新与提升离不开科技的支撑。传统艺术形式依然需要通过科技的支持来达到更高的层次。当代油画运用的不仅仅是油画颜料，更多会运用综合材料，而这些综合材料也同样来自科技的支持，许多需要进行科学的分析组合才可以。科技支持着油画效果多样性的表现。今天舞台上的集声光电、自动化、程序化于一体的多媒体背景与过去人工画板的舞台风格已有天壤之别，表演中三维模式的风雨交加、雷鸣电闪，几乎可以乱真。这一切都是科学技术的杰作。

科技与艺术是人之双眼、车之双轮、鸟之双翼，是人类文明智慧的顶峰。从古至今，优秀的科研成果往往体现了艺术水平，精美的艺术作品往往是科技进步的结晶。当今，科学与艺术的交融越来越受到人们的关注，不仅强调科学技术与艺术技艺的融合，也关注科学思维和艺术思维的融合，并且已成为当今世界科学文化发展的特征之一。法国著名文学家福楼拜（Flaubert）早在19世纪中叶就预言过，越往前走，艺术越要科学化，同时科学越要艺术化；两者在山麓分手，回头又在山顶会合。[②]他的话在今天得到了越来越多证据的证实。

科技与艺术的融合不能仅仅是喊喊口号，更应该扎扎实实地进行实践与尝试。特别是要在中小学开展科技与艺术融合的创新教育，因为说到底，科技与艺术来源于共同的基础，即人类的想象力和创造力。例如，上海科技馆联合多家博物馆、高校科研院，共同主办了"一带一路"科技文化展之"青出于蓝——青花瓷的起源、发展与交流"展，不仅呈现了青花瓷的发展脉络、文化内涵、艺术魅力等，同时关注到了青花瓷制瓷与科学研究的发展，为公众呈现了科学与艺术交融的"青花盛宴"；中国科学技术大学梁琰老师拍摄了《美丽化学》系列视频，从艺术角度阐释了科学之美，让更多孩子在科学启蒙阶段就爱上化学。[③]也正是基于这一考虑，在

---

① 彭立红，刘平宇. 地质学现代革命的伟大奠基者——纪念 A. 魏格纳诞辰一百周年[J]. 自然辩证法通讯，1980（5）：56-66.

② 严加安. 科学与艺术有共性也有交融[J]. 数学通报，2012（2）：1-5.

③ 宋娴. 让科学与艺术跨界融合[EB/OL]. http://theory.people.com.cn/GB/n1/2017/1201/c40531-2967891 0.html.（2017-12-01）[2023-10-20].

中小学校开展基于科幻画、科学摄影及科学微视频的科技人文（艺术）融合创新教育，不仅具有非常重要的现实意义，而且有助于凸显艺术作为科技创新支援意识①的独特作用。

科技与艺术的融合及其创新是无止境的，恰如人们对艺术的认识永无止境，总有新的东西尚待发现一样，人们对科学的认识也是永无止境的。面对伟大的艺术作品，似乎每看一次便呈现一种面貌，它们似乎跟活生生的人一样高深莫测，难以预言。那是一个动人心弦的世界，有它自己的独特法则和奇遇异闻。任何人都不应该认为自己已经了解了它的一切，因为谁也没有臻于此境。②对于科技与艺术的融合创新，我们当然也需要秉持这一态度。

需要说明的是，艺术不是为人们提供一件有使用价值的器具，也不是用命题陈述的形式向人们提供有关世界的一种真理，而是向人们呈现的一个意象世界，从而使观众产生美感（审美感性）。③再者，艺术的类型是多种多样的，例如，视觉艺术（包括绘画、雕塑、工艺美术、摄影艺术、舞蹈、杂技、建筑和园林艺术等）、听觉艺术（包括音乐、曲艺等）、视听艺术（包括戏剧、电影和电视剧等）、想象艺术（主要指文学艺术）等。接下来讨论的主要内容是与"观看"有关的视觉艺术。我们凭经验容易知道，视觉在所有感官中是最为重要也是最为基本的，不仅如此，视觉事物对于当代社会生活的文化建构也最为关键。④事实上，视觉是一种主动性很强的感觉形式，在观看一个物体时，我们总是主动地去探查它。视觉就像一种无形的"手指"，运用这样一种无形的手指，我们在周围空间中运动着，我们走出很远，来到能发现各种事物的地方，我们触动、捕捉它们，扫描它们的表面，寻找它们的边界，探究它们的质地。因此，发挥艺术教育对于创造性激发的积极作用⑤，探究科技+艺术的科技人文融合创新教育问题，将主要聚焦于基于科幻画、科学摄影与科学微视频等的科技人文融合创新教育问题。

---

① 在波兰尼的知识论中，他把人的意识区分为明显自知的集中意识和经由潜移默化而得到的支援意识，人的创造活动便来自这两种意识相互激荡的过程。在这个过程中，支援意识发挥的作用尤为重要。当艺术转化为支援意识的一部分时，科学研究工作也可能因此而收获有深度的原创性思想。特此说明。

② E. H. 贡布里希. 艺术的故事[M]. 范景中，译. 南宁：广西美术出版社，2008：15.

③ 叶朗. 美学原理[M]. 北京：北京大学出版社，2009：100.

④ 吉莉恩·罗斯. 观看的方法：如何解读视觉材料（原书第 3 版）[M]. 肖伟胜，译. 重庆：重庆大学出版社，2017：3.

⑤ 艾伦·维纳，塔利亚·R. 戈德斯坦，斯蒂芬·文森特—兰克林. 回归艺术本身：艺术教育的影响力[M]. 郑艳，译. 上海：华东师范大学出版社，2016：186.

二、基于科幻画的科技人文融合创新教育探索①

科幻画是以科技发展为主导，对未来进行想象，并以此为基础进行绘画构思和创作的一种绘画题材类型，也是充分发挥学生科学与艺术创新能力的一种理想方式。面向全国青少年和辅导员的具有示范性和导向性的综合性科技竞赛活动——全国青少年科技创新大赛，也将科幻画作为重要的比赛项目纳入赛事。科幻画究竟有着怎样的育人价值？遵循着怎样的教学规律？在中小学校开展的实际状况如何？如何在科幻画教学中促进学生深入理解科学、技术与社会的相互关系，激发学生学习科学的兴趣，培养学生的创新实践能力和社会责任感？这都需要在研究思考和教学实践中予以尝试性的回答。

（一）科幻画教学之于科技人文融合创新教育的价值

科幻画是指中小学生在了解、掌握科学知识的基础上，产生丰富的遐想或幻想，以科学理论为指导，并且运用绘画语言表现人类未来生活、社会发展、科学技术进步的一种绘画形式。科幻画以严谨的科学理论为基础，以创新、幻想为支撑，以绘画为展现途径，是将科学和艺术有机整合的一种表现形式。科幻画是学生在已掌握的知识和经验的基础上，通过科学的想象，应用绘画语言创造性地表达出对世界万物、未来人类生活、社会发展、科学技术的遐想而产出的绘画作品。科幻绘画是一种能真实反映孩子童心的艺术形式，是孩子们对周围世界面向未来最直接、最朴素，也是最深刻的感受。

科幻画源自科幻小说的插图，其全名是"科学幻想画"。幻想画通常含有天马行空的想象元素，向人们展示新奇的世界，让人沉醉其中，因此给人们留下逃避现实的印象。另外，幻想画又大多建立在科学的基础和人们对于美好生活的向往之上，它引导人们去大胆想象，特别是幻想画中的科幻情景，总是走在科技的前端。这些在今天看来是幻想的事物，明天未必不会变成现实，因此人们又称之为"科幻画"。

① 本节内容是在孙静文研究的基础上修改完成的，感谢孙静文为本书研究所做的工作。孙静文. 小学科幻画教学探究——基于科学与艺术教育融合的视角[D]. 南京师范大学，2021.

探究科幻画的教学问题，必须区分想象与幻想两个概念。想象是一种智力活动，是属于智力范畴中的认识活动。它来源于现实，对现实进行归纳、概括，加上个人主观已有的一些经验，进行加工后，成为一种超越现实的东西，这个过程就是想象。心理学认为，想象是在已有的表象的基础上，在大脑中产生许多新的形象。幻想是想象的一种，是比较特殊的想象。其特殊之处在于，想象产生的新的意象要比一般想象的意象更加超越于现实生活和事物，带有更多的主观性。①想象和幻想是人对客观世界的一种认知，是一种发散、超越自我的思维方式。想象者和幻想者通过思维活动描绘出一种新的、超越于现实生活的景象，二者都与现实有着密切的关系，仍然保有现实的根基，但是幻想的自由度更大一些。

科幻画教学，因其"科""幻""画"等构成元素，对促进学生的科学素养、创新能力、审美素养的发展具有重要的作用。

首先，科幻画教学有助于深化学生对科学的理解，提升学生的科学素养。科学素养是个体在日常生活、社会事务及个人决策中对所需要的科学概念和科学方法的认识与理解，以及在此基础上形成的稳定的心理品质。小学生的科学素养包括科学知识、科学探究、情感态度与价值观，要求学生能够理解科学知识，基于已有科学知识确定问题，得出（或提出）基于证据的结论，做出关于自然世界的决定，并且通过人类的活动做出调整。②

科幻画是引导学生接触、探索科学以及培养科学兴趣、习惯的好方法。兴趣是学习的原动力，科幻画教学应采用丰富多样的形式呈现教学内容，激发学生学习科学、研究科学的热情。科幻画题材的多样性，使得其涵盖的科学知识范围具有一定的广度。在课堂教学中，学生查找资料、展示资料，小组讨论汇报，种种研究总结的方式被广泛应用于课堂，由此学生将有更多的机会去学习相关的科学知识，了解最新的科技前沿。

科学研究就是发现问题并尝试解决问题的过程，因此在小学阶段的科学教学中应培养学生发现问题和提出问题的能力，以及提出解决问题设想的能力。学生在科幻画的学习过程中总能碰到这样或那样的问题，部分学生不能有效地解决问题，或者说他们解决这类问题的能力相对比较低，还有一部分学生缺乏主观能动性，这进一步导致其碰到问题不知道怎么去解决。心理学认为，个体可以对外部或内部的

① 陈会昌，夏蕾. 儿童的想像与幻想[M]. 南昌：二十一世纪出版社，2001：100-102.
② 曹东丽. 科幻画——艺术与科学的完美结合[J]. 辅导员，2011（6）：88.

刺激或影响做出积极和有选择的反应，通过将思想和实践结合起来，在外部世界发挥积极、有针对性和有计划的作用。①因为不知道如何自己解决问题，一些学生在碰到问题时无法积极地思考并寻求解决问题的方法，而科幻画教学可以引导学生从发现身边的小问题开始，通过不断地分析与论证，合理地想象出解决问题的方法，通过"以小见大"的方式帮助学生了解科学的研究过程和方法，进一步提升科学能力。

学生的科幻画体现了其对科学发展的畅想和展望，描绘了学生对美好生活的向往和期待。在科幻画的创作过程中，学生接触科学、应用科学，感受到科技发展为人们带来的正向改变，进一步帮助自己树立起热爱科学、热爱祖国的思想。

其次，科幻画教学有助于丰富学生的科学想象，培养学生的创新能力。想象是由人的感觉和想法之间的联系创造的，并有助于发展更深的理解。想象力为我们提供了理解信息的能力，使我们能够理解世界和人，也是点燃创造力的火花。②丰富的想象力充满学生的头脑，使得学生能用纯真的心灵来直接而不受约束地表达自己的情感，这也是一种智慧的体现。学生掌握的知识量相对较少，不易受到现有经验的束缚，因而他们的思维比成年人更加活跃、大胆，且充满想象力。想象是学生个性发展的一个重要条件，其作为一种认知活动影响着人的个性特征的形成。想象力也是学生心理发展的内驱力，是人的创造力的本源之一。

想象在学生的学习和思维发展中具有重要作用。想象力是创造力的基础，没有想象力就没有创造力，想象是人的创造活动的必要因素，任何创造都必须依靠创造性的思维活动和创造想象来实现。想象力是人们从事科学创造、艺术创造必不可少的基本素质，也是人生发展必需的基本素质。③

科幻画课程的开展遵循小学生生理及心理的客观发展规律，通过构建自由的互动空间，顺应其本有的发展基础来培育学生的想象力。科幻画将科学与艺术领域的内容围绕主题融入项目活动之中。在科学幻想这一学习情景中，学生以更加包容、开放的心态去思考科学问题，能够激发更多的创新潜能。在创造性的探索活动中，学生不断累积，提升自己的科学素养，最终能实现科学想象能力与创新能力的

① 胡丽. 科幻画在儿童青少年心理科普教育中的应用价值[J]. 艺术评鉴，2020（4）：178-180.

② 帕蒂·德拉珀. 激发学生的创造性：提高创新思维能力和解决问题能力的实践方法[M]. 王海燕，刘兆洋，译. 北京：科学出版社，2020：42.

③ 刘宏森. 想象力：创新能力培养的"切入口"——青少年创新能力培养途径分析[J]. 山东省青年管理干部学院学报，2007（1）：33-36.

综合发展。

学生时代是人一生中想象力迅速形成和发展的时期，不失时机地培养和发展学生的想象力，激发学生的创新意识和勇于展现自我的个性，是推进素质教育的重要课题。在当下过度教学、程式化教学及缺乏创新引导的教学现实困境中，想象力的培养空间受到了制约，而科幻画教学正好可以弥补传统教学中这一内容的缺失。

最后，科幻画教学注重学生的艺术表达，有助于发展学生的审美素养。视觉表达是学生进行创意表达的重要途径之一，学生需要知道的是头脑中产生的创意想法不仅可以通过语言的形式向外界进行传达，还存在多种以"作品"形式得以呈现的创意表达方法。因此，教师要引导学生通过灵活恰当的方式来表达创意，由此转变教与学的方式，转变在小学科学教育中实施创新教育的对策，以此促进学生的个性化发展。[①]小学教育是培养学生创新能力的启蒙阶段，科幻画教学是实施创新教育的很好载体，具有很强的应用性和创新性。科学教育与美术教育中蕴含的极其丰富的创新教育内容为培养创新型学生提供了很好的资源，教师应在充分尊重学生的差异性及主体性的基础上，为学生提供自主学习的空间。科幻画通过学生的创意表达来反映学生深层次的认知发展，美术教育通过强调个体与其他多层面环境的积极互动来获得对美的认知，其中涉及的各种能力需要通过实践及反复练习来得到提高。

科幻画课程还可以促进学生审美观的形成，使学生对科学美、艺术美、自然美、动态美和静态美的欣赏能力和领悟能力有所提高，通过参加各类内容的科幻画活动，学生的审美思想将更加形象化和具体化。各种艺术类型的创作都和审美素养有很大关系，只有具备审美素养，才能发现生活中的美好事物，其在美学创作中占据着重要的地位。学生审美素养的培养，不仅有助于学生艺术气质的形成，还能提升学生的审美能力，满足学生的审美需求，为美术创作打下良好的基础。

（二）中小学校科幻画教学的调查分析

为了了解中小学校（主要是小学）科幻画教学的真实状况，我们专门就学校科幻画教学的实际开展情况，以及教师对科幻画教学的认识与态度等问题进行了访谈调查。调查发现，在学生层面，他们还不太能理解科幻画的基本内涵与性质，也

---

① 施建农. 创造力与创新教育[M]. 北京：军事医学科学出版社，2015：36-42.

未能掌握科幻画创作的基本思路与技巧，不知道如何以合理的绘画方式来展现自己的富有科学幻想的创造性思维。科学性、前瞻性及新颖性是学生在科幻画创作过程中应始终秉持的理念，然而学生对科幻画的要素特点掌握得并不好。另外，在科幻画创作的科学幻想与美术表达两个学习阶段，都存在一定学科性的技巧方法，通过掌握思路方法可以帮助学生更好地体验科幻画的创作过程。然而，实际情况不容乐观。

在教师层面，科幻画教学存在着明显的功利性倾向。部分教师在科幻画教学中片面追求教学效率、过度关注教学任务、模仿获奖作品，使得画面构思流于形式。这样的科幻画教学具有功利性，忽视了学生的发展需要，使得学生作品缺少个性化色彩。一些教师甚至认为只要能辅导学生创作出画面技法成熟、视觉效果好且能获得奖项的科幻画作品，就称得上有效且成功的科幻画教学，这也导致其指导的作品落入俗套、成人化的怪圈。教师在辅导学生进行科幻画创作时，应与学生的知识现状相匹配，运用教育学原理，创设和学生认知规律相符的学习环境，要强调学生个性的展现、情感的发挥、审美能力的发展。一旦教师过分强调程式化与模式化，科幻画的创作就脱离了学生内心的想法和他们的情感表达。情感是人对现实的一种特殊反应，教师在辅导学生创作时，应该避免强调审美主体对客观对象的审美需求，否则作品虽然有时能在视觉上打动观者，但通常在创意上会大打折扣。

科幻画的教学实际上是跨学科的教学，因此对于相关辅导教师的基础知识及专业知识的储备有较高的要求，现实情况下比较缺乏能够胜任跨学科教学的全能型辅导教师，因而要大力促进科学与美术学科教师间的交流合作。

在学校层面，科幻画教学还没有得到应有的重视，是美术课与科学课都不太关注的空白地带，因而导致学生对科幻画的基本认知不足，以及科幻画创作基本技能学习内容的缺失，也就在根本上导致了难以激发学生对科幻画的参与兴趣和创作热情。近年来，我国非常重视科技创新教育，学校应积极构建学校科幻画教学体系，给予科技人文学科融合教学更多的发展机会。然而，目前很少有学校能做到全方位、深层次地开展科幻画教学，这种客观条件的限制从根本上制约了学生进行科幻画有关内容知识的学习。部分学校的教学方式为赛前的突击培训，在这种方式的教学中，学生的创作思路会受到影响和制约，提升的空间也将受到一定程度的限制。

在科幻画的教学实践中，普及性也是一个需要注意的问题。科幻画的教学应该是面向全体学生的，但是就目前的教学情况来看，科幻画只是少数"天赋型"学生的专利，对于一部分基础知识、技能掌握较好的学生来说，他们已经具备了较为丰富的科技知识储备及绘画能力基础。也有部分学生在日常生活中关注现实环境，善于动脑思考，教师应在创意构思、个性表达方面对这部分学生加以引导。学生在科幻画创作过程中要以直觉经验感受为绘画前提，用想象代替思维，在幻想和现实的交织中，用画笔表现自己的感受和体验。

相对于科幻画的教学实施过程情况分析，研究学生的科幻画作品则有助于我们从结果层面来把握中小学校科幻画教学的开展情况。通过对各级科幻画比赛的文件资料进行研读以及对大量优秀科幻画获奖作品进行比较分析，可以概括出评判科幻画质量和水平的三个基本维度：科学性——依托科技，逻辑构思；想象力——选题实际，创意新颖；艺术性——刻画细节，色彩和谐。例如，宁夏银川市第八中学俞洁同学的第 34 届全国青少年科技创新大赛一等奖作品《神奇 5D 电脑》①充分体现了科幻画作品的科学性、艺术性和想象力。5D 电脑的问世，是通过不同类型的数字电路让人们可以从视觉、嗅觉、触觉等各个方面有全新的体验，真正做到用一台电脑畅享不同的时空、不同区域的各种情景体验；在科技日益发展的今天，4D 技术已经普及，人们对科技的要求越来高，上网娱乐是人们一种重要的娱乐方式，那么如何在现有科学技术的基础上，丰富人们的上网体验呢？作者想到了5D 技术，是想象力的充分释放；画面主体近似黄金螺旋比例，增加了画面的美感与协调感，主体人物动态线条流畅清晰，背景线条繁密而舒展带来紧凑感，呈现出网络世界与人的紧密联系。

科学性、想象力、艺术性不仅是判断科幻画作品质量与水平的三个基本维度，也是学生科幻画创作中最容易出现的误区。

科幻画创作中容易出现的误区之一是缺乏科学性、概念不清，将拟人当成科幻。科幻画的内容应符合科学原理并且建立在科学依据的基础之上。科幻画以前瞻性和时代性为基础，但其本质上的科学性与逻辑性更不应被忽视，许多学生存在将科幻的概念混淆的情况，但拟人化的表现手法并不是科幻。但符合科学性并不是说

---

① 参见科幻画辅导材料 1：第 34 届全国青少年科技创新大赛绘画作品一等奖 [EB/OL]. https://mp.weixin.qq.com/s?__biz=MzI1MjA3NjMwNA==&mid=2247492271&idx=2&sn=3e1fa1ab0c18eb7deb1de75c966bab72&chksm=e9ebead0de9c63c659b5f1a4978e7d630393f2725612e5195c50ab0fe5bf071981ea43b88f13&scene=27.[2023-0-10-15].

要完全符合人类已有的知识，毕竟科技的发展日新月异，我们无法预知将来的世界会是什么样子，科学界又会有什么新发明、新发现，所以对于未来的想象不应过分要求逻辑与原理上的严谨，要用发展的观点去判断，可能今天觉得不可思议的想象，随着科学的新突破，明天就有可能会实现。

科幻画创作中容易出现的误区之二是想象力不足，作品题材单一、程式化。我们分析学生的科幻画作品时可以发现，其主题内容雷同的现象比较严重，缺乏从海、陆、空等不同范围，以及人类日常生活、环境变迁、城市建设到动植物演变与发展等方面寻找不同主题。对于限定的主题内容，例如，关于太空题材的科幻画创作，有相当一部分作品的内容存在雷同的情况，学生缺乏创新性的想象能力。很多学生都将自己想象成为太空飞船里的飞行员，坐在飞船上飞去不同的星球，创作想法千篇一律；或者简单化地把人类社会搬上了白云，移到了海底；或者是让果树上长满了各种不同的水果；等等。①这样的作品对于孩子而言几乎是没有什么想象成分的，因为这样的作品太多了，他们只是机械地模仿和简单地组合而已，原因是我们所处的学校、家庭、社会环境缺少科学的熏陶，拉大了学生与科学的距离。

视觉效果欠佳、技巧粗糙、缺乏科学细节是学生科幻画创作中容易出现的又一误区。艺术作品需要让人产生耳目一新的感觉，科幻内容再好，若缺乏完美的艺术表现形式，作品仍然不具有生命力。少儿科幻画的艺术性包括画面设计、色彩处理、绘画技巧。我们在研究了大量科幻画作品后发现，很多孩子在作品介绍部分展现了非常好的创意，但是通过画面表达出的内容却不尽如人意，出现"画好了"别人却看不懂的情形。也就是说，大多数学生的绘画能力不理想，即使学生有较为新颖的想法，在付诸实践时就会发现将其描述出来较为容易，但是要想画出来就极为困难。受学生自身的绘画能力的限制，创新想法难以落实，最后都会被学生遗忘，长此以往，学生投入科幻画创作的精力就会逐渐减少，也不再去进行创新性思考。

科幻画是画，不是科技制图，它反映了孩子们对未来科学发展的真实感受，是一种深刻的情感体验，是孩子们个性的展现、情感的发挥，因此真实地反映了孩子们的童真与童趣。②指导教师在引导学生欣赏作品和指导学生创作时，可以围绕画面的构图、造型的设计、色彩的运用、主次虚实关系、背景的表现等，来引导学生步入技法的大门，日积月累，才会显现成效。至于科幻画的表现形式，可以是水粉

① 杨波. 小学美术课与科学课融合的价值及科幻画创作教学探讨[J]. 艺术科技, 2019 (1): 262.
② 周天华. 基于核心素养的初中科幻画教学实践策略研究[J]. 美术教育研究, 2019 (14): 83-84, 87.

画、蜡笔刮画、版画、线描、钢笔画，既可以根据学生的喜好选择，也可以选择最适合作品的形式去表现。当科学的内容与完美的形式融为一体时，一幅好的作品就诞生了。但是，由于个体水平的差异，学生对于绘画的表现与思维的想象的层次也是参差不齐的，它受到先天教育、环境等各方面因素的影响。①在科幻画的教学过程中，教师应该从多个角度系统地对学生进行综合性分析，了解不同类型学生的绘画表现基础，有针对性地进行教学引导。

（三）中小学校科幻画教学的改进策略

第一，提高教师对科幻画教学的认识与理解，鼓励教师积极开展科幻画教学。落实科幻画教学，首先面临的问题与挑战是，相关教师对科幻画的基本内涵及其教育功能的认识不足，从而难以选择合适的教学方法开展科幻画教学活动。教师应该认识到，学生创作的科幻画作品，不仅可以反映学生的美术素养，还可以反映学生的科技素养，学生科幻画的学习过程既是艺术创造的过程，也是科技创新的过程。

开展科幻画教学，教师必须有清晰的教学目标意识。目前，人们对科幻画这一综合性教育内容还没有统一的、权威的教学目标解释，但是我们通过查阅文献和对实际科幻画教学过程进行考察后认为，教师应让学生了解科幻画的基本概念和科幻画题材的多样性，了解不同题材科幻画的概念和意义；了解和掌握科幻画的基本创作过程与各种绘图方法，逐步形成创新性的构思；关注科学与艺术的联系，获得新鲜的审美感受，增强学生对科学的兴趣和提高其想象力、创造力；学会相互合作与分享观点，通过科幻画创作提高科技创新和艺术表达能力。科幻画的教学目标也可以通过表 8.1 描述的三个维度来表示。

表 8.1　科幻画教学目标的基本维度

项目	目标维度
知识与技能	知识融通、综合应用 图像识读、艺术感知
思维与表达	逻辑思维、创新思维、批判思维、形象思维 色彩和谐、造型丰富、构图合理、创意表现
情感与责任	科学责任、应对未来 丰富审美、积极乐观

开展科幻画教学，教师必须具有逆向的教学评价思维，即评价设计需要提前。

---

① 曹东丽. 科幻画——艺术与科学的完美结合[J]. 辅导员，2011（6）：88.

评价是教学活动的有机组成部分,在科幻画教学中,教师也必须关注科幻画的教学评价,在教学之前设计好教学评价方案与标准,发挥科幻画教学评价的育人功能。科幻画是学生在科学基础之上展开的畅想,因此科幻画作品需要具有科学性,即具有科学基础;科幻画最终以"画作"的形式来呈现,因此对画面设计、色彩处理、绘画技巧等提出了较高的要求,画面需要干净和整洁,构图关系与造型设计能准确、清晰地表达主题,要求作者能紧扣主题采用适宜的绘画风格与技巧,注重色彩情感与个性表达;科幻画特别强调想象的力量,科幻画画作的选题,要联系生产实践和生活现状,大胆幻想人类社会短期或中长期可能的科学发展,这些将影响科幻画的创意和新颖程度。从整体性考虑,科幻画的质量还涉及作品的命名与说明撰写,以及作品的吸引力和感染力。科幻画作品的评价维度如表 8.2 所示。

表 8.2 科幻画作品的评价维度

评分类别	评分内容	作品评分
命名与论文	作品命名与作品介绍(5分)	
想象力	选题新颖(15分)	
	富有创意(15分)	
科学性	有科学依据(15分)	
	有生活基础(5分)	
艺术性	构图处理(15分)	
	色调表现(10分)	
	造型方法(10分)	
感染力	意图鲜明,能吸引人(5分)	
	寓意深刻,能启发人(5分)	
总分(满分100分)		

第二,引导学生避开科幻画创作误区,为学生科幻画创作搭建学习支架。科学性、想象力、艺术性不仅是判断科幻画作品质量与水平的三个基本维度,也是学生科幻画创作中比较容易出现的误区。引导学生避开科幻画的创作误区,为学生科幻画创作搭建学习支架,是科幻画教学中比较重要的任务。

从全国科幻画比赛的获奖作品来看,学生科学知识储备的广度及深度都在不断增加,科学思维越来越完善,作品依据或体现的科学原理也越来越有逻辑性和现实性。针对特定问题的解决,学生能够考虑到各种现实客观条件的限制,据此找到一定的科学依据去解决问题,并且能应用多种多样的技术手段解决现实生活问题,表达出追求美好生活的愿望。

科幻画不仅要具有科学性,还要在科学性的基础上追求新颖性和独特性。换言之,科幻画的新颖性、独特性也必须建立在科学性的基础之上。学生科幻画创作中的第一个误区是科学性不足。为了避免走入科幻画创作中的科学性不足误区,教师需要引导学生争做平时生活的有心人,多听、多看、多积累,通过杂志、电视、网络等多种途径了解最前沿的科技知识,搜集最新的科技信息,把自己认为有用的信息记录下来。同时,还要多观察、多思考,对于平时生活中认为不合理、不方便的事物,开动脑筋,将其变成合理、方便的事物,从而解决人们在日常生活中遇到的困惑。

学生科幻画创作中的第二个误区是想象力缺乏。为了避开想象力缺乏这一误区,教师需要因势利导,引导学生摆脱俗套,追求新颖,帮助学生展现创意,确定最佳的表现角度。科幻画创作与学生的想象力息息相关,需要学生发挥自己的想象力去创作具有个人特色的艺术作品,因此要求教师在教学过程中要不断激发学生的学习潜能,在科学知识的基础上发挥想象,进行探究性问题的解决。

科学想象常常是通过运用科学的推理、猜测、论证等科学方法,想象出现实生活中没有的形象,这一过程就是想象构思。好的构思及创意的产生,通常源自学生的生活积累,因此教师需要引导学生善于发现日常生活和学习中给人们造成不便的细节问题,从自身体验出发寻找合适的创意来源,也可以将眼光放到社会现实问题的解决上,结合当前的生活实际探寻解决问题的方向。想象构思关乎科幻画的主题选择与展现,有一个好的构思与创意,科幻画的创作也就成功了一半。

学生科幻画创作中的第三个误区是艺术性缺乏,亦即前文提及的科幻画艺术效果欠佳,或者说表达力不足。为此,教师需要引导学生掌握较多种类的画法,做到绘画表现与众不同。科幻画的绘画表现包括画种材质、表现手法、绘画技巧等。当我们确定了绘画主题并进行了想象构思后,接下来就该思考绘画表现的问题了。该采用哪一个画种进行造型表现?用什么样的材料工具?怎样构图最能表现出创作主题?怎样的表现形式最能突出主题?什么样的表现技法和色彩最能展现画面效果?所有这些都需要学生根据自己的爱好和需求及个人的绘画基础来确定。

科幻画创作的方法有很多,需要学生平时多积累和练习。例如,水彩画科幻画,应用多色彩色水笔或油性记号笔绘画,使用起来方便灵活、易于掌握,常在光滑细腻的素描纸和绘图纸上作画;油画棒科幻画,以油画棒为主要工具,辅以其他材料,在表面比较粗糙的纸上作画,具有色彩鲜艳、使用方便的特点,既能突出主题，又可以使画面呈现不同的色调和层次。此外，还有线描画科幻画、丙烯画科幻画、电脑画科幻画等。

学生进行科幻画创作通常要经历主题聚焦、查阅资料、思维想象、问题探究、创意表达、作品展示、评价反思等多种形式的学习活动，在这一由外而内和由内而外的不断往复过程中[①]，教师需要为学生搭建各种各样的科幻画创作的学习支架。例如，在没有限定学生科幻画创作主题的情况下，引导学生自己选择主题，用科幻画表现人类未知的领域，如飞向太空、探索地球以外的宇宙空间、开发其他星球；或者对社会现状提出质疑，针对能源缺乏、环境污染、自然灾害等问题，大胆预设未来解决的办法；关心人类生产生活的需要，聚焦城市垃圾处理、废旧电池回收等问题；关心人类自身的不足，如盲人、聋哑人等残障人士都有哪些生活需求；关注高新科技领域，如基因、纳米、克隆、激光技术，以及它们在生产生活中的创新应用等。

学生的艺术学习与科技学习应该置于更广阔的文化和生态视野中，以建立一种长远的和根本性的联系，使其既体现民族的文化精神，又顺应国际社会的发展趋势。在艺术与科技融合的课程中，艺术与科技的联系不是随意组合的，它们是建立在艺术与科技的文化联系基础上的，这里既有学生的绘画表达作为学生科学幻想的记录和交流，也有学生的科学思考对学生艺术表现的影响。

第三，凸显科幻画的跨学科特点，加强科学与美术学科教师间的交流与合作。科幻画具有跨学科的特点，在本质上是科学、艺术与人文的相互融合[②]，因此教师在教学中也需要将美术知识和科学知识相互渗透，积极开展科幻画的创新教学。鉴于学科知识的专业性特点，科幻画的教学需要科学教师与美术教师共同参与，在科幻画创作方面给予学生科学与美术方面的双重指导，从而使学生的科幻画作品兼具科学性与艺术性。科幻画创作中最重要的环节是构思想象过程与艺术表达过程，前者需要科学教师进行科学知识方面的引导，后者则需要美术教师在绘图技法上给予学生专业性的建议。只有科学教师与美术教师合作，学生在创作科幻画作品时才不会顾此失彼，才能创作出形神兼备的科幻画作品。

事实上，在追求艺术与科学相互融合的科幻画教学过程中，都应该包含两方面的相互融合，即作为最终目标的科学精神与审美追求的相互融合，以及作为实现目

① 艾略特·W.艾斯纳. 艺术与心灵创造力[M]. 朱珺，译. 北京：中国社会科学出版社，2016：95.
② 项志康. 课堂教学中的创造教育：创造教育的研究与实践[M]. 南京：南京大学出版社，2001：56.

标的途径和手段的科学问题探究活动与艺术表达活动的相互融合。在这一教学活动中，科学与艺术相辅相成、相得益彰。

三、基于科学摄影的科技人文融合创新教育探索①

科学摄影是用摄影技术来记录科学现象或表现科学事实的一种手段，作品兼具艺术价值和科学传播意义。科学摄影作品在强化科学认知、推进非正式科学学习、诠释科学与艺术的关系、拓展中小学生科学学习方式等方面具有积极和深远的意义。

（一）科学摄影的基本内涵及其教育价值

科学摄影是一个含义较为宽泛的概念，与物理摄影、化学摄影、生物摄影等具有相近的意思（因此在后文中不再细分）。②科学摄影一般是指运用摄影器材（如照相机、手机或摄像机）对自然界与生活中的科学现象或各种实验现象进行影像记录的过程。相较于科学研究的影像记录作品，科学摄影通过记录科学事物本身或某个现象，阐释科学原理及科学内涵，因此要求科学摄影作品更富于创意，更具艺术性和欣赏价值。

科学摄影可以按照一定的标准进行分类，如显微摄影、红外摄影、高空摄影、无人机摄影、专业科学摄影、普通科学摄影等。按成果形式，科学摄影有静物摄影、连续摄影和视频资料等类型。我们也可以按科学摄影创作对象将其分为自然类照片和设计类照片两种。自然类照片是日常生活中自然出现的包含物理原理的照片，设计类照片是通过人为设计从而展现特定物理概念的照片。

回顾科学技术的发展历程，可以发现一些堪称经典的科学老照片。例如，人类历史上第一张 X 光照片（图 8.1），是科学家伦琴（Röntgen）在 1896 年拍摄的，而照片中的手是他妻子的手，甚至可以明显看出戴的戒指。这些科学摄影老照片在推

---

① 本节内容是在吴捷的研究的基础上修改完成的。感谢吴捷为本书研究所做的贡献，也感谢陈娴老师所提供的帮助。详细内容参见吴捷. 初中物理课外实践活动的研究——以物理摄影为例[D]. 南京师范大学，2022.

② 这里主要是从物理学科角度研究的，所以有时也以"物理摄影"代替"科学摄影"，亦即对这两个概念不再严格区分。当然，化学摄影、生物摄影等也都可以称为"科学摄影"。特此说明。

动人类科学事业的发展上起着功不可没的作用。

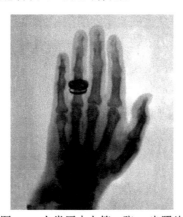

图 8.1　人类历史上第一张 X 光照片

资料来源：耿铭，王一方. 老照片：漫话 X 光的医生防护[J]. 中国医学人文，2020（3）：71-72

　　科学史上最奇怪的实验之一是单粒子双缝实验，它颠覆了我们常人熟悉的世界。实验真真切切地摆在眼前，即单粒子通过双缝同样会产生干涉条纹，所以物理学家不得不在实验面前低头，这就有了后来在我们课本上描述的光具有波粒二象性（光既是波，也是粒子）。

　　科学摄影的倡导与摄影技术的发展和摄影活动的普及是分不开的。20 世纪 90 年代，摄影器材的高昂价格和操作的复杂性让普通人很难接触到摄影这项活动，这使得科学摄影很难得到普及推广，也很难成为一项全体学生都参与的活动。但是，随着科技的发展，摄影器材尤其是智能手机的普及，昂贵的相机和专业的摄影技能不再是限制摄影活动的条件。目前，智能手机和普通相机的摄影功能更加人性化、智能化，各种摄影类软件的流行，使摄影的学习成本降低，不需要专业的技术，普通人也能随时随地按下快门，记录或捕捉生活中的各种画面，获得理想的摄影效果，并且将其分享在社交媒体上。摄影门槛的降低，使得教师和学生在日常生活中独立创作摄影作品成为可能。

　　科学摄影比赛助推了科学摄影实践活动的开展。设备和技术的支持，为科学摄影活动的开展提供了基础和保障。美国中学生物理摄影比赛从 1998 年首次举办，距今已经二十多年。[①]这项比赛面向 9—12 年级的学生，在全世界范围内受到了

───────────

① 　美国中学生物理摄影比赛（The AAPT High School Physics Photo Contest），由美国物理教师协会（American Association of Physics Teachers，AAPT）主办，从其官网上能够查得，最早一批获奖者是 1998 年。参见 https://www.aapt.org/Programs/photocontest/index.cfm.

广泛的关注。2016 年，这项比赛正式引入中国，引起了广大教师与学生的兴趣。

科学摄影能够被人们所接受，与作为摄影结果的"照片"的独特作用是分不开的。照片以视觉表达的形式记录着人们的生活和周围的世界，具有明显的自证性，可以呈现一个与我们自身相连的空间。①虽然照片代表了我们生活的世界，可以提供观察自然现象的机会，但是在科学课堂上使用照片一直没有得到重视。作为一种图像表达，照片在传播科学结果上比其他任何语言都更有效，学生在学习、生活中的交流和对事物的认知在一定程度上受到其视觉理解及视觉传达方面素养的影响。②照片还是科学现象的一种记录方式，在实验室实验和项目工作中都可以用摄影记录，摄影技术已成为大多数实验科学家需要的一项重要技能，甚至使得"科学摄影"成为科学教育者必修的一门课程。③一些研究人员也开始尝试将照片运用于科学教育。

国内的科学摄影研究起步较晚，但是近年来已经有很多学者开始关注到摄影在科学教育中的价值，并进行了相关的实践工作。2017 年，在中国科学院物理研究所"科学摄影"主题讨论会中，清华大学校友摄影协会秘书长陈海滢先生提出，科学摄影的本质是把理性的思考和对自然的热爱浪漫地结合起来的产物。④将科学知识和摄影技术融合起来，把科学方法和思维运用到摄影中，通过科学影像传递科学认知，无疑也是科学人文融合发展学生创新能力的一条重要途径。

科学摄影的教育价值主要表现在以下几个方面。

第一，科学摄影通过让学生运用摄影器材对科学现象进行记录，让学生在构思科学摄影作品、实施拍摄计划的过程中促进科学类课程学习，培养学生的创新意识。作为一种新兴的实践活动，它不仅能促使学生在活动中进一步掌握摄影技术，也能够鼓励学生用科学的视角观察自然、观察生活，传达了拍摄者对生活现象的情感体悟或某种观念与思考，反映了拍摄者敏锐的观察力、感知力、思考力，能够点燃学生对生活的热爱和对科学学习的兴趣，激发学生学习和研究的热情。同时，科

---

① Myers G. Every picture tells a story: Illustrations in E. O. Wilson's sociobiology[J]. Human Studies，1988（2-3）：235-269.

② Watson F L，Lom B. More than a picture：Helping undergraduates learn to communicate through scientific images[J]. CBE-Life Sciences Education，2008（1）：27-35.

③ Logan P，Higinbotham J. A photography course for physics students[J]. Physics Education，1990（6）：348-352.

④ 龚则周，李淼，魏红祥. 理性与浪漫——中国科学院物理研究所"科学摄影"主题讨论侧记[J]. 物理，2018（1）：56-57.

学摄影将科学知识和摄影技术结合起来，既包含了对科学原理的反映，也对摄影艺术的相关能力提出了要求，是科学和艺术的完美融合。科学摄影能促使学生科学素养和艺术素养的提升，能够成为科学教学活动中的有用素材，具有很好的教育价值。

第二，促进学生科学学习方式的多样化。与传统的课堂教学不同，科学摄影活动将科学学习拓展到课外，与摄影技术结合在一起，有着独特的教育价值和教学优势。作为一种新兴的教学活动，科学摄影活动让学生观察并用相机记录生活中的科学现象，不再局限于课堂的单一学习方式，学生的学习兴趣得到提升，自主学习的积极性得到加强，从而提高了科学学习效率。

第三，促进学生科学概念的建构。在科学摄影课外实践活动中，学生在具体的生活情境中，观察科学现象、体会其中的科学概念和原理。将课本上的文字知识转变成图像，需要学生在理解科学概念和原理的基础上进行动手操作，更好地呈现出理想的效果。在这样的过程中，科学知识得到了形象化，学生需要通过实际操作，对相关的科学现象进行体验、分析乃至再加工，理解现象背后的物理知识，最终科学概念得到建构，学生应用科学知识解释生活现象的能力得到培养，认知水平得到提高，对物理知识的理解也更加深刻。

第四，促进学生科学探究水平的提高。科学摄影活动以课外实践活动的形式开展，可以促进学生探究水平的提高。在科学摄影活动中，学生需要在观察生活、自然现象后进行画面的"捕捉"，或者根据选定的科学主题，结合自身的科学知识水平，选择合适的实验器材，自己动手进行设计、操作、记录、反思、改进实验。科学摄影课外实践活动为学生提供了更多的时间和空间，让学生在实践中发现问题、解决问题，积累经验，用科学思维和科学方法推进实践探究，有利于学生观察力的培养和创新意识的增强，能促进学生科学探究水平的提高。

第五，促进学生科学态度的养成。科学摄影课外实践活动一方面让学生在自主动手实践的过程中体会学习科学的乐趣；另一方面为了获得理想的科学摄影图片，学生需要在理解透彻相关科学概念的基础上，进行观察、探究、实践，并采用合适的摄影技巧。在这个过程中，学生难免会经历一定的失败，需要一次次地尝试，对拍摄进行改进等，最终获得成功的体验。这样的活动能够激发学生探索自然的内在动力，摄影作品的科学性和原创性也要求学生保持严谨、求真的科学态度。同时，在观察自然的过程中，也能激发学生对自然的热爱。

（二）科学摄影教学现状的具体分析

无论是从科学教学实践的角度，还是从科学教学比赛的角度，科学摄影教学都是科学教育实践中的一个新生事物。科学摄影需要以"手机"作为基本器材，而手机这一摄影工具，学生还不便随身携带，鉴于这一实际情况，科学摄影在实践中只能简化为对学生提出摄影作品质量要求后的自主综合实践活动形式。学生可以在假期开展，或者利用周末时间独立完成，包括确定拍摄主题、查阅资料、进行拍摄、撰写描述文字等流程，最终形成一份完整的科学摄影作品。教师可以开展线下及线上指导。

笔者对科学摄影教学现状进行了调查，研究对象为××省××外国语学校7—8年级学生。7年级学生已经完成了义务教育《科学》7年级上、下册（浙江教育出版社）教科书的学习，8年级学生已经完成了义务教育《科学》7年级和8年级上、下册（浙江教育出版社）教科书的学习。因此，这些学生已经具备一些生活经验和基础的物理学科知识，能够开展一些简单的科学实践活动，具有一定的动手能力和科学探究精神。

科学摄影作业的具体要求如下。

暑假科学摄影作业要求

请同学们利用相机（手机也可以）记录日常生活中常见的科学现象，或者特意设计可以巧妙反映科学现象、科学原理的照片，从全新的角度去理解和运用所学的科学知识。

说明：

1. 作品数量与形式：每人提交一张自己拍摄的照片，一段250字以内的关于该照片的拍摄过程和所蕴含的科学概念、原理的简述。在8月25日之前提交。

2. 作品的评价标准：以作品中是否突出科学概念和原理、创新度/观察力、艺术性三个维度进行评价，同时进行"作业态度与整体效果"评价，甄选出最佳的科学摄影作品。

科学摄影作品的评价维度如下。

"科学概念和原理"维度主要考察作品的主题性，以及在原理解释方面的准确性。一幅科学摄影作品首先要能展现想要表达的科学现象，同时通过简洁、科学的语言将所要表达的主题解释出来。这就要求作者选取合适的主题并搭配科学准确的语言表达，画面和文字相互统一。科学摄影作品首先要能够体现一定的科学知识与原理，通过科学摄影活动，学生首先要能够把握作品中的科学原理，对相关概念有透彻的了解。因此，"科学概念和原理"这一维度的占比为40%。

"创新度/观察力"维度分别用于评价设计类和自然类作品。创新度是对作品实验方案的设计、器材的选取、操作的可行性方面的评价，这三方面决定了作品的基本内容，反映出了学生的创新能力和动手能力。观察力用于评价学生对自然现象的感知，也可以将观察到的科学现象记录下来作为科学摄影图片。在这一维度上，由于作品只呈现了学生进行科学摄影活动的最终结果，并不能全面地展现出学生在活动全程中的观察力或创新意识等探究能力。因此，在作品的评价中，"创新度/创造力"维度的占比为20%。

"艺术性"包含了图片的构图、色彩、对焦和曝光等视觉要素，同时包含了语言表达的艺术性，如运用的修辞手法、是否通俗易懂及巧妙运用文字的情况。因为大部分学生是首次接触科学摄影活动，对摄影技术的掌握可能不完备，作品的艺术性表现可能相对来说难度较大，故占比为25%。

"作业态度与整体效果"维度从学生完成作业的态度出发，结合作品的拍摄难度、整体效果进行评价。是否完成科学摄影作业及完成质量并不会对学生的学业成绩产生影响，因此个别学生会存在懈怠、应付了事甚至抄袭的思想，故将学生的作业态度纳入评价维度，对认真完成作业的学生给予额外的评分奖励。该维度是对学生完成作业的态度的一个评价和作品整体效果的额外加分，能起到警示或者激励的作用，占比为15%。

教学中最终共收集科学摄影作业（样本）558份，统计发现，与物理相关的科学摄影作品342份，化学主题作品80份，生物主题作品55份，地理主题作品30份，另有51份无法确定主题或格式损坏。我们按照统一的评价标准，并考虑评分信度进行处理，对342份（其中7年级210份，8年级132份）物理主题科学摄影作品进行评分，得到学生科学摄影在总体及各个维度上的得分情况。统计结果表明，学生在"科学概念和原理"维度的情况好于"创新度/观察力"维度，在"艺术性""作业态度与整体效果"维度的得分情况相对较差，尤其是在"艺术性"维度，学生作品的表现不佳。

科学摄影作品必须能反映或者解释一定的科学概念和原理。科学摄影作品中的文字描述和标题需要满足科学性和准确性的基本要求，学生可以采用双关、比喻、设问、引用古诗词等手法，在对科学原理的解释与说明中体现文学色彩，也可以应用生动有趣的语言让科学更加通俗易懂，体现科学与人文的巧妙融合。例如，有学生在散步途中拍摄下荷叶上的露珠（图 8.2），由荷叶的"莲花效应"想到莲花"出淤泥而不染"，由荷叶的形状和圆滚滚的露珠想到《琵琶行》中的"嘈嘈切切错杂弹，大珠小珠落玉盘"，引用该诗句的一部分作为标题，形象生动。

图 8.2   大珠小珠落玉盘（作者：谈馨扬）（学生习作）

大珠小珠落玉盘

文字描述：立秋过后的清晨，阳光有点温暖，微风有点清凉。我和妈妈去小区旁边的公园散步，公园里有一片种满荷花的池塘。池塘里的一些荷叶已经开始渐渐枯萎，但是沾有露珠的荷叶看起来却活力依旧。荷叶是怎么把水变成小水珠的？原来荷叶表面不平滑，上面有一层细密的绒毛，还覆盖着一层蜡质。这两种特性的作用也叫作莲花效应，使荷叶有很强的疏水性和自洁的能力，就像莲花的"出淤泥而不染"。荷叶的表面隆起一些带绒毛的小山包，山包中间的凹陷部分充满了空气，露水只能和小山包的顶点接触，而水滴自带张力，它们便撑开变成了水珠。我们可以利用它自洁的特性发明一些"不会脏的"物品，比如，妈妈的厨房如果有不需要洗的碗筷和墙壁就好了。"嘈嘈切切错杂弹，大珠小珠落玉盘"，我们可以静听和琵琶的声音一样动听的大自然的声音，原来生活中有很多微小的世界和神奇的原理。

在"创新度/观察力"方面，学生科学摄影作品也有较好的表现。从学生作品可以看出，他们能够对日常生活或者自然界中的科学现象进行观察或者记录，展现出了较好的观察能力；对于设计类作品的拍摄，大部分学生能够根据选定的主题进行实验设计，并且能够对实验内容有所创新与改进，展现出了一定的科学探究和创新能力。

在"艺术性"维度，虽然也有少数优秀摄影作品能够在展现科学主题的同时富有美感，但是总体上看表现并不理想，大部分学生对科学摄影作品的构图、色彩、光线、背景等方面缺乏考虑。这也许反映了学校艺术鉴赏教育方面的相对缺失。例如，在图8.3中，作者拍摄了电吹风吹乒乓球时乒乓球在空中打转的场景（涉及伯努利原理）。该图中的实验现象明显，但是背景比较杂乱，特别是沙发部分与吹风机"撞色"，器材展示不完整，虽然作品想要展示"乒乓球"的运动，但是最显眼的却是沙发，读者无法很快了解作者想要表达的主题。

图 8.3　悬空的气球（作者：洪浚哲）（学生习作）

在"作业态度与整体效果"方面，有学生尝试拍摄高难度的摄影作品，例如，水滴落下的瞬间捕捉等，进行多次尝试结合摄影技巧，最终选取最优质的图像，获得了很好的摄影效果，令人眼前一亮；也有学生应付了事、不够认真，甚至存在作品抄袭、不交作业的现象。如图8.4所示，作者抓拍了水滴下落的瞬间。这个现象是转瞬即逝的，持续时间非常短，采用普通的摄影器材和技巧是无法记录的。作者在拍摄过程中采用摄影机慢动作功能进行拍摄，再进行截图处理，经历数小时才能获得一张效果较好的照片，完美地展示了水滴下落过程中水滴的形态及水面的涟漪，在精准展现物理原理的同时，极富艺术美感。

图 8.4　水滴下落的瞬间（作者：邬宇宸）（学生习作）

水滴下落的瞬间

描述文字：这张图片是我用摄像机尝试 20 多次拍下的（累死），图片由两大部分组成：水面和小水滴。拍摄过程是这样的：将一个水杯放在水平面上，在上方用试管滴下一滴小水珠，用摄影机的慢动作功能拍下来，再选其中的一张图放到 PS 中进行处理，然后这张图就出来啦！

这张图片的主要原理是水的张力。当小水滴滴到水面上时，将本来水面的张力表面破坏，在一部分水进入液面后，张力又将小水珠弹起（因为力的作用是相互的），在空中某一位置，小水珠达到力的平衡。这时小水珠之所以是圆的，是因为它受到了自己的表面张力的影响，所以变成了球状（就像下雨雨滴接近地面时，如果地面上没有风，那么雨滴呈现出球状）。

（三）基于科学摄影的科技人文融合创新教育策略

笔者通过分析学生的科学摄影作业情况及其学业表现等发现，科学摄影在促进学生对科学概念的学习和理解、培养学生的科学观察和创新能力、帮助学生实现科学和艺术素养的融合发展等方面，确实能发挥重要的教育作用。基于科学摄影教学的实践也表明，科学摄影教学中还有许多问题值得进一步探讨，为此笔者提出以下建议。

第一，鼓励教师开展科学摄影课外实践活动，丰富学生的科学学习方式，促进学生科学素养和艺术素养的融合。科学摄影活动有利于帮助学生进一步建构科学知识，培养其探究能力和创新意识，帮助其养成实事求是的科学态度。在课后开展相关活动，也能帮助学生巩固知识，丰富课余生活，密切学生和家长之间的联系等。因此，笔者建议在初中阶段以各种形式开展科学摄影课外实践活动，促进学生学习方式的多样化。同时，经常开展科学摄影活动，学生能够鉴赏到优秀的科学摄影作品、自主创作和改进作品，体悟到科学之美，在作品中注入艺术感，使学生的科学素养和艺术素养在创作的过程中得到融合、培养和提升。

第二，提高对科学摄影活动的重视程度，激发学生对科学摄影的热情。学校、家长、教师对科学摄影活动的重视程度，以及学生对科学摄影活动的态度，会影响科学摄影作品的最终呈现效果。在现实中，可以通过多种方式提高学校、家长和学生对科学摄影课外实践活动的重视程度，比如，学校可以举办专门的区域性科学摄影比赛，将科学摄影活动的参与情况纳入学生的平时成绩进行考量。同时，在完成对学生作品的评价环节后，可以将学生的作品制作成一部摄影集，记录下学生科学学习道路上的美丽风景；可以将优秀作品或者获奖作品张贴到校园展板上，为校园文化增添色彩；还可以运用公众号推送或是其他网络手段进行展示宣传，吸引更多的教师、学生或感兴趣的人加入讨论与创作中，扩大科学摄影活动的影响力；也可以将学生作品作为教学资源运用到日常教学过程中，激发学生的学习兴趣与科学摄影热情，为师生获得更多科学摄影资源或灵感提供便利，让科学摄影将更多热爱科学的人联系起来。

第三，为学生提供更多学习优秀科学摄影作品的机会。科学摄影不仅需要理性思维，还需要艺术想象，因此需要观摩学习及深入现场的"写生"学习。例如，美丽化学主题网站上的一些优秀摄影，非常具有震撼力。尽管学生可能还不具备一些具体技术，但是作品的构图、表现力等手段，学生是可以模仿进而超越的。

第四，开展教师科学摄影培训，提升教师的科学摄影专业素质。科学摄影在国内还属于一个新的概念，大部分科学教师可能都没有听说过或接触过这项活动。想要获得更好的教学效果，教师首先要具备良好的科学摄影专业素质。为此，相关部门可以针对在职教师和职前科学教师开展相关培训，让教师了解和体验科学摄影创作的流程，掌握其中的关键要素；在教师群体中开展科学摄影讲座和比赛等活动，可以帮助教师对科学摄影活动有一个全面的认识和理解，有利于之后科学摄影课程资源的开发和利用，以及对学生进行科学摄影实践活动的指导。当然，开展教师科学摄影培训，还需要在发展教师的审美素养与创造性素养上下功夫，毕竟科学摄影不仅是科学的工具，也为艺术带来一种新的视角，改变了人类观察与思考的方式。①只有教师学会摄影、学会审美、学会创造，才能更好地培养学生的审美能力与创造能力。

四、基于科学微视频的科技人文融合创新教育探索②

微视频（有时也称微电影，后文不再区分）不仅符合现代社会快节奏生活方式下的网络观看习惯和移动终端特色，也可以满足娱乐爆炸、注意力稀缺时代消费者自主参与感和注意力回报率的需求。可以预见，微视频带给大众的将是随时随地随意的视频享受。微视频的"短""快""精"、大众参与性、随时随地可观赏的特点，加之信息技术的快速发展，使得微视频制作与传播不再受制于设备与器材，使微视频获得了迅速发展与传播。与此相应，科学微视频渐渐步入了科学教育者的视野，它不仅成为科学教育的课程资源载体，更可用作发展学生创新实践能力的载体。可以这么说，基于科学微视频教学开展科技人文融合创新教育，对于学生来说是一种双重创造力、科技创造力与（视频）艺术创造力的培养。在这一背景下，明晰基于科学微视频教学的科技人文融合创新教育价值及其现状，探究优秀科学微视频的特色，总结基于科学微视频教学的科技人文融合创新教育策略，具有鲜明的时代意义。

（一）科学微视频之于科技人文融合创新教育的价值

微视频是我们经常能够听到或者说看起来比较熟悉的一个词语（或概念），但是整个网络视频行业、学术界对其却没有一个完全统一的定义，其称呼也是五花八门，如电影短片、微电影、短视频等，这些名称可以大致反映出微视频概念界定方面的趋势。目前的微视频主要从其时间限制上做文章，真正体现了一个"微"字。优酷网的首席执行官古永锵认为，微视频是指短则 30 秒，长则不超过 20 分钟，内容广泛，视频形态多样，可通过多种视频终端摄录或播放的视频短片的统称。"短、快、精"、大众参与性、随意性是微视频的最大特点。③第一视频集团董事局主席、中国互联网协会副理事长张力军对微视频的定义是：微视频是指播放时长介于 3—

---

① 张婷. 旁生之花：科学摄影的艺术[J]. 装饰，2007（11）：70-72.
② 本节内容是在高涵思和段岑的研究的基础上修改完成的，感谢高涵思和段岑对本书研究的贡献。
③ 杨纯. 古永锵：微视频市场机会激动人心[J]. 中国电子商务，2006（11）：112-113.

5 分钟的视频，兼顾新闻性、评论性与娱乐性，且更加方便在多媒体融合时代，满足网民使用横跨互联网、手机、移动终端多种形式来观看节目的需求。①

综合来看，微视频的概念决定了视频的长度，一般以 30 秒至 30 分钟为宜，可以是几个画面，也可以是一段完整的录像。②从广义上讲，微视频是指在各种新媒体平台上播放的、适合在移动状态和短时休闲状态下观看的、具有相对完整故事情节的微型短片。从狭义上讲，微视频是指短则数十秒，长则数十分钟，内容广泛、形态多样，涵盖微电影、纪录短片、DV（digital video，数码摄像机）短片、动漫短片、视频剪辑、广告片段等，可以通过数字单反相机、手机、平板电脑、各类摄像头、DV 等多种视频终端摄录或播放的视频。③

科学微视频（有时也称科学微电影、科普微视频，后文不再区分），顾名思义，是关于科学主题的微视频。科学微视频，也可以理解为"科普微视频"，学术界和行业界还没有对科普微视频进行一个清晰的定义。2014 年 7 月，中国科协在《关于开展 2014 年"公众喜爱的科普作品"推介活动通知》的文件中，正式提出了"科普微视频"这一概念，并将其定义为由机构或个人制作，版权清晰，无知识产权纠纷的，以普及科学技术知识、倡导科学方法、传播科学思想和弘扬科学精神为主要内容的，时长为 30 秒至 20 分钟的小电影、动画片、纪录短片等视频作品④，包括科普动画、科普实验、科普微电影、科普演讲等。科普微视频结合语言、文字、图像和视频等载体为公众提供更加生动形象、立体真实的视觉体验，大大丰富了网络科普的内容和形式。⑤

另一个与科普微视频十分相似的概念是"科普微电影"。程昆在《科普微电影概念、特点及未来发展初探》一文中将"科普微视频"这一概念放在了"科普微电影"之中。他认为，广义的科普微电影又称为科学微电影，是与传统的科普影视作品相比较而存在的，是指在相对较短的时间内，以影像作为表现的手段，以有关科学的人、事、物作为表现对象，传播科学知识、弘扬科学精神，既包括狭义的科普

① 第一视频张力军：微视频更适合三网融合[EB/OL]. https://tech.sina.com.cn/t/2010-07-29/09104483926.shtml.（2010-07-29）[2023-10-20].
② 李琴. 微视频在教育教学中的应用[J]. 无线互联科技，2015（6）：97，105.
③ 曹三省. 互联网微视频传播中的问题及其对策研究[J]. 传媒，2015（8）：63-66.
④ 中国科协办公厅关于开展 2014 年"公众喜爱的科普作品"推介活动通知[EB/OL]. https://www.doc88.com/p-1083026258869.html.（2014-08-30）[2023-10-15].
⑤ 陶贤都，赵林欢. 互联网时代科普微视频的兴起与发展[J]. 科学教育与博物馆，2016（5）：331-335.

微电影、微型科学纪录片，又包括一些有关科学带有剧情色彩的 DV 短片、科学微视频等。①

综上所述，我们将科普微视频定义为以普及科学技术知识、倡导科学方法、传播科学思想、弘扬科学精神为主要内容的，时长为 30 秒至 20 分钟的小电影、动画片、纪录短片等视频作品。

科学微视频也是一种重要的教育教学资源，即在班级授课制教学中，符合教学规律和学生学习特点，适合所有视频终端浏览和展示并可以反复播放，能够帮助学生发现问题、提出问题、解决问题，帮助教师有效教学的视频片段资源。②作为一种重要的教育教学资源，它对于学生发展特别是创新能力培养具有特别重要的作用。

科学微视频有助于激发学生的学习动机，增强学生的学习信心。传统的课堂教学模式迫使学生成了接受知识的容器，学生的学习方式往往是机械地死记硬背。这种传统的课堂教学模式忽视了学生学习的主体性，导致一些学生没有真正参与到课堂学习中来，对课堂教学容易产生厌烦感甚至抵触感。因此，在教学实践过程中，教师必须要注重体现学生在学习过程中的主体地位，激发学生的学习动机，增强学生学习的信心。在课堂教学中使用科普微视频这一教学资源，学生能够集中注意力观看视频，并且播放的科普微视频展现的知识要比单纯的教师讲授更有助于学生记忆学习内容。科普微视频的特点是形声兼备、动态逼真、栩栩如生，具有极强的感染力，信息量丰富，能够给予学生各种感官的刺激，吸引学生的注意，激发学生的学习动机。③科普微视频应用于教学，使学生能够在较短的时间内融入所学内容，在学习过程中避免传统课堂中存在的部分学生不能完全掌握知识内容的现象，有利于增强学生的学习自信④，让学生的思维跟随视频的演示活动，在观看视频的过程中潜移默化地获取知识。

科学微视频有助于丰富科学教学内容，培养学生的核心素养。在计算机网络技术普及之前，闭塞的教学环境导致学生的视野只局限于书本知识和教师的讲授，学生获取信息的途径非常单一，信息资源匮乏。现代科普微视频资源涵盖大量的文

---

① 程昆. 科普微电影概念、特点及未来发展初探[C]//中国科普研究所. 中国科普理论与实践探索——第二十届全国科普理论研讨会论文集, 2013：105-112.

② 王芸. 高中物理微视频教学资源的利用现状及优化策略研究[D]. 伊犁师范大学, 2020.

③ 赵海忠. 视频资源在小学《科学》教学中的应用研究[D]. 西北师范大学, 2018.

④ 刘晓颖. 翻转课堂中教学微视频的设计研究[D]. 江南大学, 2017.

字、图片、声音等信息内容，囊括了各种知识信息。学生在课堂教学过程中观看科普微视频，不仅使学生的学习场所与时间得以延伸，拓宽了学生获取信息的渠道，还能够扩大学生的知识面，开阔学生的视野，丰富学生的知识储备，使其形成关于客观世界、人类文明更全面的知识体系。在这些科普微视频创作者的带领下，学生足不出户便能参观博物馆、进行野外考察、鉴定真伪科学。有些科学热点问题的分析还能引起学生对现实生活中相关问题的关注，引导学生用辩证的眼光看待问题，形成科学的理性思维，并且使学生意识到科学与生活息息相关，帮助学生树立社会责任意识，培养学生的科学核心素养。[①]

科学微视频教学有助于教师梳理重难点知识，培养学生的创新思维能力。科学知识点之间存在千丝万缕的联系，对于一些比较抽象、复杂或者微观的知识点，如何梳理，如何清晰、明确地教给学生，是摆在每一个教育工作者面前的一道难题。传统的教学方法主要通过教师讲授教材，学生机械式地背诵知识点来获得高分，对重难点知识之间错综复杂的关系一知半解，没有真正掌握知识点之间的联系。这种学习方法抑制了学生的想象力，阻碍了学生创新思维能力的发展。科技的进步促进了多媒体技术的发展，特别是计算机网络进入课堂，改变了学生的学习环境，丰富了学生的学习内容，科普微视频应用于教学能够将枯燥难懂的知识形象化、具体化、直观化，展示不同知识点之间的关系，有效破解重难点。学生通过观看科普微视频能够获得清晰的知识图式，促进学生对知识的理解，培养学生的创新思维能力，同时也促进了课堂教学效率的提升。

（二）科学微视频教学实践的现状考察

科普微视频作为一种传播自然科学与人文科学知识、传播科学方法、树立科学思维、弘扬科学精神的媒介，将其应用到课堂教学实践中，不失为一种科技人文融合创新教育的优秀教学资源与教学手段。在中小学教育教学实践中，科普微视频教学的实际开展现状究竟如何，是一个我们需要直面的问题。为此，笔者就这一问题访谈了部分学校的领导、教师和学生，发现科学微视频的教学应用并不乐观，具体表现为以下几点。

第一，教师应用科普微视频资源的积极性不高。互联网的一个特征是资源共

---

① 苏欣. 初中生物学短视频教学资源的开发与应用研究[D]. 云南师范大学，2021.

享，但是要从大量信息中找到想要的信息需要花费很多时间，也需要耗费很多精力。对筛选出的信息去假存真，也需要具有一定的辨别能力。由于制作成本低、难度小及传播速度不受时间、地域的限制，科普微视频的数量庞大，互联网的开放性又使科普微视频的内容鱼龙混杂、良莠不齐。为了能够使科普微视频教学得到预期的效果，教师要在备课环节寻找一种甚至几种合适的科普微视频资源。一种适当的科普微视频要符合主题、制作精良、长短适合等要求。

第二，当下能够在教学中运用的科普微视频数量多，但是既不精也不专。目前，教师备课搜索的微电影网站有场库、中国微电影网及腾讯、优酷、爱奇艺的微电影专区等。目前，专为教学设立的科普微视频平台或者资源库还没有，所以教师的备课工作就比传统教学的备课增加了搜索、预览、筛选、剪辑等环节，有时在搜索的过程中，还会遇到网站需要注册会员甚至充值才能浏览、误进垃圾网站、电脑中毒等各种影响备课效率的情况。虽然搜索引擎的普遍使用方便了教师利用网络资源备课，但是要想在海量的互联网资源中寻找与课堂教学内容完美匹配的科普微视频，往往需要花费好几个小时，加大了一线教师的备课工作量，甚至有时候花费了很多时间却找不到合适的科普微视频而不得不放弃，从而在一定程度上打击了教师在课堂中应用科普微视频进行教学的积极性。

第三，科普微视频资源教学应用流于形式。科普微视频在教学实践中的应用具有很强的灵活性。科普微视频可以作为导入环节快速吸引学生的注意，激发学生的学习动机；在探究环节可以作为案例来帮助学生理解重点和难点知识；在课堂总结环节可以用来升华主题；作为课后作业的一种形式还可以帮助学生拓展知识。教师应该根据教学实情来选择合适的方法，以达到应用科普微视频提高课堂实效性的目标。但是，由于种种原因，教师在教学中应用科普微视频的效果却不尽如人意。部分教师在课堂中应用科普微视频仅仅是为了让课堂看起来与时俱进，为了用而用，流于形式。对于一些科普微视频，教师没有深度挖掘其中的内涵，只是将科普微视频拿到课堂上单纯地呈现在学生面前，并没有真正地去把握科普微视频与教学内容的有效联结，导致科普微视频的应用与课堂教学貌合神离。也有的教师为了标新立异，在科普微视频结构和素材的选择上过于追求趣味性，表面上的确实现了对学生视听感官的刺激，却无意中弱化了课堂的教学目标，不利于培养学生的逻辑创新思维和语言表达能力。由于对科普微视频价值认识的功利化，一些教师只有在参加比赛或上公开课的时候才会认真地把握如何将科普微视频应用于教学之中，这就使得科普微视频偏离了在教学中应用的初衷。

第四，学校的规章制度、硬件设备等的支持力度不够。要使得科普微视频在课堂教学过程中发挥最佳作用，硬件上必须在两个方面予以支撑。一是有良好的创作和制作条件，这就需要学校能提供先进且使用便捷的摄像、录音设备和视频编辑所需的正版软件；二是教室的多媒体设备有良好的播放效果，以保证科普微视频播放流畅和音响效果不打折扣。但是大多数学校相关的硬件设备都不够齐全，这就使得科普微视频应用于教学的效果受到了很大影响。①

21世纪以来，现代科技的发展突飞猛进，推动着社会生产力与经济的不断发展，带动整个社会取得了重大进步。科技已经成为当今社会发展的巨大推力。继以蒸汽为主导的第一次工业革命、以电气为主导的第二次工业革命、以信息为主导的第三次工业革命之后，人类正在迎来以信息物理系统为基础，以生产高度数字化、网络化、机器自组织为标志的第四次工业革命。正是工业革命的推进，使得科技创新不断进步，我国社会发展也进入新时代，人民生活水平持续提升，大众对各类科技知识、科学方法的需求愈发旺盛，催生出巨大的科普需求。②人们对科普微视频这一传播科学知识、弘扬科学精神的媒介的认识越来越深入。随着摄像设备、视频传输剪辑设备的发展，科普微视频越来越大众化，逐渐走进普通人的生活中。不管是电视电影还是广告片，科普微视频在人们的生活中都无处不在。③

第五，关于科学微视频教育教学问题的专门研究相对薄弱。科普微视频在生产生活中的应用非常广泛，研究较多地集中于沟通交流、计算机科学、工程领域、生物医学、科学技术相关主题等，关于教育教学中应用的研究相对较少。尽管如此，国际上还是非常重视用科普微视频对中小学生进行科普教育的，相关的科普微视频作品也比较成熟。在YouTube网站中，比较知名的科普微视频节目有《速成课程》（Crash Course）等，英国广播公司（British Broadcasting Corporation，BBC）有《你知道吗？》（Do You Know）、《小小人类星球》（Little Human Planet），这些节目有着近百万的订阅人数及近亿的播放量等，它们以生动活泼的风格向社会大众传播科学知识，得到了大众的广泛关注。④当前，科普网站已经成了网络科普的

① 许芳丽. 高中思想政治课教学中微电影应用研究[D]. 湖南科技大学，2020.
② 王挺. 国家科普能力发展报告（2021）[M]. 北京：社会科学文献出版社，2021：12.
③ 孙婧. 当代文化生产中的微电影研究[M]. 成都：四川大学出版社，2017：343.
④ 窦圆圆. 科普微视频创作研究[D]. 山东师范大学，2020.

主要传播平台，是一种有效的科学普及方式和手段，国外特别是发达国家非常重视科普网站的建设，比如，美国的科学生活（Live Science）网站、美国生命科学网、《每日科学》（Science Daily），英国的 BBC 科学等，青少年登录这些科普网站，能够感受到这些网站内容的丰富性与多样性。

我国对科普微视频的研究起步相对较晚，2015 年之后科普微视频的相关研究才逐渐增多。从文献主题分布来看，国内关于科普微视频研究的主题大多是新媒体方面的，科学教育中应用科普微视频的相关研究相对还是比较少。例如，惠恭健等在他们关于教学视频设计策略的研究中指出，教学视频具有表现力强、信息传输量大的特征，随着科学技术的不断发展，其逐渐成为传统课堂内容的拓展项目和非正式学习的有效资源。他们归纳和总结了网络科普微视频的设计要点，如视频表征可视化、画面呈现极简化、话题内容聚焦、数字故事讲述、用户参与的技术门槛低等，进而探讨了科普微视频对教学视频设计的借鉴意义，即运用强化元素吸引学习者的注意力并培养兴趣，界面简洁，减少非必要的冗余环节，基于知识点进行视频内容设计，教学视频展示形式多元化，提高了学习者的参与程度。[①]

近年来，科普微视频的教学应用研究主要聚焦于翻转课堂、中学物理、中学化学实验、中学生物实验等领域，关于科普微视频在教学中应用的研究一直处于不温不火的状态，自 2020 年开始才出现大幅增长。这说明随着近年来科学技术与教育的快速发展，该领域受到了越来越广泛的关注。但是尽管发展迅速，因为基数比较小，且开始发展的时间总体晚于欧美等西方国家，国内对科普微视频应用于教学的研究还相对较少。

尽管科学微视频及其教学应用存在许多问题，但是一些比赛获奖的科学微视频优秀作品则让我们感到欣喜，同时也看到了希望，并从中获得借鉴和启发。

科学微视频制作首先涉及的是选题问题，即研究什么科学技术问题，然后针对相关问题开展科学技术探究实践，并把这一探究实践过程及结果用微视频的方式表现出来。这一过程中需要双重的创造——科学创造与艺术创造。下面，我们来看一则科学微视频——《火锅的秘密》。这一作品的题目就非常吸引人的眼球，因为火锅在我们的日常生活中非常常见，也是很多人非常喜爱的美食，整部作品都围绕火锅来进行，主题突出。科学微视频作品《火锅的秘密》的情节来自 3 名学生去吃

---

① 惠恭健，刘晓颖. 教学视频设计策略研究——基于网络科普微视频的启示[J]. 当代教育科学，2016（12）：35-37，46.

老北京火锅时发现的问题,通过提出问题(铜火锅为什么是宝塔形状的? 圆柱形的会怎样?)、验证实验(不同形状的铜丝吸热程度不同)、对比实验(通过测量相同时间间隔内铜火锅和不锈钢火锅的导热性,告诉观众现代材料的优势)、查找资料等步骤完成这部作品。作品道具——火锅,贯穿在整个视频中,通过对它的研究,推动整个作品的情节发展。学生通过对话的方式,引出问题并探讨解决问题的方式。整个微视频通过实验与模型的对比,不仅使观众知道了选择宝塔形状的铜制品作为火锅的原因,还帮助大家横向对比了不锈钢材料,在实验中严格控制变量,体现了科学探究的原则。当然,实验中涉及点火操作,应该设计安全小提示。

在科学微视频作品《火锅的秘密》[①]中,几位小学生以老北京火锅为研究对象,尝试探究火锅形状和材质的影响。首先,通过"宝塔形"铜丝和"圆柱状"铜丝的对比实验,很清晰地验证了"宝塔形"铜丝可以更好地吸收热量。接着,通过铜锅与不锈钢锅的对比实验,探究了金属材料对温度的影响。科学探究实践中的多组对比实验过程讲解清晰、设计较为合理。尤其是通过"不同形状的铜丝吸热程度不同"这一实验,我们可以直观地看到蜡烛火焰的变化,一目了然。视频主题火锅的秘密从生活中来,整体剧情吸引人,让观众有继续观看的意愿,且视频镜头画面自然,配音清晰,抑扬顿挫。此外,视频配备了动画讲解,且讲解清晰。在视频的最后,再次升华了主题,引出文化、团聚等主题。但是探究材质时温度的变化图,可以换成折线统计图并依次在同一坐标图内呈现,可以进行更加清晰的对比,可以不用逐一汇报温度。

科学微电影是以科学探究活动为载体,以电影艺术为表现形式,通过生动有趣的故事情节,将探索科学世界的内容艺术地呈现出来。《火锅的秘密》以身边的科学问题为切入点,探究了老北京火锅烟囱形状及其材质的设计原因。以探究活动为主题,学生可以在活动中自主建构知识、形成能力、提升综合素养。从科学角度来说,学生进行了多组模拟及对比实验,体现了辩证的思维分析:用弯曲的铜丝代替宝塔形和圆柱形烟囱,非常巧妙且方便易行;在实验中观察了火苗的大小及黑烟的飘散方向,培养了学生的细致观察能力;在探究火锅材质时,虽经查阅发现纯铜的

① 火锅的秘密|第六届中小学生科学微电影赏析活动[EB/OL].https://mp.weixin. qq.com/s?__biz=MzIyMjc4ODMwOA==&mid=2247627928&idx=2&sn=b1b14e67951d53386d175a8bf0e48545&chksm=e8249b23df531235bcd559b1836716eee3962402d6f33d5cb3ed7fa6eaeab865b22a1170588f&scene=27.(2023-10-25)[2023-10-30].

导热性优于不锈钢，但实验发现 30 分钟后铜锅和不锈钢锅的温度差异不大，学生结合性价比得出了使用不锈钢锅更优的结论，表明学生不被知识所限制，有敢于质疑的探索精神。在艺术表现上，3 名学生声音洪亮，表达简单清晰，各司其职，画面转场自然，是一部适合小学生观看的科学微电影。但是，这一实验也存在一些瑕疵，例如，实验多次涉及点火操作，并未借机进行安全教育。

科学微视频既要有科学味，又要有艺术味。科学微视频《人近雀惊飞》较好地体现了科学与人文的双重创新。①该作品从平常生活中的现象切入，人接近鸟儿后会惊飞鸟儿，这是我们都遇到过的情况，但是作者就此发现了一个问题并进行了深度的思考，而这里涉及的"惊飞距离"概念也是非常有趣、新颖的选题。关于鸟的惊飞距离，国外的研究有很多，相较而言，国内的相关研究偏少，这个选题的新颖性本身也掩盖了作品的一些不足之处。

在科学研究中，他们研究的方法和变量控制也比较科学合理，值得信赖。对于维多利亚公园的研究比较多且透彻，也考虑到了不同城市公园鸟儿的不同，试图让研究更加具有普适性。但是，最后由于深圳公园中麻雀的数量稀少或近乎没有，导致数据样本比较单薄，但总体来说也足够引人深思。在科学微视频的制作上，视频的剪辑采取了采访与讲解交叉的方式，更具有代入感；选择了流畅的配乐，并依据配乐的节点作为画面转换的节点，使得视频观看更加舒适；剪辑的方式也使一项复杂的科学研究能够以一种简单易懂的方式被人理解。

科学微视频不仅仅是对自然现象的探究与实践，也涉及社会发展的方方面面。《找水喝的树根》这部科学微电影作品②，捕捉到了生活中看似平常的树根呈阶梯状生长的现象，深入挖掘其背后的原因，首先是猜想可能是由于水位下降导致的，接着通过查阅历史资料，验证几次水位下降的原因。第一次是 20 世纪初香港制造业发展大量耗水造成的，第二次是 20 世纪 50 年代塑料、纺织业发展，工业用水和生活用水不断增加造成的，第三次则主要是近几十年气候的变化造成的。20 世纪

---

① 人近雀惊飞|第六届中小学生科学微电影赏析活动[EB/OL]. https://mp.weixin.qq.com/s?__biz=MzIy Mjc4ODMwOA==&mid=2247666516&idx=2&sn=2af61af12d38a66eb49c170f61dfa85b&chksm=e82424efdf53a df9c0c626068e712a415df388569d01463ef33c5dc54975cfda68c9b4108486&scene=27.（2023-09-03）[2023-10-20].

② 找水喝的树根|第二届河南省中小学生电影周微电影优秀作品展播[EB/OL]. https://mp.weixin.qq. com/s?__biz=MzIyMjc4ODMwOA==&mid=2247589932&idx=3&sn=b95adcf476e6017cf6641cd02ec071fd&chk sm=e82b0f97df5c86812ec9bbda15ddc9f28706fd684d787ecd380137e6128a2748cacee7e52b7&scene=27.（2022-01-26）[2023-10-20].

70年代以来，虽然有内地引水补充香港，但香港还是出现了水位下降，原因在于全球气候变暖。他们搜集了大量数据，通过对数据的分析证实了自己的猜想，也为气候变暖导致多地水位下降提供了有力的证据。其中还插入了许多新闻、现场照片等，将其中的原因生动地展现在观众面前，让人大为震撼。

科普微视频《走近破烂王——关于废品分类回收的调查探究》，聚焦于"破烂王"这一城市生活中的特别问题，进而对社会上回收废品这一职业加以关注。[①]相较于其他科学微视频来说，这个微视频看上去不那么像研究，而是更像一项社会调查，作者不仅仅停留于思考，也不仅仅采访了某一个"破烂王"，还深入到了废品回收站，并且这一过程也不是一帆风顺的。废品回收的职业特殊性使得许多人不愿意接受采访，那么如何让他们放松、打开心扉，就对作者的沟通交流能力提出了考验，而沟通交流能力也正是科学探究能力的一大组成部分。

作者克服许多困难，深入了解了这个社会的一角，在垃圾回收利用这个老话题中挖掘到了更深的东西——对回收废品的人群的调查研究。街头采访、深入现场，站在理解的角度看待这个人群与职业，充分体现了小学生的社会责任感，从课堂科学走出来，实现了社会中的科学。

在视频制作上，由于街头采访的特殊性，视频画面有些不稳定，音频录入不够清晰，音量也不稳定，但足够真实。在内容分配上，开头有些烦冗，可以删除或进行简化，三言两语即可进入主题，以吸引人们的眼球。另外，可以考虑做字幕，将采访人与被采访人的发言区分，也可以减少音频录制不清晰带来的不便。

上述案例多是根据视频作品进行的分析，如果选择视频的生产过程来分析，或许更有价值和挑战性，这时候也许要应用微观发生法来收集与分析资料了。如有可能，这些内容留待今后再做补充。

（三）基于科学微视频教学的科技人文融合创新教育策略

在教育教学的实践中，如何基于科学微视频教学开展科技人文融合创新教育，不仅是一个理论研究问题，更是一个需要不断探索的教育实践问题。为此，从多个

---

① 中国科协青少年科技中心，中国青少年科技辅导员协会. 关于公布第七届全国青少年科学影像节活动获奖名单的通知[EB/OL]. https://www.xiaoxiaotong.org/News/ArticleView.aspx?AID=203914.（2016-12-14）[2023-10-15].另参见张改华.《走近破烂王》那是真不赖 中原区仁小学生拍的微电影登上央视[N]. 郑州晚报，2017-05-24（3）.

不同层面思考其对策，无疑是有积极意义的。

第一，鼓励教师充分利用科学微视频资源开展教育教学。教育部门可以从两个方面来鼓励教师利用科学微视频教学资源开展教学。一方面，教育部门应当加强教育理念的宣传，帮助学校和一线教师进行思想上的转变。教师在课堂应用科学微视频教学应该具有创新性，提高自身的课堂教学组织和管理能力；另一方面，在学校和教师进行办学和教学的过程中，如遇到问题，教育部门应当及时进行理论指导，上传下达相关政策规定，帮助学校和教师解决问题，要充分考虑科学微视频用于教学的可行性，以及学生在科学微视频教学过程中对知识的掌握和能力提升情况。[①]

第二，在利用科学微视频资源开展教育教学的过程中，教师可以挖掘青少年科学教育相关公众号的资源。例如，"青少年科学发现""青少年科技创新大赛"等公众号都会如期记载国内外青少年科技创新成果和一系列令人耳目一新的科学探究活动。科学教师可以学习吸收最新的青少年科技创新成果，与自身的教学融合，利用课内课外教学资源，开发出适合本校学生的课程或活动，从艺术素养、信息素养、科学素养方面全面促进学生科学素质的发展。

第三，在利用科学微视频资源开展教育教学的过程中，教师要让学生成为科学微电影创作的主人，这对于提高学生的科技人文融合创新能力更有价值。教师可以在学校开展科学微电影活动，让学生作为拍摄微电影的主人公，进行一些科学研究活动，并且通过微视频记录下其科学探究过程，这会使他们的科学认知、科学态度、科学研究能力有非常大的提升，且受益终身。例如，优秀科学微电影《防疫"变色龙"》记录了澳门某中学的学生对口罩颜色是否影响细菌数量的研究。这段经历对于影片中的中学生来说是受益匪浅的，研究结束后，他们也总结出了非常多的经验，比如，要做好周密的计划、准备 Plan B 是有必要的等。[②]我们可以发现，虽然记录中学生在实验上有一些缺陷，但他们经历了完整的科学研究过程。拍摄科学微电影的经历，不但能够提升他们的文字素养、探究能力、创新能力、艺术修养，而且可以使其养成积极的科学态度，培养其刻苦探究的科学精神，并且这种影响力会延续到他们整个人生。在这个层面上，科学微电影就是一种非常有价值的

---

① 王芸. 高中物理微视频教学资源的利用现状及优化策略研究[D]. 伊犁师范大学, 2020.

② 防疫"变色龙"|第六届中小学生科学微电影赏析活动[EB/OL]. https://mp.weixin.qq.com/s?__biz=MzIyMjc4ODMwOA==&mid=2247689208&idx=2&sn=9675bd4cc8ce9d45467008b9a3e75645&chksm=e8258c43df5205551854232833fc37b5b22ba7473ceaaf060387f213615ecdfa8131212dbf45&scene=27.（2023-11-05）[2023-11-30].

教育资源。

第四，让学生成为科学微电影创作的主人，可以通过开展微电影社团、兴趣小组的方式开展活动。实践中，以科学影像社为依托，借助竞赛开展科学微电影创作实践活动，既能开阔学生的视野，又能丰富校园生活。同时，教师要尝试用更多方式创新性地开展科学影像活动，让学生在活动中感受科学的魅力，树立科学精神，切实提高学生的信息技术核心素养和艺术素养。

无论是教师应用科学微电影开展教学，还是让学生成为科学微电影创作的主人，都需要学校完善科学微视频应用配套硬件设施。《国家教育事业发展"十三五"规划》中强调要积极促进信息技术与教育的融合创新发展。科学微电影在科技人文融合创新教育中的应用就是教育与信息技术的一种新型融合方式，所以学校和相关主管部门应当在现有硬件设施的基础上，进一步加大资金和技术的投入，不断完善科学微电影在科技人文融合创新教育中应用的相关设施。针对学校设备老旧，容易出现黑屏、死机或重启现象，学校网络卡顿不能流畅播放视频，以及视频格式与播放器不兼容的问题，学校的相关技术人员应在平时经常排查这些问题，及时发现问题，更换失修设备，解决技术问题。有条件的情况下，可以在教室的多媒体设备上多安装几种可以播放不同格式视频的播放软件，尽可能地为教师教学提供便利。

第五，鼓励教师积极参与科学微电影资源库建设，这对于教师利用科学微电影资源开展教育教学，以及指导学生开展科学微电影的创作，都非常重要。教师在备课过程中寻找符合教学目标又能突破教学重难点的科学微电影资源费时费力，打击了教师在课堂中应用科学微电影的积极性。针对这样的情况，教师可以充当科学微电影资源库建设的主力军，在日常教学和生活中进行积累，合理、有效地利用网络资源，将平时留意到或者备课过程中搜集到的科普微电影及时按照教材目录进行备注，并在相应的平台上共享。教师在备课时，可以直接到相应的平台上下载，免去了在网络上广撒网式搜索的麻烦。当然，也可以通过集体备课的形式，每个人分配一部分专题，各自进行科学微电影资源的收集和整理，再由备课组长和教研主任汇总，整理成各自学科的科学微电影资源库，然后在实际教学的应用过程中进行再次筛选。

从更为广阔的视角看，还可以借助馆校合作的力量，促进基于科学微电影教学的科技人文融合创新教育的开展。一般而言，学校现有的科学微电影教学条件有限，而科技馆内的科学教育资源十分丰富，学校与科技馆展开合作，建立馆校的互动机制，可以实现两者的优势互补，拓宽学生的视野，丰富科学微电影的主题。科学微电影通过活动有机地统一在一起，教师作为科学微电影开发的主体，则是核心。这主要是由于学校对学生进行科学教育的主体是教师，教师对学生的身心发展规律、科学教育课程目标、科学教育课程内容等方面把握较好。科学微电影的开发专业性强，涉及的知识面广，学生受知识基础、思维方式、生活经验等方面的限制，开发科学微电影的能力有限，还需要教师进行有效的指导。

科学微电影具有专业性、科普性、综合性等特点，这也决定了馆校进行有效合作的必要性。学校可以借助科技馆的人力资源、场馆设备等优势，围绕科学微电影的主题确定、剧本编写、方案实施、视频拍摄、后期剪辑处理等方面展开合作。[①]科学微电影的实施是以学校的科学教育为目标，而参与制作、拍摄、演出的人和观众等都是以学生群体为对象，因此必须调动学生参与科学微电影制作的积极性，使学生在参与的过程中提高自身的综合素养，只有这样，科学微电影的意义才能得以实现。学校与科技馆以科学微电影为核心展开有效合作，学生积极参与，从而可以实现科学微电影的教育价值。

---

① 宗若灿. 基于课程资源的科学微电影开发与应用[J]. 实验教学与仪器，2021（11）：68-70.

第九章

基于跨学科实验的科技人文融合 创新教育①

跨学科实验教学是一种从多学科视角对问题进行思考的实践性教学组织形式。学生利用仪器设备，在一定的控制条件下引起实验对象的变化，通过观察、测定和分析，获得多学科的知识与能力。跨学科实验教学属于学科实验教学的进阶形式，具有跨学科的特点，其主要类型有演示实验、边学边做实验、学生分组实验和课外实验4种。跨学科实验教学也可以看作是跨学科研究——一种经由团队或个人整合来自两个或多个学科（专业知识领域）的信息、材料、技巧、工具、视角、概念和/或理论来加强对那些超越单一学科界限或学科实践范围问题的基础性理解或解决之道——的一种教育拓展。跨学科实验教学的目的不仅是验证书本知识和培养学生正确使用仪器设备进行测试、调整、分析、综合和编写实验方案、实验报告的能力，更在于培养学生的创新实践能力。

---

① 这里的"跨学科实验"，表面上看似乎仅仅与物理、化学、生物等学科实验有关，但是实际上，所涉及的问题与人、环境和社会有着紧密的联系，而跨学科实验问题及其解决，本质上也是新观念、新思路、新方法产生的过程，加之跨学科实验教学效果的检测设计，也涉及技术设计、视觉表达、艺术表达和社会问题解决等，因此跨学科实验教学本质上也是一种科技人文融合创新教育探索。另外，课题组在小学学段和初中学段开展了类似的实验探索，限于篇幅，不再展开论述。本章内容是在杨倩倩研究的基础上修改完成的，感谢杨倩倩为本书研究所做的工作。详细内容参见杨倩倩. 基于物理的跨学科实验教学对学生创造力影响的研究[D]. 南京师范大学，2022.

一、跨学科实验教学研究的背景与问题

20 世纪下半叶以来，科学在继续分化的同时，也在向高度综合化、整体化、社会化的方向发展，故"跨学科"成了当代科学进步比较重要的议题之一。[①]在科学技术迅速发展、生产技术高度分化且综合的今天，单一学科的知识已不足以解决现实生活中日渐复杂的问题，单一学科领域的人才培养的局限性越发明显。相比之下，跨学科研究的优势则日渐凸显。在这一背景下，跨学科人才的培养成了教育改革的重要目标。目前，我国中学仍然实行分科教学制度，但无可厚非，分科教学在逻辑性、系统性和独立性方面有其独到的优势，有利于教师的"教"，也便于学生的"学"。但是，这种强调学科本位的学科结构在无形中弱化了学科之间的互动和关联，形成了"泾渭分明"的学科界限，导致学生难以融会贯通所学知识，不利于培养其综合解决问题的能力。跨学科教育的核心在于突破学科教学的壁垒，使不同学科之间的知识、方法能相互迁移，提高学生解决问题的综合能力，以适应当今社会发展对于应用、复合、创新型人才的需求。创造力作为一种高级能力[②]，其现如今的"多维取向""聚合模型"发展方向恰好与跨学科教学的"相关""集中"内涵不谋而合。但在教学实施过程中，"跨什么""怎么跨""从哪个角度跨"是值得思考的问题。

实验教学是实践性教学的一种组织形式，在基础课和专业课中得到了广泛应用。实验前，教师需要编写实验指导书，并在课前发给学生预习。实验中，教师要巡视，加强个别指导。实验后，教师要认真评阅实验报告，将其作为成绩考核的主要依据。作为一种重要的教学手段，实验在教学过程中占有重要的地位，它不仅可以激发学生的学习兴趣，还可以为学生的概念建立和思维发展提供丰富的感性材料，加深学生对知识的理解和掌握。同时，实验也是学生各种技能培养的主要场所。物理、化学、生物作为自然科学中的基础学科，它们相互交叉，而且均和实验密切联系，但是不同学科实验对学生能力培养的方向和侧重点有所不同。于是，跨学科实验教学作为跨学科教学之一种，逐渐进入

① 刘仲林. 跨学科学导论[M]. 杭州：浙江教育出版社，1990：1-3.
② 何善亮. 基于维恩图的教育实践学理阐释及其可视化表达[J]. 教育理论与实践，2022（1）：8-13.

了人们的视域。

相对于高等教育领域的跨学科实践教学研究，我国中等教育领域的跨学科实验教学研究相对较少，主要为跨学科视域下具体学科实验的改进创新。如汪阿恋等在《跨学科融合视域下的实验改进研究——以泡菜中亚硝酸盐含量测定实验为例》中，从化学的视角对泡菜中亚硝酸盐含量测定的实验进行了改进。[1]许俊杰、赵扬分别在《发展化学教师核心素养：实验创新与跨学科素养——以〈化学能转化为电能〉为例》[2]及《基于课程标准的初中化学跨学科教学——以〈DIY 水果电池〉为例》[3]中，以水果电池的实验为原型，设计了化学跨物理学科的实验教学。杨建忠等在《跨学科融合改进"酵母菌细胞呼吸方式"实验》中，借鉴物理和化学实验的原理对该生物实验做了改进[4]，增强了实验的严密性、结果的可靠性。

跨学科实验教学具有重要的理论意义。在中学跨学科教学研究中，多数学者更关注相近学科之间的交叉概念教学或相近思想方法的渗透教学，鲜有对中学跨学科实验教学的研究。然而，实验作为物理、化学、生物三门学科的基础，其在教学过程中的重要性不言而喻。本研究以实验教学为切入点，以物理为线，将物理、化学、生物三门学科串联，在培养学生跨学科学习能力的同时，能弥补中学跨学科实验教学研究的不足。

跨学科实验教学还具有重要的实践意义。首先，跨学科实验教学有利于打破物理、化学、生物学科之间的边界，让学生融会贯通所学的知识。在分科教学的模式下，通过对跨学科实验的设计和实施，能加深学生对相关学科知识的理解，完成知识、技能、方法的迁移。同时，跨学科实验能将各学科的知识有机结合，打破学科"各自为营"的知识体系，帮助学生构建完整的知识框架，从整体上掌握科学知识。其次，跨学科实验教学有利于培养学生多方面的能力，融合多种实验技能。实验作为教学的重要组成部分之一，在培养学生的能力方面起着不可或缺的作用。往往不

---

① 汪阿恋,张云. 跨学科融合视域下的实验改进研究——以泡菜中亚硝酸盐含量测定实验为例[J]. 中学生物学，2017（6）：41-43.

② 许俊杰. 发展化学教师核心素养：实验创新与跨学科素养——以《化学能转化为电能》为例[J]. 新课程（下），2018（4）：217.

③ 赵扬. 基于课程标准的初中化学跨学科教学——以《DIY 水果电池》为例[J]. 教育科学论坛，2018（34）：4，46-48.

④ 杨建忠，王其鹤. 跨学科融合改进"酵母菌细胞呼吸方式"实验[J]. 生物学教学，2019（12）：31-33.

同课程的实验对学生能力培养的侧重点也有所不同，跨学科实验通过对多学科实验教学内容的融合、重组，提高学生应用不同实验技能的能力，实现不同学科实验在培养学生相应学科实验能力教学目标上的融合与互补。最后，跨学科实验教学有利于培养学生的跨学科思维能力，适应社会对于跨学科人才的需求。自然界固有的复杂性、社会问题的综合性、科学技术进步带来的创新性，都在表明单一的学科人才已难以适应当今社会的发展。相比之下，跨学科人才的培养才是未来的大势所趋。在中学开展跨学科实验教学，就是培养学生的跨学科思维，能为高等教育中的跨学科人才培养打下坚实的基础。

　　跨学科实验教学在发展学生科技人文融合创新能力上具有重要的作用。早在1916年，美国教育家杜威就提出，一切能考虑到从前没有被认识的事物的思维，都是有创造性的，学校应该培养有创造力的人才。[1]1950年，吉尔福特（Guilford）发表了主题为"创造力"的讲座，认为创造力是一种发散思维。[2]随后，有关创造力的研究开始逐渐增多。我国学者也特别关注学生创造力的培养问题，例如，陶行知先生提出了系统的有关创造力培养的理论，并且将这些理论用于实践；张春兴指出，创造力是超出了原有的知识，突破习惯和定式，形成新观念的心理过程[3]；林崇德指出，创造力是根据已有的知识，做出一个新颖独特的新事物，可以是一种新概念、新思想、新技术等，但需要体现出价值[4]。笔者认为，创造力是一个人综合能力的体现，是人的全面发展不可或缺的一部分，富有创造力的人必然也是具有好学精神、善于打破思维定式和具有独立思考能力的人，是现代人才不可或缺的重要素养之一。

　　关于创造力（创造性）的理解，学者特别关注创造的结果（创造性产品）和创造的认知过程（创造性思维），以及创造性人格与创造性环境。从创造的结果视角来看，创造力可以被定义为产生新颖和实用产品的能力。[5]尼克尔森（Nickerson）认为，创造性产物应该具有新颖性和某种形式的效用——有用性、

① 约翰·杜威. 民主主义与教育[M]. 王承绪，译. 北京：人民教育出版社，2001：173-174.
② 转引自罗伯特·韦斯伯格. 如何理解创造力：艺术、科学和发明中的创新[M]. 金学勤，胡敏霞，译. 成都：四川人民出版社，2017：97.
③ 张春兴. 从思想演变看教育心理学发展宜采的取向[J]. 北京大学教育评论，2005（1）：87-93.
④ 林崇德. 培养和造就高素质的创造性人才[J]. 北京师范大学学报（社会科学版），1999（1）：5-13.
⑤ Mayer R E. Fifty years of creativity research[M]//Sternberg J. Handbook of Creativity. New York：Cambridge University Press，1999：449-460.

适合性或者社会价值。①西蒙顿（Simonton）在回顾自吉尔福德号召以来心理学家在理解创造力方面取得的进展的基础上认为，新颖和恰当为创意的两个必要条件。除此之外，他认为质量和重要性对创造力来说也是重要的，这是决定创造力能否被人们接受的重要指标。②从创造的认知过程视角来看，以华莱士（Wallace）为代表的心理学家强调创造活动的过程性，他们认为创造力是一种特殊的解题能力。德国心理学家海纳特（Heinelt）对创造力的解释如下：我们一般把创造力理解为某种能力、力量和才能，用综合的、并非十分精确的概念来说就是直觉、想象、灵感、富于想象力、发明天赋、独创性或（更科学的表达）创造性思维、解决问题的能力和创造的幻想力。③贾绪计等指出，创造力即根据一定目的，运用一切已知信息，产生出某种新颖、独特、具有社会价值或个人价值的精神或物质产品的能力或特征。④张文新等认为，对创造可以有两种理解：其一是指在问题情境中超越原有经验、突破习惯限制、形成崭新观念的心路历程；其二是指不受陈规限制而能灵活运用经验以解决问题的超常能力。⑤前者被视为思维历程，后者被视为思维能力。

此外，在 PISA 的创造性思维测试中⑥，其将创造力定义为两类：一类是与技术突破或者艺术杰作相关的"大创造力"（简称 Big C），它不仅需要学生具有创造性思维，还需要具有一定的天分、特定的领域专长和高度的参与投入，创造的产品需要得到社会的认可；另一类为"小创造力"（简称 Little C）或者日常创造力，如将剩饭做成一餐美食，或者在工作中进行复杂的行程安排，这是所有参与创造性思维过程的人都应具备的能力，并可以通过各种教学实践进行培养。中学阶段是个体获取知识、积累经验的阶段，中学生的创造力更多地表现为隐性的创造力，即他们的创造力在很大程度上是潜在的。一般来说，他们不可能有太多的创造性产品出现，据此采用创造性产品或 Big C 对中学生的创造力进行评价是不合适的。基于以

---

① 雷蒙德·S. 尼克尔森. 促进创造力[M]//罗伯特·J. 斯滕博格. 剑桥创造力手册. 施建农，等，译. 上海：东方出版中心，2021：526.

② Simonton，D K. Creativity：Cognitive，personal，developmental，and social aspects[J]. American Psychologist，2000（1）：151-158.

③ 海纳特. 创造力[M]. 陈钢林，译. 北京：工人出版社，1986：8.

④ 贾绪计，林崇德. 创造力研究：心理学领域的四种取向[J]. 北京师范大学学报（社会科学版），2014（1）：61-67.

⑤ 张文新，谷传华. 创造力发展心理学[M]. 合肥：安徽教育出版社，2004：9-10.

⑥ 唐科莉，张娜. PISA 2021 评估新领域：创造性思维[J]. 人民教育，2020（11）：32-37.

上原因，本研究从创造认知过程的角度，将创造力定义为进行创造性活动的能力，并在设计测量工具时，只设计与 Little C 相关的任务，聚焦个体参与创造性思维过程这一具有可塑性的能力，尽可能减少个体先天能力对测试成绩的影响，以确保测评结果更具实践意义。

二、跨学科实验教学研究的方法与过程

本研究主要采用准实验研究方法，并辅以问卷与访谈调查方法。研究设置了实验组和对照组，对实验组实施跨学科实验教学，对照组不做干预。通过对实验组和对照组的前后差异进行对比，即在实验开始前使用"创造力倾向量表""基于物理跨学科的创造性思维测量问卷"对两个班的学生进行实验前测及同质性检验，了解实验前研究对象的创造力是否处于同一水平，在教学干预后使用上述量表及问卷对研究对象实施后测，评估跨学科物理实验教学对学生创造力水平的影响，进而了解跨学科物理实验教学的效果。核心技术路线如图 9.1 所示。

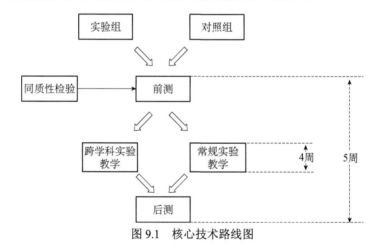

图 9.1　核心技术路线图

本研究的研究对象为南京市某中学高二年级两个班的学生。该中学在南京市属于较好的中学，学生的基本素质较高，有利于跨学科实验教学的实施，且能保证有效问卷的回收率，可以提高研究数据的可靠性。此外，两个班的成绩和情况基本相同，可以进一步增强本研究结论的说服力和可靠性。本研究使用的是"非概率抽

样"中的"立意抽样",以期能提供最大信息量样本。尽管此抽样方式存在一些缺陷,但受客观条件的限制,由于本研究需要占用正常课时,对教师的教学有一定干扰和影响,其他抽样方式难以实施。与此同时,我们选择南京市及杭州市高中的 8 位一线教师进行了访谈。

研究工具包括"创造力倾向量表""基于物理跨学科的创造性思维测量问卷"。"创造力倾向量表"源于"威廉斯创造力量表",将创造力分为冒险性、好奇性、想象力和挑战性 4 个维度,在其基础上删减了一些主观性较强的题目,最终留下 20 题。其中冒险性维度 5 题,好奇性维度 5 题,想象力维度 4 题,挑战性维度 6 题。经过探索性分析检验(具体从略,参见相关注释与说明)后形成共有 18 题的正式量表,其中冒险性 4 题,好奇性 5 题,想象力 4 题,挑战性 5 题。

"基于物理跨学科的创造性思维测量问卷"在 PISA 创造性思维测试能力模型(图 9.2)的基础上进行设计。[①]该模型聚焦于创造性表达和创造性解决问题这两个宽泛的主题领域,其中创造性表达又细分为文字表达和视觉表达两个领域,创造性解决问题又分为科学问题解决和社会问题解决两个领域。此外,在权衡"设计更多指标以更好告知政策制定者学生创造性思维的优势与劣势""确保每个指标都能可靠测评"后,该模型从"产生多样化想法""产生创新想法""评价与改进想法"3个维度对各个领域进行了评价,具体如表 9.1 所示。

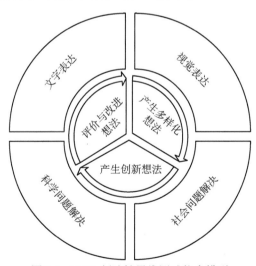

图 9.2　PISA 创造性思维测试能力模型

① 唐科莉,张娜. PISA 2021 评估新领域:创造性思维[J]. 人民教育,2020(11):32-37.

表 9.1　创造性思维评价的领域及维度说明

三维度	四个领域			
	文字表达	视觉表达	社会问题解决	科学问题解决
产生多样化想法	1. 针对给出的提示（如漫画或连环画脚本、图片或者关键词等），写出不同的说明 2. 针对给出的提示，写出不同的标题 3. 针对给出的提示，写出不同的故事创意 4. 针对给出的提示，提出对内容的不同解读 ……	1. 针对给定的形状或图章，以多种方式组合产生不同的图像 2. 针对给出的信息，用不同方式（如信息图）将数据可视化地表现出来 3. 针对给出的信息，用不同方式加工补充以产生不同的图像 ……	1. 针对某一社会问题，提出多种方案或想法 2. 基于给定的社会场景，提出多种想法 3. 对某一社会现象，从多个角度进行解释说明 ……	1. 针对某一科学发现，提出多种假设或实验方法 2. 针对某一科学问题，提出多个方案 3. 针对某一科学产品，提出多种想法 4. 基于给定的科学情境，提出多种想法 5. 对某一科学现象，从多个角度进行解释说明 ……
产生创新想法	1. 针对给出的提示，写出一个原创性的故事 2. 针对给出的内容，提出原创性的解读 3. 给出原创性的标题 ……	1. 针对给定的形状，组合产生原创性的图像 2. 针对给出的信息，用原创性的方式将数据可视化地表现出来 3. 针对给出的信息，用新颖的方式加工补充，以产生原创性的图像 ……	1. 能想出新颖的战略对产品进行宣传 2. 能对某些社会现象或问题提出原创性的解决措施 ……	1. 对某一科学产品或其相关配件的用途加以创新拓展 2. 产生原创性的想法，设计一款科学产品 3. 针对某一科学发现，提出原创性的假设或实验方法 ……
评价与改进想法	对他人的文字、想法进行评价与改进	1. 对不同视觉表达形式提出建议或者做出原创性改进 2. 对某一视觉表达结果提出建议或进行原创性改进	1. 对建议的方案提出原创性改进 2. 对某一想法进行评价与改进 ……	1. 对给定的实验方案进行原创性改进 2. 对某一科学解释进行评价与改进 ……

　　本测量问卷分为前测、后测两部分，每份测试中包含 4 个题目，其中，创造性表达 1 题、科学问题解决 2 题、社会问题解决 1 题。每题下又设 3 个小题，使其包含创造性思维的 3 个维度。为了提高二者的相关度，前测问卷和后测问卷中的创造性表达一题保持一致。考虑在文字表达和视觉表达领域中，跨学科性难以体现和设计，故适当删减该领域的问题及调整相应的分数比例，同时增加了科学问题解决领域的占比。此外，在 3 个维度上，由于产生多样化想法的评分中包含个数和总类两方面内容，故其占比相较产生创新想法及评价与改进想法稍高，具体在四领域和三维度上的分数占比如图 9.3 所示。

　　本研究还采用利克特量表形式，从"跨学科素养""对跨学科教学的态度""跨学科实验素养""对跨学科实验教学的态度""跨学科实验时的困难""跨学科实验

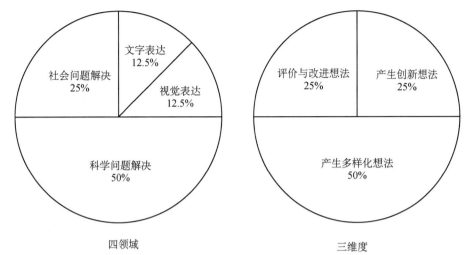

四领域 三维度

图 9.3 基于物理跨学科的创造性思维测量任务分配

教学的影响""跨学科实验教学对创造力的影响"7 个维度,通过学生自评的方式
对跨学科实验的教学效果进行检验,以及从"不同学科教师交流情况""教师的跨
学科素养""跨学科教学及实验教学现状""实施跨学科实验教学的困境与展望"
"教师对创造力的看法"5 个维度对不同学科的教师进行访谈。

研究操作主要是在实验组开展基于物理的跨学科实验教学,第一阶段时长
约 1 周,主要向学生介绍跨学科实验的理论,让学生初步了解跨学科实验的内
涵,并借此了解学生对跨学科实验的想法,同时根据学生的想法思考有无能够
借鉴的跨学科实验教学设计点;第二阶段时长为 4 周,目的是对实验组实施跨
学科实验教学的干预,控制组不做干预。在实施跨学科实验教学的过程中,选
择具有多种学科知识的实验情境,为学生思维的发散提供可能;选择可以提出
多种假设和方案的问题,调动学生自主实验的积极性,引导学生从多角度表达
自己的猜想;让学生基于本实验进行反思和改进评价,鼓励学生对给定的实验
方案进行改良更新,突破思维桎梏,进而培养学生的创造性思维。例如,在普
通高中教科书物理必修 3 "电池电动势和内阻的测量"的实验中,出现了"水
果电池"的开放性实验,而在人教版教科书化学 2 中也有"利用水果制作原电
池"的实践活动。此外,水果的果肉细胞中含有大量糖类、生物酸等物质,其
中的生物酸能起到电解质的作用。可见,水果电池的实验涉及物理、化学、生
物三门学科的知识。此外,水果电池具有绿色环保的优点。但为什么水果电池

在市场上没有得到广泛应用呢？影响水果电池电动势、内阻的因素有什么呢？影响水果电池产生电流的因素又有哪些呢？下面将通过实验探究来解答以上问题。

我们还设计了一些课外跨学科实验，例如，弹跳的肥皂泡实验。因此，需要将实验的实施地点拓展到课外甚至校外，采取 1 周 1 次的频率，每周五下发实验手册，要求学生完成任务单和拓展思考，下周一上交。为确保课外实验的顺利实施，在设计时应考虑难度、趣味性及实验材料的生活化等方面的问题，尽可能地激发学生自主实验的积极性。

三、跨学科实验教学研究的结果与分析

这部分将采用"创造力倾向量表""创造性思维测量问卷"对实验组和控制组学生分别进行前测、后测，对控制组、实验组的前后测进行定量分析，验证跨学科实验对学生的创造力是否有影响。

在开展教学实验之前，对实验组与控制组分别进行了前测，并统一进行评分和各维度及总分的统计，借助 SPSS 软件进行独立样本 t 检验，得到的结果是创造力倾向的 4 个维度及总分均无显著差异（表 9.2，表 9.3）。

表 9.2　"创造力倾向量表"前测统计结果

项目	班级	个案数	平均值	标准差	标准误差平均值
冒险性	11	38	9.68	2.157	0.350
	15	30	9.10	2.139	0.391
好奇性	11	38	11.53	3.177	0.515
	15	30	11.80	3.274	0.598
想象力	11	38	8.13	1.891	0.307
	15	30	7.77	2.144	0.392
挑战性	11	38	10.58	2.445	0.397
	15	30	11.17	2.378	0.434
总分	11	38	39.92	8.201	1.330
	15	30	39.83	8.288	1.513

表 9.3 "创造力倾向量表"前测独立样本 t 检验结果

| 莱文方差同性检验 | | | | 平均值同性 t 检验 | | | | | 95%置信区间 | |
	项目	F	p	t	df	p（双尾）	平均值差值	标准误差差值	下限	上限
冒险性	假定等方差	0.101	0.752	1.113	66	0.270	0.584	0.525	−0.464	1.632
	不假定等方差			1.114	62.624	0.270	0.584	0.524	−0.464	1.632
好奇性	假定等方差	0.202	0.655	−0.348	66	0.729	−0.274	0.786	−1.844	1.296
	不假定等方差			−0.347	61.507	0.730	−0.274	0.789	−1.852	1.304
想象力	假定等方差	1.863	0.177	0.745	66	0.459	0.365	0.490	−0.613	1.343
	不假定等方差			0.734	58.315	0.466	0.365	0.497	−0.631	1.360
挑战性	假定等方差	0.577	0.450	−0.996	66	0.323	−0.588	0.590	−1.766	0.591
	不假定等方差			−0.999	63.128	0.322	−0.588	0.588	−1.763	0.588
总分	假定等方差	0.038	0.845	0.044	66	0.965	0.088	2.012	−3.930	4.106
	不假定等方差			0.044	62.086	0.965	0.088	2.015	−8.940	4.115

在进行了一段时间的跨学科实验教学后，我们分别就实验组和控制组进行了后测，发现在冒险性、想象力、挑战性 3 个维度及总分上有显著差异，说明实验组和控制组学生的创造力整体出现显著差异，但是在好奇性维度上，实验组和控制组学生无显著差异（表 9.4，表 9.5）。

表 9.4 "创造力倾向量表"后测统计结果

项目	班级	个案数	平均值	标准差	标准误差平均值
冒险性	11	38	10.47	1.797	0.292
	15	30	9.03	1.974	0.360
好奇性	11	38	12.74	2.401	0.390
	15	30	11.60	2.848	0.520
想象力	11	38	9.58	1.718	0.279
	15	30	7.70	2.184	0.399
挑战性	11	38	12.34	2.057	0.334
	15	30	11.00	2.133	0.390
总分	11	38	45.13	5.282	0.857
	15	30	39.33	7.517	1.372

表9.5 "创造力倾向量表"后测独立样本 *t* 检验结果

项目		莱文方差同性检验		平均值同性 *t* 检验					95%置信区间	
		F	*p*	*t*	*df*	*p*（双尾）	平均值差值	标准误差差值	下限	上限
冒险性	假定等方差	0.697	0.407	3.143	66	0.003	1.440	0.458	0.525	2.355
	不假定等方差			3.108	59.428	0.003	1.440	0.463	0.513	2.368
好奇性	假定等方差	4.541	0.037	1.785	66	0.079	1.137	0.637	−0.134	2.408
	不假定等方差			1.750	56.694	0.086	1.137	0.650	−0.164	2.438
想象力	假定等方差	4.061	0.048	3.972	66	0.000	1.879	0.473	0.935	2.823
	不假定等方差			3.862	54.143	0.000	1.879	0.486	0.904	2.854
挑战性	假定等方差	0.131	0.719	2.628	66	0.011	1.342	0.511	0.323	2.362
	不假定等方差			2.617	61.305	0.011	1.342	0.513	0.317	2.368
总分	假定等方差	4.144	0.046	3.732	66	0.000	5.798	1.554	2.696	8.900
	不假定等方差			3.584	50.055	0.001	5.798	1.618	2.549	9.048

就创造性思维而言，研究中也分别对跨学科实验教学的实验组与控制组进行了前测及后测。前测数据及其分析参见表9.6和表9.7。产生多样化想法、产生创新想法、评价与改进想法3个维度及总分的表现都没有显著性差异，故可以认为实验组和控制组在实施跨学科物理实验教学之前的跨学科创造性思维无明显差异。

表9.6 "创造性思维测量问卷"前测统计结果

项目	班级	个案数	平均值	标准差	标准误差平均值
产生多样化想法	11	40	30.50	5.487	0.868
	15	31	28.29	5.146	0.924
产生创新想法	11	40	9.25	3.342	0.528
	15	31	10.77	4.105	0.737
评价与改进想法	11	40	9.13	4.339	0.686
	15	31	10.29	3.196	0.574
总分	11	40	48.88	9.411	1.488
	15	31	49.35	9.408	1.690

表9.7 实验组和控制组"创造性思维测量问卷"前测独立样本 *t* 检验结果

项目		莱文方差同性检验		平均值同性 *t* 检验					95%置信区间	
		F	*p*	*t*	*df*	*p*（双尾）	平均值差值	标准误差差值	下限	上限
产生多样化想法	假定等方差	0.202	0.655	1.729	69	0.088	2.210	1.278	−0.340	4.759
	不假定等方差			1.743	66.464	0.086	2.210	1.268	−0.321	4.740

续表

| 莱文方差同性检验 | | | | 平均值同性 t 检验 | | | | | 95%置信区间 | |
	项目	F	p	t	df	p（双尾）	平均值差值	标准误差差值	下限	上限
产生创新想法	假定等方差	3.468	0.067	−1.725	69	0.089	−1.524	0.884	−3.287	239
	不假定等方差			−1.680	57.139	0.098	−1.524	0.907	−3.340	0.292
评价与改进想法	假定等方差	2.175	0.145	−1.254	69	0.214	−1.165	0.929	−3.019	0.689
	不假定等方差			−1.303	68.851	0.197	−1.165	0.895	−2.950	0.619
总分	假定等方差	0.003	0.956	−0.213	69	0.832	−0.480	2.252	−4.972	4.012
	不假定等方差			−0.213	64.662	0.832	−0.480	2.252	−4.977	4.017

注：调查中出现了个别极端数据，有待后续进行进一步研究和检验

在进行了一段时间的跨学科实验教学后，我们分别就实验组和控制组学生的创造性思维进行了后测，结果如表9.8和表9.9所示。从表9.8和表9.9可以看出，后测3个维度及总分的 p（双尾）值均小于0.05，有显著差异，说明实验组和控制组学生的创造性思维存在显著差异。

表9.8　"创造性思维测量问卷"后测统计结果

项目	班级	个案数	平均值	标准差	标准误差平均值
产生多样化想法	11	40	31.75	7.375	1.166
	15	31	27.45	5.353	0.961
产生创新想法	11	40	13.20	3.871	0.612
	15	31	9.58	3.722	0.668
评价与改进想法	11	40	13.00	3.735	0.591
	15	31	10.42	3.594	0.646
总分	11	40	57.95	11.498	1.818
	15	31	47.45	9.507	1.708

表9.9　"创造性思维测量问卷"后测独立样本 t 检验结果

| 莱文方差同性检验 | | | | 平均值同性 t 检验 | | | | | 95%置信区间 | |
	项目	F	p	t	df	p（双尾）	平均值差值	标准误差差值	下限	上限
产生多样化想法	假定等方差	1.156	0.286	2.733	69	0.008	4.298	1.573	1.161	7.436
	不假定等方差			2.844	68.746	0.006	4.298	1.511	1.283	7.314
产生创新想法	假定等方差	0.391	0.534	3.973	69	0.000	3.619	0.911	1.802	5.437
	不假定等方差			3.993	65.808	0.000	0.619	0.906	1.810	5.429

续表

莱文方差同性检验				平均值同性 t 检验					95%置信区间	
项目		F	p	t	df	p（双尾）	平均值差值	标准误差差值	下限	上限
评价与改进想法	假定等方差	0.057	0.811	2.935	69	0.005	2.581	0.879	0.827	4.335
	不假定等方差			2.950	65.782	0.004	0.581	0.875	0.834	4.328
总分	假定等方差	0.142	0.707	4.109	69	0.000	10.498	2.555	5.401	15.596
	不假定等方差			4.209	68.678	0.000	10.498	2.494	5.522	15.475

我们综合上述分析发现，在实施跨学科实验教学之前，两个组学生的创造性思维基本处于同一水平，而在开展跨学科实验教学后，实验组学生的创造性思维的整体水平及各维度水平显著高于控制组，从而证明了跨学科物理实验教学有利于培养学生的创造力。

根据"跨学科实验素养及创造力自我效能问卷"（这是本研究的一份辅助问卷）分析可知，学生认为跨学科实验的难点在于原理、操作和知识的融合，如何解决实验存在的拼接感问题也是有待突破的困难点。就实际教学而言，教师与跨学科有关的活动多停留在言语上的沟通交流，缺乏实施。其主要原因如下：学校设备缺乏、教学时间的安排、教师备课的压力、教学设计的难度、学生的能力差异、学科本位的思想和高考的压力。

四、跨学科实验教学研究的结论与建议

（一）研究结论

根据"创造力倾向量表"和创造性思维的前测、后测结果，并通过两个组的横向对比，以及实验组的前后纵向对比可知，跨学科实验教学有利于促进学生创造力倾向各维度的提升，但是对于好奇性维度的提升效果有待改进；跨学科物理实验教学有利于培养学生的创造性思维，但对于创造性思维中"产生多样化想法"这一维度的提升效果欠佳。

通过自评结果可知，实验组学生认为跨学科物理实验有利于提高自己的创新能力、锻炼跨学科实验思维，整体而言，对创造力有提升效果，自己的创造力自我效能感得到了提升。

根据"跨学科实验素养及创造力自我效能问卷"分析可知，学生认为跨学科教学和跨学科实验教学有利于激发学习兴趣，且有助于构建完整的知识体系、提升问题解决能力。根据访谈结果分析可知，教师认为跨学科实验的实施需要以学生的学科学习为主，若其对学生学科知识的学习是有益的，则可以加以倡导；若导致学生对所学知识更加迷惑，则还是专注学科自身实验。对于创造力水平和学习能力，教师认为二者呈正相关，且认为跨学科教学和实验教学是有利于培养学生的创造力的。

（二）关于跨学科实验教学的建议

第一，在教学实践中重视跨学科实验教学。实验是自然科学相关学科的基础，有效的跨学科实验教学有利于学生建构完整的知识观，完善看待问题的视角，但在实验教学的实施效率尚有待提升的情况下，跨学科实验教学的实施情况更为堪忧。为改善这种状况，应自上而下地重视跨学科实验教学。

教育研究者可以关注跨学科实验及教学方面的研究，为跨学科实验教学的实施提供理论支撑。在现有的跨学科相关研究中，跨学科实验教学尚有大片的空白区域，何为跨学科实验教学、跨学科实验教学的设计应遵循何种原则、何种实验形式能与跨学科实验教学相匹配等，均有待研究。在研究足够丰富的前提下，教育实践者才有可能有据可依地付诸实践。

教育实践者应认识到跨学科实验的重要性并尝试实施，为跨学科实验教学的研究提供真实素材。将跨学科和实验相结合的想法较为新颖，很多教师对此表示鲜有耳闻，而在高考的压力下也不愿对其进行尝试。因此，应完善学生的评价方式，在评价中重视跨学科实验能力，使其占有一定的比例，同时也能顺应社会对跨学科人才数量的需求日益增加的要求。

第二，设计合情合理的跨学科实验方案。比起单独的学科实验，跨学科实验在实验原理、实验方法等的广度上进行了拓展，对学生的综合能力而言是更大的挑战，若设计不当，容易导致学生对知识产生混淆，因此应设计合情合理的跨学科实验方案。

跨学科实验的设计必须充分考虑学生的实际情况。在设计过程中，教师应深入了解学生对已学各科知识内化的程度，评估他们的经验积累，并预见他们在面对跨学科实验时可能遇到的挑战及相应的解决策略。这样设计的跨学科实验才能与学生的知识和能力发展相匹配，确保实验内容处于学生的最近发展区内。此外，设计实验时还需兼顾学生的心理发展水平，通过增加实验的趣味性、体验性和情境性，来激发学生的学习兴趣，提升他们的参与度，从而使学生能够更加积极地投入到跨学科实验的学习和探索中。①

跨学科实验设计需要注意各学科内在的逻辑及学科之间进行融合的合理性。跨学科实验不是各学科实验的简单拼凑和堆叠，而是针对某一现象或主题，将不同学科的知识、方法、技能以实验为载体进行原理和方法上的有意义的联系与融合，因此要找到跨学科实验设计的合理切入点。此外，笔者认为跨学科实验和学科实验是实验教学的两种模式，不存在相互取代的关系，其仅是实现国家教育主张和理念的途径之一。

第三，提升跨学科实验教学的可行性和有效性。在众多教师眼中，跨学科实验教学的实施需要耗费大量的时间，而能否获得预设的教学效果却是未知数，因此提升跨学科实验教学的可行性和有效性是不可回避的议题。教师可以采取课堂实验教学和课外实验相结合的方式，提升跨学科实验教学的可行性。以物理实验教学为例，其课外实验包括课外小制作、课外小实验、课外科技活动和观察性实验 4 类。提高跨学科实验的生活性和便捷性，突破学习只能发生于学校、实验只能在实验室进行的空间感。课内外相结合的实验教学形式在保证正常教学的同时，也为跨学科实验提供了更多的可能性。

教师在教学时，应关注学生实际，以提高跨学科实验教学的有效性；充分考虑学生水平，可以从学习者中心、知识中心、评价中心和共同体中心 4 个视角②创设理想的学习环境，在进行小组分配时，考虑各组成员的能力配比，以使各小组顺利完成实验。

第四，改变实验室建设以支持跨学科实验教学。实验室是实施实验教学的主要场所，而中学现有的实验室环境及其实验仪器大多数只服务于某一单独学科，且很少向学生开放。若要确保跨学科实验教学的顺利进行，应改变现有的实验室建设。

首先，扩大实验室规模，建立跨学科实验中心，实现实验场地和仪器资源的共享。学校应秉持跨学科实验与学科实验相辅相成的原则，在保留原有学科实验室的基础上，对校内某些实验室进行合并，或建设新的跨学科实验中心。只有在硬件设施和环境有保障的前提下，教师实施跨学科实验教学的意愿才有提升的可能。

---

① 余胜泉，胡翔. STEM 教育理念与跨学科整合模式[J]. 开放教育研究，2015（4）：13-22.
② 何善亮. 基于维恩图的教育实践学理阐释及其可视化表达[J]. 教育理论与实践，2022（1）：8-13.

其次，延长实验室开放时间，对学生实行登记开放，提高学生（及小组）进行跨学科实验的自主性。现有实验室在非教学时段多为关闭状态，且仅在教师有教学任务时对学生开放，学生进入实验室更多的是对着实验手册按部就班且不明所以地进行操作。然而，跨学科实验教学旨在提升学生的创造力，学生极有可能会出现实验手册以外的想法需要尝试，故有必要改变实验室的开放时间，让学生有更大的实验自主权。

第五，提高教师团队的跨学科实验素养。在现行的高考制度下，分科课程和与之对应的教学模式仍是学校中的主流，而跨学科实验教学无疑对教师提出了更高的要求，因此应提高教师的跨学科实验素养。

在观念上，教师需要转变原先的学科本位思想，意识到跨学科概念、跨学科实验技能、跨学科思想方法等对于教师专业素养的提高和学生综合能力发展的重要性；挖掘学科实验中的跨学科知识和方法，关注生活中的学科现象，有意识地从多学科角度进行思考和解释，并尝试将其融入实验教学中。

在环境上，学校可以开展各项活动，促进不同学科教师之间的合作交流。[①]跨学科实验的设计需要各学科相关教师就某一现象或主题展开合作与交流，在合作的同时，着眼于充分利用教师之间的异质性，各科教师从自身的学科出发提出自己的见解，促进有效合作的开展，保障教师之间的相互学习。

附：学生创造性思维测量问卷问题设计（示例）

【图像与知识】

1. 你的学校打算举办名为"图像与知识"的科学文化节，其中包含了骰子游戏及跨学科图像语言竞赛。

1-1. 骰子游戏规则如下：你需要掷骰子，然后把正面朝上的图连起来作为灵感创造一个故事。请试着按顺序将下面的 6 张图片连起来，写一个创造性的故事。如果你的故事是原创的，并展现出丰富的想象力，且结构合理，你将获得很高的分数。建议在这个问题上花的时间不要超过 5 分钟，字数不要超过 80 字。

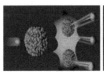

① 于国文，曹一鸣. 跨学科教学研究：以芬兰现象教学为例[J]. 外国中小学教育，2017（7）：57-63.

1-2. 现在你正在和朋友一起玩这个游戏。阅读你的朋友根据上题中6张图片写的故事的开头,你需要使用下面的3张图片续写朋友的故事。尝试顺着朋友的灵感和风格,有创意地续写这个故事。建议在这个问题上花的时间不要超过5分钟,字数不要超过80字。

故事:2200年,由各个国家合力建设的全球最大的核电站发生了爆炸,这是一场空前的灾难。近半数的人的基因发生了突变,所剩无几的淡水资源也受到了污染。(请续写)

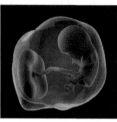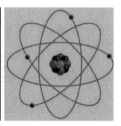

1-3. 游戏结束后,你继续参加了图像语言竞赛,比赛规则如下:A同学用直线和圆设计出了可以表达机械能守恒的图像,B同学设计出了表示染色体的图像,请你用直线和圆重新设计3个不同的图像(大小、数量不限,可以只用圆或只用直线),使其表示某一科学概念或规律,且这3个图像尽可能属于不同类别,并用简洁的文字对你的设计进行说明。建议在这个问题上花的时间不要超过5分钟。

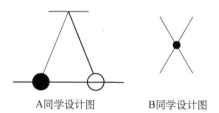

A同学设计图   B同学设计图

【水污染】

2. 水污染是指因某种物质的介入,超过了水体的自净能力,导致其物理、化学、生物或放射性等方面特征的改变,从而影响到水的利用价值,危害人体健康或破坏生态环境,造成水质恶化的现象。判断水污染的指标主要有水温、浑浊度、pH、电导率、溶解性固体、悬浮性固体、总氮、溶解氧、细菌总数等。

2-1. 描述人们生活中会造成水污染的3种行为。这些行为要尽可能不同,并对其后果进行简单描述。建议在这个问题上花的时间不要超过5分钟。

2-2. 水污染带来的直接后果，便是可用淡水资源的减少，长此以往，将威胁到人类的正常生活。请你试着从物理、化学、生物的角度想出一个新颖的方案促进水污染的治理（检测、净化、修复等）。这个想法应是原创的，没有多少学生会想到的。建议在这个问题上花的时间不要超过 5 分钟。

2-3. 马桶品牌 TOTO 设计出了双按钮冲水马桶，代替了只有一个旋钮的冲水马桶。这种马桶提供两种不同的水量，可以按需选择冲水量，进而实现节约用水。节水马桶对技术含量的要求较高，必须达到耗水少且冲洗干净的目的。请你思考并对该设计进行原创性改进，以提高该产品的节水能力。建议在这个问题上花的时间不要超过 5 分钟。

【温室效应】

3. 温室效应是指太阳短波辐射可以透过大气射入地面，而地面增暖后放出的长波辐射却被大气中的二氧化碳等物质吸收，从而产生大气变暖的效应。地球大气中起温室作用的气体称为温室气体，主要有二氧化碳、甲烷、臭氧、一氧化二氮、氟利昂及水汽等，它们几乎能吸收地面发出的所有的长波辐射。

3-1. 温室效应引起的变化体现在大气、海洋、陆地等方面，涉及物理、化学和生物等过程。请大胆猜测温室效应会引起什么样的变化？从多个角度写出你的 3 个猜想。建议在这个问题上花的时间不要超过 5 分钟。

3-2. 温室气体排放量的急剧上升造成的直接后果就是全球气候变暖，温室效应的改善需要各领域形成合力。试着想一种新颖的措施来改善温室效应，这个想法应是原创的，没有多少学生会想到的。建议在这个问题上花的时间不要超过 5 分钟。

3-3. 相关研究表明，海水中 CO_3^{2-} 的饱和度对海洋生物极为重要，因为 CO_3^{2-} 是海洋生物通过石灰化过程形成石灰石，进而构成其贝壳和骨架的关键成分。有人认为，温室效应的加剧与海洋生态恶化之间有不可分割的联系，请对这一观点进行评价并补充你的观点。建议在这个问题上花的时间不要超过 5 分钟。

【自行车】

4. 自行车不仅是日常生活中一种普遍的交通工具，也是一种传动式机械，其传动基本原理为：在链条传动下的飞轮带动后轮转动，飞轮与后轮具有相同的角速度，而后轮半径远大于齿轮半径，因此线速度增大，提高了车速。此外，自行车在稳定性、材质、形态、动力等方面的设计和选择上还涉及物理、化学、生物等多方面的知识。

4-1. 试着想象一辆"未来的自行车"。想出 3 种新颖的改进方案（结合下图的标准自行车思考），这些想法要尽可能不同。解释清楚每种想法如何实施，并具体说明你将使用的技术或工具。建议在这个问题上花的时间不要超过 5 分钟。

4-2. 链条传动虽然有着传动效率高、动力传送直接等优点，但也存在噪声大、易受污染、易磨损等缺点。因此，在未来自行车的设计中，动力的传递及来源是重要的设计创新点。请你提出一个新颖且可行的方案，对自行车的传动装置或动力来源进行创新。建议在这个问题上花的时间不要超过 5 分钟。

4-3. 你的一个朋友建议，未来的一辆高科技的自行车可能会很贵，所以它应该能够较好地起到防盗作用。他提议用生物锁代替机械锁，初步的想法为用一个夹子在车把上安装一个装有面部识别软件的摄像头，如果有其他人骑自行车，摄像头就会向车主的手机发送通知。请给出一种改进方法，让你朋友的想法更有效地防止自行车被盗，描述要具体。

你朋友关于自行车防盗的想法

装有面部识别   把摄像机固定在
软件的摄像头   车把的架子上

结　语

创新是一个非常复杂的概念，也是一个需要哲学、社会学、经济学、文化学、心理学、教育学，以及科学、技术、工程等多学科透视的概念，其中蕴含的一些迷思需要澄清。与此相似，创新教育及科技人文融合创新教育也是非常复杂的概念，同样需要（教育）哲学、（教育）社会学、（教育）经济学、（教育）文化学、（教育）心理学、教育学，以及科学、技术、工程等多学科的透视，也存在一些模糊认识需要人们加以澄清。因此，在准备结束本书写作时，有必要对科技人文融合创新教育进行反思与追问（限于时间和篇幅，这里并没有从多学科视角来反思这一问题），并思考和提出有待进一步研究的问题。

一、科技人文融合创新教育的本质再问

科技人文融合创新教育是教育的下位概念，当然归属于"教育"这一培养人的社会实践活动之列，但是它又表现出自身的特点。

首先，科技人文融合创新教育旨在培养学生的创新能力，特别是学生的科技人文融合创新能力。对此，有一点似乎需要进一步讨论（这里提出讨论话题，并没有给出确定的答案），那就是关于"创新""创造"这一系列听起来特别高大上的概念的重要性问题。换言之，我们在强调"创新""创造"的重要性，以及基础教育的偏差遏制创新人才成长的问题时[①]，似乎也需要破除关于"创新""创造"的一系列神话。我们通常所说的"创新"或者说"创造"，其实是从其结果的意义上来说的，例如，对一项活动或者某一产品的评价，甚至是对一个人是否具有创新性或者说创

---

① 王灿明. 儿童创造教育新论[M]. 上海：上海教育出版社，2015：7-8.

造能力的评价。在本质上，"创新"或者说"创造"就是"创造性地解决问题"，它与通常的"问题解决"过程及其思维过程并没有什么两样。①当然，这样的认识并非全盘否定创新、创新研究及创新教育的意义。因为在当代文化中，没有任何一种想法比"创造性"更加诱人了，也没有任何文字比"创造性"一词的使用更加频繁和多样。但是，关于创造性，我们的脑子里确实有太多的迷思。例如，每当我们想起创造性，总是和"一个远远高于平均 IQ 的天才、一个古怪的人、一个真正的神经病患者、一个无法处理好与他人的关系的人"等刻板印象联系在一起，或者是错误地认为创造性的本质是瞬间的顿悟，创造性的想法是从无意识中神秘出现的，独自一人的时候更有创造性，创造性的想法超前于时代，等等。为了回应这一系列问题，跨学科领域的创造性研究视角正在浮现，整合生物学、计算机科学、认知神经科学、定量历史研究、社会学和组织学等知识，从"个体-过程-社会文化"的多层次整合性视角来透视创造性，正在被更多人所认同。事实上，科技人文融合创新教育问题，不仅其本身就是跨学科领域的，更需要人们从跨学科的视角，以及从"个体-过程-社会文化"的多层次整合性视角来探究。

其次，科技人文融合创新教育强调基于科技与人文融合的创新。对于"融合"的特别强调，自然有其合理性与必要性，因为"融合"确实能够为创造性问题的解决带来不同的视角、不同的思路及更多的可能。这里的"融合"涉及多个层面的理解，既有学科知识、学科方法、学科思维模式的交叉与融合，更有拥有不同学科知识、方法、思维模式的个体、团体和社会组织的交叉与融合。从实践层面来看，头脑风暴法是人们在创造性活动中经常使用的，其实质就是利用拥有不同阅历、不同认知结构的个体之间的思想碰撞及其"融合"机制，以实现创造性的问题解决这一目标。这里对于"融合"这一创造性机制的特别强调——问题的（创造性）解决绝对不会局限在某一个学科领域之内，并不是否认某一具体学科本身可能产生的创造性，那种对于问题的专门学科（内）的思考，或者更为深刻、更为具体、更为专业，甚至是更有价值。这是因为学科拥有相对独立的知识体系和特定的研究范式或研究纲领，并且以此为自己的知识领域框定边界，如数学、物理学、经济学等传统学科，它们的基本概念均能以非常优美的方式相互联结，构成严密的理论体系，本身多是世代相传的知识建构。在任何时代，无论是古希腊苏格拉底提出的一套思考

---

① 罗伯特·韦斯伯格. 如何理解创造力：艺术、科学和发明中的创新[M]. 金学勤，胡敏霞，译. 成都：四川人民出版社，2017：105.

哲学问题的模式，还是儒家提出的礼、乐、射、御、书、数兼备的君子的标准规范，学科领域总是代表了人类智慧的结晶，包含了人类运用系统可靠的方式，以及探讨重要和本质问题所做出的最佳努力。①退一步说，学科基础也是科技人文融合创新这一跨领域工作的必要准备。当然，在强调学科的重要性及学科内的创新价值时，也需要认识到学科本身具有的认知排他性②，注重学科的各自特色及不同学科之间的相互联系，这样才能实现基于学科的创新教育及基于学科融合的创新教育。我们或者也可以说，科技人文融合创新教育追求的是与学科内的创新不一样的另一种类型的创新。

　　最后，科技人文融合创新教育还涉及科技、人文及科技与人文关系的理解。科技与人文既是两种不同类型的学科（学科知识、技能、方法、思维模式，以及学科从业人员等）大类，更是两种文化、两种主义——特定的思想、宗旨、学说体系或理论。虽然严格说来，科技是科学与技术，但为便于表述，下文有时又将其简称为科学（此时，技术大致地包含于科学之中）。从文化的角度看③，无论是科学（科技）还是人文，它们都是一种文化现象，都包括文化的精神层面、制度层面、行为层面和物质层面，或者说都包括文化的"形而上"层面与"形而下"层面。科学更多的是以知识和理性的形式出现，并且对人类物质生活领域有着无与伦比的巨大影响，所以人们往往只是从形而下层面来理解科学。其实，科学同艺术等人文文化一样，也包括理想、境界、精神、价值观等在内的形而上之"魂"，（主要）代表着人类追求真善美最高境界中"求真"的维度，是一种人类精神生活的创造。事实上，人文文化不仅有形而上层面的"魂"，也包括理论、方法和制度乃至物质在内的形而下之"体"，它们共同构成了另一种人类精神生活的创造，并（主要）代表着人类追求真善美最高境界中"求善"与"求美"的维度。换言之，科学（科技）不仅具有科学性，还具有人文性，如同人文（科学）不仅具有人文性，还具有科学性，并且在"人类精神生活的创造"指向上内在的一致，因而使科技人文融合及科技人文融

　　① 霍华德·加德纳. 受过学科训练的心智[M]. 张开冰，译. 北京：学苑出版社，2008：127.
　　② 即学科不仅为自己的知识领域设置边界，提高新的学术人员进入这一领域的门槛，进一步巩固该学科学术人员的专业地位，也通过一套自己独特的话语体系训练本学科新的学术人员，使接受这些学科培养的人日益以学科内部严格的规训为借口，把非学术共同体的成员排除在这个疆界之外。参见袁广林：学科交叉、研究领域与原始创新——世界一流学科生成机理与建设路径分析[J]. 学位与研究生教育，2022（1）：13-20.
　　③ 狭义的文化专指人文文化，以便区别于科学，而广义的文化则是指整个人类精神生活的创造。特此说明。参见孟建伟. 科学与人文新论[M]. 北京：科学出版社，2017：248.

合创新教育具有了可能。

　　探究科技人文融合创新教育中的科技与人文的融合问题，一个未曾言明的假定或者前提是科技与人文的二者分离及其对立。我们所说的科技与人文两种文化的分离及其对立，实质上主要是指在历史上从某个时期开始并一直延续至今的那种科学与人文两种文化相互分离和对立的现象、倾向和思潮。回顾人类历史及自然科学史可以发现，我们今天看到的科学，是人类文明进程中出现得比较晚的成果，在近代历史之前，很少有不同于哲学家传统和工匠传统的科学传统，因此谈不上科学与人文的彼此分离与对立，它们处在某种相互融合、协调发展的状态中，二者本身也不够成熟。大约从 17 世纪开始，科学比较独立了，在整个文化中，越来越占有主导地位，并且对哲学及整个人文领域有着越来越大的影响。19 世纪与 20 世纪之交，随着科学技术的飞速发展，人们日益察觉到科学技术的异化现象，以及这些现象对人类社会、自然环境和个体生活的负面影响，因此对科学的评价开始发生转变。与此同时，科学与教育的高度专门化和专业化加剧了这种转变，并且对人性深入研究的呼声日益高涨。狭隘的科学主义（包括逻辑主义、实证主义和功利主义等）和狭隘的人文主义，以及科学对人、自然和社会产生的巨大影响等因素共同作用，导致科学文化与人文文化之间的鸿沟逐渐产生并日益扩大。在这样的背景下，对科技人文融合创新教育的需求变得尤为迫切。

　　科技人文融合创新教育还必须回答科技与人文之间的相互关系问题，亦即需要建立一种什么样的科学观问题。科学人文主义（人文主义的科学观）较好地回答了这一问题。"传统型"或"正统型"的科学人文主义，坚持和倡导实证主义、科学主义、理想主义；"激进型"或"反叛型"的科学人文主义，坚持和倡导反实证主义、反科学主义、反理想主义；"中间型"或"折中型"的科学人文主义，既区别于"传统型"或"正统型"的科学人文主义，也区别于"激进型"或"反叛型"的科学人文主义，同时既带有"传统型"或"正统型"的科学人文主义的特征，也带有"激进型"或"反叛型"的科学人文主义的特征。①总体上说，"中间型"或"折中型"的科学人文主义虽然仍存在着"折中主义"的缺陷和偏颇，但是其大方向是可取的，也为我们进一步探究科技和人文两种文化融合提供了可资借鉴的重要思想基础。毕竟，自然科学与人文科学一样，都包含着人性因素，科学实质上是一种

---

　　① 孟建伟. 科学与人文新论[M]. 北京：科学出版社，2017：114.

人性化的科学。研究事实的科学与研究价值的人文学，其意义都为人所赋予，其中并不存在谁优谁劣的问题，两种文化由此得以融合。[1]由此，科技人文融合创新教育才变得有可能实现。

二、科技人文融合创新教育的实践限度

要解决重大科技与社会问题、促进人类文明发展，科学与人文融合是必然趋势，也是提高人才素质和培养创新型人才的客观需要。已有研究表明，理想的科技人文融合教育应该是全面的，同时也是全方位的融合，包括科学知识与人文知识的互涉、科学方法与人文方法的互补、科学思维和人文思维的互动及科学精神与人文精神的互渗，这样的融合也有助于"创新"的实现和对学生创新能力的培养。但是，在实践中，科技人文融合创新教育还存在着诸多有待克服的难题。

科技人文融合创新教育的首要问题是观念转变问题。观念在人的精神生活中的地位，就好像光在人的实际生活和行为中的地位一样。没有光，整个世界黑暗了，没有观念，整个人生盲目了。观念和行动则是相互依存的关系，观念决定行动，而行动又会影响观念；观念是隐性的，而行动是显性的。实施科技人文融合创新教育，需要我们树立一种科学人文主义创新教育观。科技人文主义创新教育观建立在科学人文主义的基础之上，亦即强调以科学主义为基础，以人文主义为价值方向。无论是从理论研究的视角来审视，还是从社会现实的维度来考察，科学与人文的分割和对立都对人类社会产生了种种不利影响，因此克服二者的彼此对立，探讨科学与人文的相互融合及融合创新问题，成为教育理论界和教育实践领域的关注热点。与此相适应，重视科技人文融合创新教育，树立科技人文融合创新教育思想，也就成为广大教育者必须具备的一种教育观念。如同一位理工大学校长在一所高中学校开学典礼上所做的关于蝴蝶结的比喻，告诫台下的莘莘学子，这只美丽蝴蝶的双翅，一个叫科学，一个叫人文，它们是生命整体的两个重要部分，人生的精彩很重要的就是要长出这两只美丽的翅膀。但是，人的观念的转变并非易事，一般人只知道征服土地、征服物质难，却不知道征服（转变）观念、征服（转变）思想更难；一般人只知道山川险阻足以使人与人产生隔阂，殊不知观念思想的不相通、不相

---

[1]　陈其荣. 当代科学技术哲学导论[M]. 上海：复旦大学出版社，2006：678.

同，加剧了这种隔阂。也正是在这一层意义上，科技人文融合创新教育的观念转变问题，构成了科技人文融合创新教育的实践限度之一。

科技人文融合创新教育的实践问题则集中表现在课程设置上，亦即在中小学课程计划中，我们见到的主要还是专门化的学科课程，因而它成为科技人文融合创新教育的又一实践限度。事实上，这一问题的发生与"学科规训"有很大的关系。从知识社会学的视角来看，"学科规训"是一种知识分类的规则和学科分立的制度，即以学科标准对知识的有效性及合法性进行评判，对知识的门类界限与地位等级进行规范协调。学科规训既是知识生产和教育制度化的产物，又是推动知识分化和加速自然科学体系与人文学科体系扩展的因素，同时也是人类保存和传递知识必需的制度。①自然科学知识和人文科学知识都被纳入了学科规训中，致使科学教育和人文教育都把焦点放在重视知识的累积、学科研究方法训练、学科范式对新人的规训等方面，反映到中小学的课程设置上，就是科学类与人文类课程的彼此分殊，从而使科学人文融合创新教育缺乏在数量上相对充裕、质量上有保证的"课程"载体和教学依托，尽管教师可以对此做出积极的变革与努力。

科技人文融合创新教育的实践问题还反映在教师的融合创新课程开发及教学胜任力方面。由于中小学校缺乏有针对性的科技人文融合创新教育课程传统，加之教师对创新过程和创造过程的理解不深刻、不充分乃至对创新的神秘化，以及倡导科技人文融合创新教育的文化氛围不够，教师的科技人文融合创新课程开发能力及基于相关学科的科技人文融合创新教学能力相对不足。作为创新教育之一种，科技人文融合创新教育当然是面向未来的，作为时间性存在的主体，我们每时每刻都在面对未来，更是在创造未来。毕竟，未来不是我们要去的地方，而是一个我们要创造的地方，通向它的道路不是人找到的，而是人走出来的。如果说预知的未来就是我们前进的方向，那么到来的未来则成为当下的瞬间和永久的过往。当把未来放在一个更大的类主体和更长的时间轴上去考察时，在人类早期，时隔千年却面临着几乎相同的未来，然而在今天，每一个时间点的流动带来的变化却是令人叹为观止的，未来的变化性、模糊性和不确定性超过了历史上的任何一个时期。②"未来"的这一特点，使得培养学生的创新素质成为教育改革的核心问题，也是实施科教兴

---

① 梁剑宏. 科学教育与人文教育的融合：基于学科规训视角的探讨[D]. 湖南农业大学，2009.
② 张学敏. 面向未来的教育变革与教师发展——侯小兵博士《教师创新教育素养研究》述评[J]. 绵阳师范学院学报，2021（12）：153-155.

国战略的重要举措，因此提升教师的科技人文融合创新教育素养，也就成为教师专业发展面临的新的挑战与要求。

科技人文融合创新教育的实践问题，在一定程度上还源于科学与人文之间存在着双重关系：一方面是因为专业化和学科分化而导致的科学（教育）与人文（教育）的相互隔绝；另一方面则是因为现代性要求的专业分工和力量意志与唯人主义的要求使得科学（教育）与人文（教育）紧密结合在一起。[①]如果说科学与人文的相互结合为科技人文融合创新教育提供了基础与可能，那么科学与人文的相互隔绝自然也就成为科技人文融合创新教育的局限、障碍。

需要说明的是，上述关于科技人文融合创新教育存在难题的揭示也仅仅是一个概观，承认这些实际问题的存在，并不意味着我们对科技人文融合创新教育持悲观态度，而是由此能够发现科技人文融合创新教育的问题所在及可能的解决契机，同时也能为我们未来的努力指明方向。对于科技人文融合创新教育存在的问题，可能也需要我们从科技人文融合的视角来深入思考，坚持人文的价值引领和变革方向，同时借助科技的进步力量及其不断创新，探寻出一种不同于以往单一学科视角的问题解决之道。

---

① 吴国盛. 科学与人文[J]. 中国社会科学，2001（4）：4-15，203.

附录 中小学工程教育的价值、内容与途径①

　　工程是人类为了改善自身的生存、生活条件，并根据当时人类认识水平而进行的各类造物活动，即物化劳动过程，是一项最为基础、最为重要的人类实践活动。②习近平总书记指出，"工程科技是推动人类进步的发动机，是产业革命、经济发展、社会进步的有力杠杆"③。工程建设离不开工程科技人才，更离不开培养工程科技人才的工程教育。传统观念认为，工程教育是专业（专门性的职业）教育，是高等教育需要给予特别关注的问题。但是随着社会的发展，人们越来越认识到工程教育必须在时间上向两头延伸，大学前工程教育、大学工程教育、大学后工程教育的联系日益紧密。④K-12 工程教育与创造力培育之间存在高度的关联性⑤，一些国家特别是工业化水平走在世界前列的国家开始重视 K-12 工程教育问

---

① 工程一般是指科学、技术和数学的某种应用，通过这一应用，自然界的物质和能源的特性能够通过各种结构、机器、产品、系统和过程显示出来，以最短的时间和最少的人力、物力做出高效、可靠且对人类有用的东西。这一定义也说明了工程与人文的关系，例如，工程产品对人类的价值、工程设计中对人机关系及产品与环境关系的考量、经济效益（成本）核算、产品形态结构及其审美判断等。因此，工程在一定程度上体现了科技人文融合创新，同时也要求在工程活动中注重科技人文融合创新（换言之，融合或者说整合是工程的灵魂）。为此，将《中小学工程教育的价值、内容与途径》（发表于《教育科学研究》2020 年第 10 期）一文作为附录，供读者开展科技人文融合创新理论思考与实践探索时参考。

② 殷瑞钰，汪应洛，李伯聪，等. 工程哲学[M]. 2 版. 北京：高等教育出版社，2013：1.

③ 习近平. 在中国科学院第十九次院士大会、中国工程院第十四次院士大会上的讲话[EB/OL]. http://www.xinhuanet.com/politics/leaders/2018-05/28/c_1122901308.htm.（2018-05-28）[2023-10-30].

④ 王沛民，顾建民，刘伟民. 工程教育基础——工程教育理念和实践的研究[M]. 北京：高等教育出版社，2015：62.

⑤ 刘华，张祥志. 我国 K-12 工程教育现状及对策分析——基于创造力维度的思考[J]. 教育发展研究，2014（4）：67-71.

题①,这也是国际教育界通过反思之后特别重视 STEM 课程的重要原因。在这一大的背景下,探究在中小学校开展工程教育的价值、内容选择及实践路径等问题,便显得尤为迫切而重要。

一、中小学校开展工程教育的重要价值

在传统观念中,工程教育一直是高等学校或者职业学校关注的话题,与基础教育阶段的中小学校没有多大关系。但是从工程人才成长的连续过程来看,我们则必须超越仅仅在高等学校(及职业学校)开展工程技术教育的思维定式,把工程教育引入中小学校。事实上,与直接培养大批高素质劳动者和创新型人才的高等学校(及职业学校)的工程教育不同,在中小学校开展工程教育,对于发展中小学生的工程素养,激发学生对工程专业和学科的热爱,满足中小学生对建造的渴望,有着特别的意义。

(一)有助于提升学生的工程素养及促进公众对工程的理解

工程教育期望造就的是活跃在整个工程领域乃至社会生活其他方面的有社会责任感和历史使命感、创新创造能力、领导才能、引领本国和世界工程科技发展的能力、国际视野和跨文化交流能力、深切的职业自觉意识的综合型人才。②这是工程教育的目标和理想,也是对高层次工程人才素质的要求。在中小学校开展工程教育,虽然不是以高层次工程人才的培养为直接目标,但是对于发展中小学生的工程素养,促进学生理解工程过程和工程本质、掌握工程知识与工程技能、学会工程思维方式、初步具备工程伦理,特别是在培养学生创新能力和实践能力等方面,具有重要的奠基性作用。例如,在中小学工程教育中,不仅要求学生了解人类工程活动的价值、意义和性质,理解工程学中的需求、规格、限制、设计、建模、优化、权

---

① Committee on K-12 Engineering Education. Engineering in K-12 Education：Understanding the Status and Improving the Prospects[R]. Washington：The National Academies Press，2009：1；National Research Council. A Framework for K-12 Science Education：Practices，Crosscutting Concepts，and Core Ideas[R]. Washington：The National Academies Press，2012：41-44.

② 李曼丽. 工程师与工程教育新论[M]. 北京：商务印书馆，2010：6；潘云鹤. 新时代呼唤大量涌现卓越工程师[C]//迈克尔·戴维斯. 像工程师那样思考. 丛杭青,沈琪,等,译. 杭州：浙江大学出版社，2012：总序.

衡、迭代、系统等核心工程概念，还需要学生掌握顾客需要分析（同理心的体验）、问题聚焦与发现、创意构想与选择、产品制作与优化等工程设计的基本流程，并具备一定的设计思维能力，能够进行简单的工程设计。也正是在这一过程中，中小学工程教育有助于发展学生的共情理解能力、相互合作能力、成本核算与风险评估能力和开放性问题解决能力。

从发展的视角看，在中小学校开展工程教育也有助于深化公众对工程的理解。长期以来，人们对以发现和发明为核心的科学技术活动对人类生活与社会的影响给予了比较多的关注，但是对以建造为核心的工程活动对人类生活和社会的影响似乎关注不多。为此，公众理解工程逐渐进入了人们的视野。对人类生活和社会的理解，包括公众有关工程方面的知识（工程和技术知识；对工程概念的理解和对中国工程最高学术组织的了解程度等）、公众获得工程信息的渠道、公众的工程素养、公众对工程风险的认识、公众参与工程决策的意识和看法、公众对工程的不同态度等，反映了以建造为核心的人类工程活动和现代社会的关系。当我们的视野拓展到促进公众对工程的理解和提高公民的工程素养、技术素养和科学素养等维度，并考虑到当下中小学生十多年后将逐渐走向社会，进而成为未来社会发展的中坚力量时，中小学工程教育的价值与意义则更为深远和重要。

（二）有助于吸引更多优秀学生报考各种工程学科和专业

工程教育的重要性归根结底源于工程之于人类社会发展的重要作用。特别是21世纪，世界各国尤其是发达国家都将工程科技进步及"再工业化"作为实现未来可持续增长、在全球竞争中保持国家地位的基石和支撑。习近平在2014年国际工程科技大会上发表主旨演讲时指出，"工程科技进步和创新将成为推动人类社会发展的重要引擎……中国拥有4200多万人的工程科技人才队伍，这是中国开创未来最可宝贵的资源"[①]。走新型工业化道路、建设创新型国家的战略发展目标，迫切需要培养大批高素质劳动者和创新型人才，这正是工程教育的价值所在，也是中小学工程教育的价值所在。

我们知道，人类工程活动的形式是多种多样的，产业/行业/部门的形成是社会分工的结果，也是生产专业化和科学技术进步的结果。国民经济的行业和部门多数

---

① 习近平. 让工程科技造福人类、创造未来——在2014年国际工程科技大会上的主旨演讲[EB/OL]. http://www.xinhuanet.com/politics/2014-06/03/c_1110966948.htm.（2014-06-03）[2024-10-30].

是属于工程的，或是与工程有关的。从职业门类的角度来看，工程领域的专门职业种类极其丰富，涵盖建筑师、土木工程师、机械工程师等。从学科的视角来看，工程学科涉及广泛的专门学业门类，它专注于科学知识和技术的开发与应用，旨在在物质、经济、人力、政治、法律、文化等多重背景下，创造性地满足社会需求。此外，工程学科还致力于培养名副其实的专门人才，这些人才能够与社会上众多专业分工及个体从事的职业门类相匹配。[①]目前，我国开设工科专业的本科高校约占本科高校总数的90%，全国高等工程教育在校本科生（及以上）占本科生（及以上）在校生规模的1/3，工程学科本科以上毕业生总量位居世界前列，是名副其实的工程教育大国。[②]但是，如何使工程教育大国变成工程教育强国，如何吸引更多优秀学生报考高校各种工程学科和专业，依然是一个值得思考的问题。在中小学开展工程教育，让孩子们知道工程学到底是怎么回事，熟悉各类工程专业和学科的特点及其与职业、行业之间的相互关系，有助于改变孩子们对工程类相关职业的陌生感乃至误解，进而吸引更多更优秀学生把工程相关专业和学科作为未来的职业生涯目标。

（三）有助于满足学生的造物兴趣，改变女生对工程的刻板印象

中小学校开展工程教育，有助于满足学生的好奇心与造物兴趣，实现科学、数学、技术等学科的整合与应用。早在1929年，怀特海（Whitehead）就曾经指出，在一个人的心智发展过程中，仅仅做出消极的观察是远远不够的。只有动手去创造，并且通过创造之物才能获得生动而深刻的认识。[③]我们回忆自己的儿童少年时光也容易发现，每个人都喜欢亲自动手实验和建造。事实上，经常动手实验和建造可以促进大脑运动中枢的发展，而大脑运动中枢的发展又能提高手的灵活程度，二者互相促进。因此，如果儿童从小就经常动手操作，会更加聪明、灵巧。经常动手实验和建造，会使手变得灵巧，可为长大掌握写字、画图、体育动作、演奏技巧、生物、理化实验等各种知识和技能提供有利条件；可以促进动作记忆、形象记忆、情绪记忆及逻辑记忆和思维的发展；还可以培养人的坚韧性、自制力等意志品质。这也正是认知

---

① "学科"这一教育术语有"学习科目"或"教学科目"的意涵，通常用来描述以研究为取向的学业门类，与面向社会的学业门类之专业有联系，但毕竟不是一回事。特此说明。

② 林健. 卓越工程师培养——工程教育系统性改革研究[M]. 北京：清华大学出版社，2013：15.

③ 阿尔弗雷德·诺斯·怀特海. 教育的目的[M]. 靳玉乐，刘福利，译. 北京：中国轻工业出版社，2017：64.

科学最新研究成果倡导的心智亲身性理论的必然结果。[①]从某种意义上讲，工程教育的核心在于引导学生勤于动手、善于动脑，鼓励他们用心与无生命的机器、仪表、设备和装置进行交流，最终让这些技术工具成为他们心灵深处不可或缺的一部分。

中小学校开展工程教育，有助于改变女生不适合搞工程的刻板印象。在人们的传统观念中，女生不适合学习工程（工科）专业（包括理科学科）。工科院校确实女性学生比例偏低，甚至在需要空间想象、画出三维示意图的工程课程中也是男生成绩较好。但这不能简单地归结于基因差异。事实上，男女生在工程科目上的成绩差异，与其从小玩什么样的玩具有一定的联系。男孩子玩的多是涉及 3D 视觉化、解决问题、搭建之类任务的建筑拼装玩具、乐高、平衡车等，而女孩的玩具更多是各种芭比娃娃、毛绒玩具、厨房玩具等。梳马尾长大的女孩与搭建东西长大的男孩，在 3D 视觉化技能方面自然有很大差异，因此会影响孩子对工程专业的选择及相应能力的发展。如果将工程教育引入中小学校，则有助于克服家长在选择玩具方面导致的学生职业选择的一些性别偏见。

从跨学科的视角来看，在中小学开展工程教育，有助于通过整合 STEM 领域的概念和实践来提高学生的数学与科学成就。[②]这也正是目前许多中小学校积极开展 STEM 教育的一个重要原因。

二、中小学校开展工程教育的基本内容

中小学校开展工程教育的内容选择问题不仅取决于中小学工程教育的目标定位，同时也受到工程活动自身因素的影响。一方面，工程活动通常涉及多个领域、产业、行业和部门，也涉及很多不同的学科专业门类，因而工程教育的内容选择有着非常广阔的空间；另一方面，中小学生在校学习的时间有限，加之其未来职业选择的非专门化特征，又使得中小学校工程教育内容选择必须慎之

---

① 一方面，我们的概念不可能是外部的、客观的直接反映，不可能是不受心智约束的现实的直接反映，因为我们的感觉运动系统在概念形成过程中起着重要作用。另一方面，在我们的概念系统中，感觉运动系统的参与使概念系统与世界一直保持着密切的接触。参见乔治·莱考夫，马克·约翰逊. 肉身哲学：亲身心智及其向西方思想的挑战（一）[M]. 李葆嘉，孙晓霞，司联合，等，译. 北京：世界图书出版公司，2018：43.

② National Academies of Sciences, Engineering, and Medicine. Building Capacity for Teaching Engineering in K-12 Education[R]. Washington：The National Academies Press，2020：39.

又慎。①基于中小学教育的目标与任务，以及工程教育的理论研究与实践经验，同时结合儿童的身心发展水平、学习科学和脑科学研究成果、国际工程教育的先进做法，中小学校工程教育更应该聚焦于有关工程基本特质（性质）的了解、（工程）设计过程及工程（学）核心概念等基本内容，并具体表现在以下方面。

（一）工程观念与工程本质

工程观念与工程本质是中小学工程教育的基本前提，也是中小学工程教育的一项重要内容。从学科的视角看，工程不同于科学。科学的目的在于认识自然，探索自然的未知和普遍真理，而工程的目的则在于利用自然、控制自然和创造人工自然，增加人类的物质财富；科学要解决"是什么""为什么"的问题，"研究已有的世界"，工程要解决"做什么""怎么做"的问题，"创造全无的天地"；科学问题是单解的，对科学的评价只有正确和错误之分，而工程问题则是多解的，对工程的评价主要看其效益和效率；等等。科学与工程的不同，更多反映在认识与建造两类活动的差异上，美国的《K-12科学教育框架：实践、跨学科概念和核心概念》《新一代科学教育标准》对科学探究与工程实践活动进行了区分，例如，科学探究涉及的是通过研究可以回答的具体问题，而工程设计包含的是可以通过设计来解决的问题②，它有助于我们更好地理解和掌握工程思维方式。

相较于科学，工程与技术和艺术有着不解之缘。工程与技术同属于实践范畴，本质上都反映了人与自然的能动关系，工程中的技术是推动工程实践的一种有力手段，但除了技术问题，工程还涉及政治、经济、社会、文化、艺术、环境等方面的非技术因素。附图1比较清晰地描述了工程与科学、技术等的关系。

在工程与艺术的关系上，世界上任何伟大的或杰出的工程同时都是人类的艺术作品，是巧夺天工的人间奇迹。当然，工程的目标首先是满足实用的需要，其次才是满足审美的需要。这也意味着一位优秀的工程师应当具备艺术家的素质，还要

---

① Committee on Standards for K-12 Engineering Education. National Academy of Engineering. Standards for K-12 Engineering Education?[R]. Washington：The National Academies Press，2010：4.

② National Research Council. A Framework for K-12 Science Education：Practices，Crosscutting Concepts，and Core Ideas[R]. Washington：The National Academies Press，2012：46-48；National Research Council. Next Generation Science Standards：For States，By States（Volume 2：Appendixes）[S]. Washington：The National Academies Press，2013：48-66.

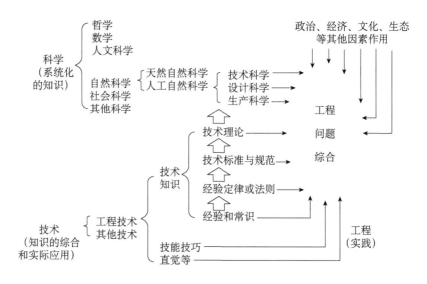

INTEGRATION: Engineering Soul

附图 1　工程与科学、技术、政治、经济、文化的关系

注：图中最下面一行英文表示"融合或整合：工程的灵魂"

资料来源：王孙禺，刘继青. 中国工程教育：国家现代化进程中的发展史[M]. 北京：社会科学文献出版社，2013：9

具备艺术家所不具备的素质。

（二）工程知识与工程技能

工程知识与工程技能是中小学工程教育的基本内容，也是工程设计和工程思维及专门领域工程问题研究的基础与前提。

工程知识涉及的内容非常宽泛，不仅包括与工程直接相关的科学、技术和数学知识，也包括艺术、法律等人文社会科学知识。在中小学校开展工程教育，必须选择最为基础的工程知识，如工程概念、工程分类、工程发展史、工程活动、工程系统、工程管理、工程质量、工程生命周期、工艺流程、工程事业、能源系统、控制系统、反馈系统、技术资源，以及工程伦理、工程师形象、工程失误分析、工程案例等。更常见的情形是，人们需要结合具体的工程项目和任务探究相关的工程知识。

工程技能主要包括工程创新设计、交流工程学想法、工程设计建模等技能。具体来说，学生需要明确创新设计过程、设计注意事项、约束条件、道德规范，学会工程创新设计；要能够徒手绘制工艺草图、使用立体草图、制作多视图与他人进行交流；学会逆向工程设计；掌握常用材料的性能和一般手工工具、电动工具的使用方法；能够完成参数化建模或制作原型等。①在此基础上，还要能够结合土木工程、电气工程、化学工程、机械工程等大类工程中的某一具体专业学习，深入了解相关工程技能，特别是物化制造技能。

（三）工程过程与工程思维

中小学工程教育必须让学生了解工程（设计）过程，通过结合具体工程项目任务进行工程设计，并在工程活动中应用工程思维解决问题。实际的工程（设计）过程是比较复杂的，一个全周期的工程（设计）过程常常包括定义总体目标、收集信息、确认和评估可能的设计策略、设计初试、模型与分析、构建原型及测试、修改和再次修改、彻底测试产品等环节，并特别注重迭代与优化设计（附图2）。当然，中小学工程教育中的工程（设计）过程则必须根据学生身心发展水平适当简化，或者减少不太重要的环节，或者减少反馈与改进过程。例如，美国的教材《科学融合》（Science Fusion）就对工程（设计）过程做了适当简化②，以适应小学阶段学生的身心和认知发展水平。

工程思维是一种系统思维，表现出运筹性、决策性、权衡性、集成性、复杂性和跨学科性的特点。工程思维也是一种创造性思维，是科学性与艺术性、想象性与逻辑性、形象性与抽象性、发散性与聚合性思维的辩证统一。由于客观上存在许多不确定性因素，加上主观上人的认识局限和盲区，工程思维不可避免地带有一定的风险性和不确定性特征。更为重要的是，工程思维是一种价值导向的理性思维，它是关注人类福祉的思维活动。工程思维和工程活动不但必然追求一定的价值目标，还希望这个价值目标能够尽可能地得到改进、改善或优化。在具体操作层面，工程思维的核心是了解、设计和测试等形成的高效迭代思考闭环（有时也可以说是两头开环、中间分岔等），中间又要佐以实证、遴选等方法。③在工程过程（工程活动、工程思维）中，设计过程（设计活动、设计思维）居于特别重要的地位。

---

① 乔治·E. 罗杰斯，迈克尔·D. 莱特，本·耶茨. 工程学入门（上）[M]. 陈晨晟，房奇，沈哲亮，等，译. 上海：上海科技教育出版社，2017：51；布雷特·A. 汉德利，戴维·M. 马歇尔，克雷格·库恩. 工程原理[M]. 黄兆祺，楼初旸，唐楚虹，等，译. 上海：上海科技教育出版社，2017：32.

② Science Fusion Grade 3[EB/OL]. https://www.amazon.com/Science-Fusion-Student-Grade-2015/dp/0544025490. [2023-10-30].

③ 马克·N. 霍伦斯坦. 工程思维[M]. 宫晓利，张金，赵子平，译. 北京：机械工业出版社，2018：29-36.

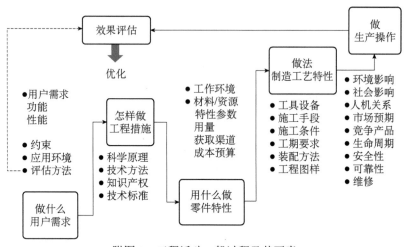

附图 2　工程活动一般过程及其要素

（四）专门领域工程问题研究

专门领域工程问题研究是让学生接触真实或者更接近真实的工程问题，这是中小学工程教育的更高要求，也是与高等学校工程教育专业联系更为紧密的课程内容。我们可以从不同维度来探讨工程教育内容。例如，美国在适合于高中学生的《工程原理》（Principles of Engineering）中，就安排了机械构造、能量、电气系统、液体压力传递系统、控制系统等专门领域的工程问题单元，大大丰富了学生对现实世界真实工程问题的理解与体验。[1]当然，也可以基于人类社会在 21 世纪面临的充分利用太阳能、开发核聚变能源、开发碳封存技术、管理氮循环、提供清洁水源、修复与改善城市基础建设、研制更好的药物等 14 项工程大挑战来开发和设计中小学工程课程[2]，以此促进学生对未来工程类学科和专业的理解，增强未来选择工程技术职业的意向。

由于工程领域的广泛性和开放性，以及工程知识的多样性、综合性和不确定性，工程课程目标、内容及教学方式表现出多样化的特征。这种多元化的工程课程表面上看来似乎各不相同并且难以把握，但是在根本上有着共同的本质内涵，即使用工程过程的核心概念、技能和工程思维方式，结合具体的工程领域知识，解决不

---

① 布雷特·A. 汉德利，布戴维·M. 马歇尔，克雷格·库恩. 工程原理[M]. 黄兆祺，楼初旸，唐楚虹，等，译. 上海：上海科技教育出版社，2017：1-3.

② 美国的这一"大挑战学者计划项目"已经推行到美国的"K-12"学校课程中。参见 UNESCO 国际工程教育中心. 面向未来的工程教育与工程能力建设[M]. 北京：高等教育出版社，2018：45.

同的工程问题。这恰恰是工程课程的"珠"与"线"概念模型（附图3）。"珠"就是实际情境中无穷无尽的具体问题，"线"则代表了工程过程的核心知识、技能和思维方式，其中包括分析、建模、最优化、平衡关系、系统思考等，而用"线"串起"珠"的过程就是解决工程问题的过程。

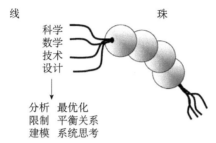

附图3　工程课程的"珠"与"线"概念模型

资料来源：Committee on K-12 Engineering Education. Engineering in K-12 Education：Understanding the Status and Improving the Prospects[M]. Washington：The National Academies Press，2009：76

当然，从课程实施层面来看，专门领域的工程问题研究确实更适宜作为学生选择性地进行研究性学习的内容。

（五）工程伦理与工程师形象

工程一般针对物，但实际上我们应以人为中心，关注点应该是如何提高人们的生活质量，如何帮助人们解决问题。因此，相较于工程知识与工程技能、工程过程与工程思维等内容，工程伦理与工程师形象也应该是中小学工程教育内容的重要组成部分。工程伦理至少有两层含义：一是工程项目的内在伦理，主要回答工程本身是否可能会在近期或长期对环境、生态产生影响或破坏这一问题；二是工程项目核心实施者的职业伦理，主要回答工程决策者、设计者和实施者扮演着怎样的伦理角色这一问题。[①]中小学工程伦理教育还需要在弘扬"工匠精神"上下功夫，从优秀校园文化传统中汲取智慧，在师生中树立先进典型，大力弘扬"工匠故事"，培养学生精益求精、严谨细实、追求卓越的工匠精神。

如果说工程伦理教育关注工程及其参与者的伦理责任，那么工程师形象教育则是利用工程师的具体工程活动对学生进行职业生涯教育。工程师形象是在特定历史背景和社会环境下，由工程师的行为引发的他人对其形成的整体印象，这种印

① 侯丽敏，修光利. 工程伦理应该成为工程教育"第一课"[N]. 文汇报，2017-04-28（006）.

象进而会影响学生对工程、工程专业及学科、工程教育的认知、态度体验及未来的职业选择。与工程知识和工程技能的基础性地位，以及工程设计及工程思维的核心地位相比，工程伦理与工程师形象的塑造更适合采用渗透或融入的方式进入中小学工程教育内容。具体来说，这需要在结合具体工程知识、技能、设计和思维的工程活动中进行有机融入，例如，通过设置专门栏目（如"工程师的职业活动"）和专门任务（如"工程的风险评估"）等方式，使学生逐渐具备工程伦理意识，并形成鲜明而深刻的工程师形象。

三、中小学校开展工程教育的实践路径

中小学校开展工程教育与高校专业性工程教育既相似又不同，因此我们必须结合中小学校的现实及可能，探究中小学校开展工程教育的具体路径。

（一）在相关学科课程融合与拓展中开展工程教育

在现有的中小学课程计划中，虽然没有工程课程的地位，但存在大量与工程相关的科学课程、技术课程及数学课程，因而我们完全可以通过科学融合或者技术拓展的课程实施方式来展开中小学工程教育。人们在实践中已经努力在这样做了，例如，2017 年，我国的《义务教育小学科学课程标准》明确提出将"技术与工程领域"作为科学内容标准的四大领域之一，并将"人们为了使生产和生活更加便利、快捷、舒适，创造了丰富多彩的人工世界""工程技术的关键是设计，工程是运用科学和技术进行设计、解决实际问题和制造产品的活动"等作为 18 个科学大概念中的两个大概念。[①]《普通高中通用技术课程标准（2017 年版）》也明确规定技术与设计、技术与工程系列、技术与创造系列、技术集成应用专题等模块安排，凸显了工程教育的主题。[②]国际上当下非常热的 STEM 教育，也强调在课堂中整合工程与技术。所有这些都可以看作是科学融合或技术拓展的跨学科教育，旨在起到补足工程教育之短板的作用。

---

① 中华人民共和国教育部. 义务教育小学科学课程标准[S]. 北京：北京师范大学出版社，2017：53.
② 中华人民共和国教育部. 普通高中通用技术课程标准（2017 年版）[S]. 北京：人民教育出版社，2018：8，27-36.

需要说明的是，在中小学开展工程教育，并非简单地进行工程知识教育，工程过程及工程思维的教育可能更为根本和重要。为此，把工程实践作为一种教学方式渗透于科学课程的始终，增加学生工程实践的机会，对于学生工程能力的培养将更加重要。在这一层面，美国的《新一代科学教育标准》将科学探究和工程实践、通用概念、学科核心概念等三方面有机整合，更好地说明了如何借助科学融合及技术拓展方式开展工程教育。在高中通用技术的必修模块，也需要考虑尽可能地使工程教育显性化的问题。能否将"技术与设计"定位为"工程与设计"，能否将"通用技术"课程拓展为"工程与技术"课程，也是可以讨论的问题。

（二）在综合实践活动课程中开展工程教育

工程教育并非仅仅是技巧性教育，而是一种创造性教育，是一种跨学科的创造性教育。鉴于此，中小学工程教育可以借助现有课程计划中的综合（跨学科、整合学科）实践活动课程有效落地。综合实践活动课程是国家义务教育和普通高中课程方案规定的必修课程，与学科课程并列设置，强调学生运用一定的操作技能解决生活中的问题，将一定的想法或创意付诸实践，通过设计、制作或装配等，制作和不断改进较为复杂的制品或用品，发展实践创新意识和审美意识，提高创意实现能力。①这恰恰是中小学工程类课程追求的目标，但需要更加明确（显性化）其工程教育的基本意涵。

在综合实践活动课程实施过程中，教师要创设真实的工程情境，引导学生选择工程类项目和任务，鼓励学生提出各种工程类问题，组织学生就问题展开讨论，确立工程项目总体目标，进行创新工程设计，不断优化完善方案，完成创意物化任务。在综合实践活动课程实施过程中，教师还要为学生提供工程活动的亲身经历与现场体验机会，同时借助综合实践活动课程的工程类职业体验方式对学生开展生涯教育，培养学生对工程活动及工程职业的兴趣与喜爱。

特别值得一提的是，中小学实践中的"创客教育"虽然对工程教育有一定的推动作用，但其参与人数少，对整个教育的影响不会太大。如果用"创客"的理念和方式来改造日常的教育教学，形成"创客式教育"（或者看作"创客式"的综合实

---

① 教育部关于印发《中小学综合实践活动课程指导纲要》的通知[EB/OL]. http://www.moe.gov.cn/srcsite/A26/s8001/201710/t20171017_316616.html.（2017-09-25）[2023-10-20].

践活动课程），则可能对工程教育的意义更大一些。"创客教育"强调将创意变成实物；强调知识的学习与问题的解决同步进行；鼓励持续分享，让学生"说出""写出""做出"产品；倡导根据问题需要进行跨学科的学习；注重采用开源软硬件、3D 打印技术进行创作等信息技术运用。[①]这与工程教育注重创新设计和创意物化非常契合。

（三）在条件允许时或创造条件单独开设工程类课程

从课程计划的严肃性来说，中小学校是否需要单独开设工程类课程？又能否单独开设工程类课程？这是一个需要人们不断试验、总结、论证进而科学决策的问题。[②]只要回顾科学教育如何走进学校课程，以及信息技术如何走进学生课程表的历史，我们就有理由相信，工程类课程完全可以在适当学段或年级，以适当方式（独立工程类课程或者是融入科技课程中的工程模块课程等）进入中小学校。当然，工程类课程进入中小学校，必须是对全体学生的普惠教育，这样的教育决策与课程计划才更为合理。对于当下中小学实践中对工程教育短板起到弥补作用的 STEM 教育而言，教育行政部门也可以或者说需要给出明确的指导性意见，以促进中小学校借此开展工程教育。

从学校层面的具体操作来看，中小学校是否需要及能否单独开设工程类课程，需要学校综合考虑学生的需要、教师的情况及学校办学定位、特色和条件等因素创造性地设计学校课程方案，因地制宜地开展工程教育。相对于政策层面的课程计划修订，学校的课程方案更容易做出调整和改变，工程类教育课程的选择也更具有灵活性。如果学校层面的工程类教育改革实践取得了成效，也可以为课程计划的修订提供经验和证据。也正是在这一层面上，美国中小学校开展了十分广泛的工程教育改革探索。例如，美国新泽西大学技术研究系（College of New Jersey's Department of Technological Studies）等机构联合开发的"儿童设计与工程"（Children Designing & Engineering）课程（对象是 K—2 和 3—5 年级），每个单元计划历时 4—6 周（15—22 小时），最后 1 周完成一个设计挑战；国际技术教育协会（International Technology

---

① 王竹立."互联网+"与创客教育[J]. 今日教育，2016（2）：10-13.

② Committee on Standards for K-12 Engineering Education. National Academy of Engineering. Standards for K-12 Engineering Education?[R]. Washington：The National Academies Press，2010：5.

Education Association，ITEA）^①等机构开发的"工程设计"（Engineering Design）国家级示范项目（适合 K—12 年级），其中在 6—12 年级提供了 9 门独立的课程，时间跨度为 18—36 周，学生在一个真实的以问题为导向的环境中学习概念和原理。^②这些实践探索为我国中小学校开展工程教育提供了可以借鉴的经验。

①　目前已改为国际技术与工程教育协会（International Technology and Engineering Educators Association，ITEEA）。

②　Committee on K-12 Engineering Education. Engineering in K-12 Education：Understanding the Status and Improving the Prospects[R]. Washington：The National Academies Press，2009：190，193.

后　记

　　《科技人文融合创新教育论》的书稿总算基本上完成了，无论质量如何，在形式上终究有了书稿的样子，同时也算是初步了却了一件心事。后期需要做的或者是修改与完善，或者是补充实证数据，也或者是部分内容推倒重来。

　　本书在写作过程中是写写停停，确实耽搁了一些时间，这是需要笔者反思的。虽然说著作中涉及一些实证研究，其数据的获得也确实需要一定的时间跨度，但是迟迟没有完成写作，还是与研究计划安排欠合理有关。

　　最初构思本书时，书名拟为"中小学 STEM 教育基本理论与本土实践问题研究"，当然这与笔者要完成的全国教育科学规划项目更为贴切。但是，考虑到 STEM教育有不同的学科融合水平或者说有不同进阶版本，即使是单一学科如物理、化学、生物、天文、信息等，也是属于 STEM 教育子集的，用科技人文学科融合并聚焦于学生创新能力培养问题，或许能够使研究更为聚焦，也更有针对性，于是也就有了现在的书名。

　　在本书研究与写作过程中，许多人都给予了帮助，没有他们的辛苦与付出，本书是无法完成的。本书的整体架构、研究设计及全书的大部分写作都是我独立完成的，部分内容是在研究生工作的基础上修改完成的，即第八章第二、第三、第四部分和第九章，也有一部分研究内容的写作没有纳入本书。在此，特别感谢杨倩倩、孙静文、吴捷、高涵思、段岑、王月、王丽、陈正伟、李振东、陆一丹、陈航等同学和相关老师对本书研究提供的帮助与做出的贡献。

作为"中小学 STEM 教育基本理论与本土实践问题研究"的课题研究成果，本书的写作还受益于课题组其他老师及南京师范大学教育科学学院学术平台。在成书的过程中，我们征求了课题组部分老师的意见，使得本书在内容上更为充实，在结构上更为合理。在此，非常感谢徐文彬、陈娴、金海月、卢新祁、刘海林、朱文军等老师对课题研究做出的贡献，也感谢郑相相、郑梦娟、章云、陆一帆、汪鑫文、周甜甜等研究生同学提供的帮助。

在本书写作和项目研究期间，我参与了教育部《革命传统进中小学课程教材指南》《中华优秀传统文化进中小学课程教材指南》相关部分内容的研制交流活动，对中国古代科技史等内容有了更深入的了解；参与了《江苏省基础教育 STEM 课程指导纲要（试行）》的研制工作，深入部分区域及中小学校进行实地调研，对 STEM 教育有了更理性的认识；主编了教学用书《通用技术·选择性必修 10·科技人文融合创新专题》（与顾建军教授共同主编，江苏凤凰教育出版社，2020）、《青少年科技素养提升课程》（江苏凤凰教育出版社，2019），对科技人文融合创新项目化课程建设有了更全面的把握；也参与了小学教材《科学》（江苏凤凰教育出版社，2024）一些单元及专题活动的修订研讨活动，对科学教育中的科技与人文融合教育问题也更为关注。我在这些活动中受益良多，并且将这些收获以或隐或显的方式融入了本书的写作中。因此，衷心感谢相关活动中的各位专家，特别是顾建军教授、郝京华教授在相关教材编写及修改研讨交流中提出的富有洞见的思想与智慧。

2022 年，我作为"全国科学教师暑期项目"南京分会场（南京师范大学与中国科学院南京分院共同承办）的联系人，在活动举办过程中得到了中国科学院南京分院、南京大学、东南大学、南京师范大学等众多科研机构和高校的院士，以及多位中学特级教师等的支持，并从中学习到了最新的科技发展前沿与科学普及、科学教育新理念。感谢各位专家对上述培训活动的支持与贡献。

最后要特别感谢科学出版社的朱丽娜、高丽丽等编辑，是她们的热心、耐心和细心，还有她们对书稿文字的负责态度，使我对一些问题有了更深入的思考，同时也修正了部分有歧义的内容，提升了本书的严谨性和可读性。

在敲下上述文字时，物流快递师傅恰好打来电话，专门送来了由科学出版社出版的《原创性教育研究探索——基于 PISA 2018 中国四省市调查数据的学生发展研究》样书。尽管该书不是为"中小学 STEM 教育基本理论与本土实践问题研究"课题专门而作，但是其研究内容对于理解科技人文融合创新教育无疑是有助益的。

限于精力与水平，本书中肯定还存在着这样或那样的不足与问题，恳请读者批评和指正。因为说到底，当一种个人的思考呈现于纸端时，它就是一种公共产品，这时仅仅靠个人反思是不够的，它需要接受质疑与批判。我在此先谢谢大家了。

何善亮

2022 年 12 月 10 日